Ces gens qui se sentent coupables

POCKET Évolution

Des livres pour vous faciliter la vie !

Dans la collection « Ces gens qui... » :

Harriet B. Braiker
Ces gens qui veulent plaire à tout prix
Se libérer du désir excessif de faire plaisir

Harriet B. Braiker
Ces gens qui tirent vos ficelles
Comment échapper aux manipulateurs

Lewis Engel & Tom Ferguson
Ces gens qui se sentent coupables
La culpabilité : ne plus la subir

Lewis Engel & Tom Ferguson

Ces gens qui se sentent coupables

La culpabilité : ne plus la subir, ne plus en souffrir

Traduit de l'américain par Christine Teasdale

LES ÉDITIONS DE L'HOMME

L'ouvrage original a été publié par Houghton Mifflin
sous le titre *Imaginary Crimes*

Le papier de cet ouvrage est composé de fibres naturelles, renouvelables, recyclables et fabriquées à partir de bois provenant de forêts plantées et cultivées durablement pour la fabrication du papier.

(1re édition : *La culpabilité*, 1992, Le Jour, éditeur)

ISBN : 978-2-266-19545-4

À Harold Sampson, qui m'a fait connaître la Control Mastery Theory *et a soutenu sans réserves ce projet. Sa profonde compréhension de ses clients et le grand respect qu'il leur manifeste ont été pour moi une grande source d'inspiration.*

Lewis ENGEL

À toutes les personnes soucieuses de leur bien-être et désireuses d'exercer – à leur manière et selon leur propre rythme – un meilleur contrôle sur leur vie.

Tom FERGUSON

Sommaire

Introduction

Parmi nos problèmes psychologiques les plus sérieux, bon nombre sont dus à un type particulier de sentiment de culpabilité : celui que nous éprouvons secrètement envers nos parents, et parfois même à l'égard de nos frères et sœurs, à qui nous croyons avoir fait du mal.

Certains savent reconnaître les manifestations de ce sentiment et l'emprise qu'il exerce sur eux ; mais, chez la plupart d'entre nous, il est enfoui dans les profondeurs de l'inconscient. Ces blessures que nous pensons avoir infligées à nos proches au cours de notre enfance, ces crimes imaginaires, ont engendré en nous une culpabilité d'autant plus déconcertante qu'elle est inconsciente justement. Seuls sont en réalité manifestes les problèmes qu'elle entraîne :

- sabotage de notre propre succès ;
- inaptitude à connaître le bonheur à l'intérieur d'une relation intime ;
- incapacité de nous détendre et de jouir de la vie.

Ces conduites d'échec sont une façon de nous punir nous-mêmes de nos crimes imaginaires, dont les plus courants, semble-t-il, sont liés à l'impression de surpasser nos proches, d'avoir été un fardeau pour nos parents ou d'avoir volé leur amour si ce n'est de les avoir abandonnés, trahis, ou encore d'être foncièrement mauvais.

- **Surpasser les siens**. Le fait de mieux réussir que tout autre membre de sa famille, d'avoir davantage de succès, ou d'être plus heureux, plus populaire et plus apte à jouir de la vie que ses parents, ses frères ou sœurs, peut amener quelqu'un à se sentir coupable du « crime » de les avoir surpassés.
- **Être un fardeau**. Si l'un de ses parents (ou les deux) a paru accablé ou miné par l'insuccès ou l'insatisfaction, il est possible que l'on se sente responsable de son (de leur) malheur. On croit peut-être, inconsciemment, que l'on a été pour eux un fardeau et que le fait d'avoir eu à prendre soin de nous est à l'origine de leur tristesse et de leur frustration.
- **Voler l'amour des parents**. Si l'on pense avoir reçu l'amour et l'attention dont un autre membre de la famille avait besoin pour se développer, il est possible qu'on se sente coupable d'avoir « volé » cet amour et d'être responsable de tous les ennuis et difficultés qu'il a connus par la suite.
- **Abandonner ses parents**. Se séparer de ses parents, faire ses propres choix, s'éloigner de la maison familiale pour mener une vie indépendante, priver en somme ses parents de leur principal centre d'intérêt et, par voie de conséquence, les rendre profondément malheureux par son absence, voilà un autre crime imaginaire qui peut engendrer un sentiment de culpabilité.
- **Trahir les siens**. Se montrer critique envers ses parents, ne pas répondre à leurs aspirations, rompre les règles familiales, faire ses propres choix de vie, constitue cette fois le « crime » de trahison. Être critique à leur égard, rejeter la profession, la religion ou le style de vie dont ils rêvent pour nous, défendre des idées politiques ou philosophiques différentes des

leurs, ou épouser une personne de confession, de race ou de classe sociale différente, peut être dans l'imaginaire synonyme de trahison.

- **Être foncièrement mauvais**. Des messages négatifs, de mauvais traitements ou un manque de soins peuvent amener à penser, lorsqu'on est enfant, qu'il y a en soi quelque chose de foncièrement mauvais. Même à l'âge adulte, en dépit de la gentillesse et de la sollicitude qu'on manifestera en surface, on demeurera convaincu, au fond de soi-même, qu'on est peu attachant, repoussant même, et, donc, indigne d'être aimé.

Quel que soit le crime imaginaire (ou la combinaison de crimes) que l'on ait commis, on se sera toujours, par méprise, senti coupable à quelque moment de son enfance. Et l'on n'aura cessé de se punir depuis lors…

Cette autopunition peut prendre diverses formes : conduites d'échec, anxiété ou états dépressifs, sabotage de ses propres efforts pour créer avec les autres des relations intimes et valables, destruction de celles que l'on entretient déjà. La culpabilisation secrète poussera alors à se priver de ce que l'on désire le plus au monde : le succès, le plaisir, les relations intimes et la tranquillité d'esprit.

Les idées qui ont inspiré ce livre découlent de la *Control Mastery Theory (CMT)*, nouvelle théorie passionnante de psychothérapie développée par Joseph Weiss, psychanalyste à San Francisco. Fondée sur la pensée psychanalytique classique, elle offre toutefois un tableau différent – convaincant et plein d'espoir – de la psyché humaine. Précisons que le présent ouvrage met l'accent sur un seul des aspects de la théorie générale de Weiss, soit la reconnaissance du fait que les sentiments inconscients de culpabilité sont à l'origine de bon nombre de nos problèmes psychologiques. On trouvera un supplément d'information sur la *CMT* à l'appendice 1 (« Note à l'intention des professionnels de la santé mentale ») ainsi qu'une liste d'ouvrages portant sur des sujets connexes, à l'appendice 2 (« Lectures recommandées »).

Étant parfaitement conscients de la connotation autoritaire que comporte l'appellation de *Control Mastery Theory*, nous nous empressons de rassurer le lecteur qu'il n'en est rien ; cette théorie propose, au contraire, une vision extrêmement optimiste de la nature humaine, qui n'est pas sans rappeler celles de Cari Rogers et d'Abraham Maslow.

Le premier élément de cette appellation (*Control*) ne signifie pas ici que l'on doive arriver à se contrôler ou à contrôler les autres ; il suggère plutôt qu'il est possible de contrôler certains aspects de sa vie mentale, lorsqu'on n'y voit pas de risques. Quant au mot *Mastery* (maîtrise), il reflète l'hypothèse de la *CMT* selon laquelle tous ressentent d'instinct le besoin de maîtriser leurs problèmes psychologiques.

Dans ce contexte, la sécurité devient un thème fondamental : lorsque les gens se sentent en sécurité, ils peuvent en effet se développer et s'épanouir à la mesure de leurs capacités ; ils y arriveront plus difficilement s'ils sont submergés par la peur, la honte et la culpabilité. La tâche du thérapeute, dans le cadre de la *CMT*, consiste alors à créer un climat de sécurité facilitant la remémoration des expériences traumatiques qui ont engendré leurs problèmes psychologiques et favorisant, par le fait même, la résolution de ces derniers.

Les principes énoncés dans cet ouvrage seront tout particulièrement utiles à ceux qui ont l'impression de se nuire constamment et de compromettre la réalisation de leurs buts les plus chers. L'origine des conduites d'échec remonte à l'enfance : la *CMT* cherche précisément les racines de ces conduites dans les interactions des individus avec les membres de leur famille. Il semble, en effet, que plusieurs comportements s'expliquent par la responsabilité que l'on s'impute, à tort ou exagérément, à l'égard des malheurs qui ont pu arriver aux êtres que l'on aime.

Nous présenterons, tout au long de ce livre, une dizaine de cas de personnes ayant travaillé, dans le cadre d'une thérapie, à s'absoudre de leurs crimes imaginaires. À y regarder de plus près, l'on découvrira presque toujours que l'on est innocent des crimes dont on se croit inconsciemment coupables. Une fois ceux-ci identifiés, on découvrira peu à peu à quel point cette culpabilisation inconsciente est irrationnelle ou hors de proportion et on entreprendra de s'en libérer. Au fur et à mesure que se relâchera l'emprise de ces sentiments de culpabilité, les conduites d'échec et l'autopunition régresseront d'autant.

Bien que la *CMT* propose des idées nouvelles et convaincantes pour aider à affronter les dilemmes psychologiques, nous ne voulons en rien donner l'impression que la seule lecture de cet ouvrage fournira une solution rapide et miraculeuse à des problèmes enracinés profondément dans le temps. La croissance psychologique véritable requiert une somme considérable de temps et d'efforts. Le nouvel éclairage sous lequel s'y trouveront placés vos propres problèmes et ceux de vos parents et amis *pourra* cependant vous aider à concentrer et à orienter vos efforts de façon constructive.

Le lecteur voudra bien tenir compte des choix formels que nous avons dû opérer :

- Bien que nos études de cas soient fondées sur des expériences réelles, nous les avons modifiées de façon à protéger l'anonymat des personnes qui étaient concernées. Certains cas ont pu être réunis et d'autres simplifiés pour faciliter la compréhension d'un point important.

- Soucieux de présenter nos idées dans un langage non sexiste, nous utilisons indifféremment des pronoms féminins ou masculins lorsque nous faisons référence aux gens en général.
- Si ce livre est le fruit d'une collaboration étroite entre ses auteurs, il reste que les concepts et exemples de cas sont ceux que Lewis Engel a formulés lui-même au cours de ses nombreuses années de travail à titre de psychothérapeute. La première personne du singulier fait donc parfois référence ici à ce dernier.

La *CMT*, qui a déjà suscité beaucoup d'enthousiasme parmi les psychothérapeutes et les chercheurs, aura sans doute, au cours des années à venir, un impact très important sur la pratique des thérapeutes ainsi que sur notre façon de percevoir les problèmes psychologiques.

Le fait étant qu'on doit toujours attendre assez longtemps pour que les résultats des recherches récentes dans ce domaine soient diffusés, cette nouvelle théorie fascinante n'est pas encore très connue, même des psychothérapeutes. Nous avons écrit ce livre justement pour accélérer ce processus, étant convaincus que les théories de Joseph Weiss peuvent dès maintenant apporter une aide très précieuse à la plupart des gens. Nous avons cru bon ne pas attendre que soit achevée la longue période où elle aura filtré à travers tous les cercles scientifiques de psychologie et marqué le courant dominant de la vie américaine.

Nous espérons enfin que *La culpabilité* facilitera l'assimilation d'un tout nouvel ensemble, des plus stimulant, de concepts psychologiques.

Lewis Engel, Ph.D.
Tom Ferguson, M.D.

Remerciements

La matière de ce livre est, pour une bonne part, le fruit du travail de Joseph Weiss, de Harold Sampson et de leurs collègues du Mount Zion Psychotherapy Research Group.

Trente ans d'étude minutieuse des notes recueillies au cours de nombreuses années de psychothérapie ont servi de base à l'élaboration des principes de la *Control Mastery Theory* dont s'inspire le présent ouvrage. Les idées principales, ainsi que la terminologie et une partie de la méthode de recherche, sont le fruit de l'inspiration de Weiss et de son énorme travail. Nous lui sommes reconnaissants de l'appui enthousiaste qu'il a prêté aux efforts que nous avons déployés pour faire connaître cette théorie au plus vaste public possible.

La collaboration de Joe Weiss et de Hal Sampson, qui a commencé en 1964, a été particulièrement fructueuse. Dès le début de leur travail en commun, ils ont concentré leurs énergies sur la mise au point d'une stratégie visant à appliquer au processus de la psychothérapie les instruments de la méthode scientifique. Ils ont fondé, en 1972, le Mount Zion Psychotherapy Research Group, qui inclut maintenant plus de cinquante membres – psychologues, psychiatres, psychanalystes, spécialistes d'assistance sociopsychologique aux couples, aux familles et aux enfants, travailleurs sociaux et étudiants des facultés d'études supérieures. En 1986, avec l'aide de ce groupe de recherche, Weiss et Sampson ont publié *The Psychoanalytic Process : Theory, Clinical Observation and Empirical Research*, première introduction de cette envergure aux idées et aux techniques de recherche de la *Control Mastery Theory*.

Ami et mentor, Hal Sampson a passé des centaines d'heures à discuter de cette nouvelle forme de thérapie avec Lewis Engel. Il a en outre donné généreusement de son temps et de son énergie pour la révision de plusieurs versions préliminaires du manuscrit.

Codirecteurs du Brief Therapy Research Project, John Curtis et George Silberschatz ont accompli, avec Weiss et Sampson, une grande partie des recherches préliminaires et ont largement contribué à convaincre d'autres personnes à participer à ce travail.

Nous aimerions également remercier, pour leur importante contribution, tous les membres, anciens et nouveaux, du Mount Zion Psychotherapy Group.

Nous avons eu la chance de bénéficier de l'aide de nombreux amis et collègues qui ont consacré du temps et de l'énergie à la révision du manuscrit : Eugene Alexander, spécialiste de thérapie familiale et membre du FamilyTherapy Institute of San Francisco ; Edward Bourg, doyen de la California School of Professional Psychology, campus Berkeley-Alameda ; Esther Bourg, de Berkeley, travailleuse sociale en milieu psychiatrique ; Stephanie Brown, de Palo Alto, psychologue, conférencière, auteur d'ouvrages sur l'alcoolisme ; Marshall Bush, psychologue et membre du San Francisco Psychoanalytic Institute ; Beverley Cone, spécialiste de thérapie familiale à Belmont, Californie ; John Curtis, de San Francisco, psychologue et codirecteur du Brief Therapy Research Project ; Meredith Dreiss, de Austin au Texas, conseillère en archéologie ; Judith

Elman, du National Wellness Institute, université du Wisconsin, Stevens Point ; Barbara Engel, conseillère et responsable de la formation dans le domaine des problèmes des femmes et ancienne directrice des services aux femmes du YWCA de Chicago ; Brandy Engel, spécialiste de thérapie familiale à San Francisco ; Frieda Engel, de San Francisco, travailleuse sociale en milieu psychiatrique, ancien professeur de travail social à l'université de l'Illinois à Chicago, ancien membre du corps enseignant de l'Antioch University ; Paula Engel, de Covelo en Californie, coordonnatrice de l'Outreach Program, Round Valley School District ; Joseph Engel, conseiller en organisation, Organizational Consultants Inc., à San Francisco ; Heather Folsom, de Berkeley, directrice médicale du Easy Bay Activity Center, psychiatre et dramaturge ; Steve Foreman, de San Francisco, psychiatre, directeur du Child Psychiatry, Pacific Medical Center, Clinical Faculty, University of California Medical Center ; Michael Friedman, psychiatre à Berkeley ; Joe et Terry Graedon, de Durham en Caroline du Nord, auteurs des livres intitulés *The People's Pharmacy* ainsi que de la chronique du même nom ; Rose Levinson, de Berkeley, travailleuse sociale et consultante en organisation ; George Silberschatz, de San Francisco, physiologiste et codirecteur du Brief Therapy Research Project ; Evelyn Witlock, médecin spécialisé dans la médecine préventive à Portland, Oregon ; et Stuart Yudofsky, directeur du département de psychiatrie de la faculté de médecine de l'université de Chicago.

Chapitre I

La culpabilité cachée

Comprendre ses problèmes psychologiques

> *Nos patients ne nous croient pas lorsque nous leur attribuons un sentiment inconscient de culpabilité. Si nous voulons être intelligibles, il nous faut parler du besoin inconscient d'un châtiment.*
>
> Sigmund FREUD

Bon nombre de nos problèmes psychologiques les plus troublants sont causés par la culpabilité. Je m'étais rendu compte depuis longtemps que pareil sentiment jouait un rôle considérable, généralement destructeur, dans la vie de plusieurs de mes clients. Pourtant, en approfondissant la *Control Mastery Theory*, je me suis peu à peu aperçu que j'en avais gravement sous-estimé l'importance[1].

1. La *Control Mastery Theory* tire son nom de ses deux concepts clés : *Control* (contrôle) et *Mastery* (maîtrise).

C'est en partie en nous aidant à nous rappeler des souvenirs oubliés depuis longtemps que la psychothérapie nous guérit. Une fois retrouvés ces sentiments et souvenirs, nous pouvons les utiliser pour vaincre les convictions irrationnelles inconscientes qui sont la cause de nos problèmes psychologiques. Selon la *Control Mastery*

Mes clients m'ont raconté des milliers d'incidents à l'issue desquels ils se sont sentis coupables. S'ils s'étaient comportés de façon cruelle ou malhonnête, je leur faisais valoir que leur sentiment de culpabilité était justifié et tentais de les aider à réparer leurs torts dans la mesure du possible. Mais plusieurs d'entre eux étaient tourmentés par un intense sentiment de culpabilité qui avait été provoqué par des offenses sans gravité ou même purement imaginaires – fautes mineures, pensées malveillantes, fantasmes sexuels et autres situations dans lesquelles le prétendu méfait n'avait guère eu de conséquences néfastes. Dans pareils cas, j'essayais de faire comprendre à mes clients que leur sentiment de culpabilité était grandement exagéré ou même tout à fait injustifié.

Or mes clients ne me rapportaient que les sentiments de culpabilité – justifiés ou non – dont ils étaient conscients. Si le sentiment conscient de culpabilité est déjà fort pénible, celui qui est inconscient peut être beaucoup plus insidieux. Du fait que nous ne nous rendons pas compte de sa présence, nous ne pouvons lutter contre

Theory, nous contrôlons inconsciemment le moment où ces souvenirs et sentiments réprimés pourront faire surface, selon que nous croyons ou non pouvoir le faire sans danger.

Alors que certains thérapeutes croient que les problèmes psychologiques se développent quand nous nous accrochons à des instincts primitifs et immatures, la *Control Mastery Theory* soutient que nous ne voulons pas nous accrocher à nos problèmes (même si cela semble parfois être le cas). Nous souhaitons maîtriser nos problèmes. En fait, selon cette théorie, nous éprouvons le très fort besoin inconscient de maîtriser nos problèmes psychologiques. Si nous n'y parvenons pas, ce n'est pas parce qu'ils nous procurent des satisfactions enfantines, mais bien plutôt parce que nous craignons inconsciemment que, si nous le faisions, nous nous attirerions, à nous ou à ceux que nous aimons, de grandes souffrances. Et comme nous nous croyons coupables de crimes imaginaires, nous ne croyons pas mériter de posséder ce que nous désirons vraiment.

lui. Alors que le sentiment conscient de culpabilité peut provenir de torts, réels ou imaginaires, que nous aurions pu causer à quelqu'un, sa contrepartie inconsciente découle presque toujours de méfaits inventés ou très amplifiés. Comme nous le verrons, la culpabilité est le prix que nos crimes imaginaires[1] nous font payer.

Vous ne pouvez ressentir ce sentiment de culpabilité

Pendant que vous lisez ces pages et songez à vos propres problèmes, ne vous attendez pas à être en mesure de ressentir ce sentiment de culpabilité. Vous en serez le plus souvent incapable. Par contre, vous remarquerez peut-être que vous agissez toujours de manière à vous attirer frustration, tristesse, solitude ou échec, ou que vous suivez sans cesse certains modèles de conduite d'échec, ou encore que vous êtes souvent anxieux ou découragé sans raison apparente, comme si vous ressentiez le besoin de vous punir. Et c'est vraiment ce que vous faites : vous vous punissez pour apaiser votre sentiment inconscient de culpabilité.

Examinons maintenant les cas de trois personnes qui ont fini par comprendre comment leur culpabilité inconsciente les poussait à compromettre leur propre bonheur.

> Âgée de vingt-neuf ans et diplômée de la faculté de droit, Lydia était une grande femme originaire d'une petite ville, qui avait des manières de provinciale, le dos perpétuellement voûté et une très piètre opinion d'elle-même. Elle avait la fâcheuse habitude de tout remettre au lendemain, de sorte qu'elle avait toujours dû lutter pendant ses

1. Dans son œuvre, Weiss n'utilise pas le terme *imaginaire*. Nous l'avons fait pour rendre les idées de Weiss plus accessibles au grand public.

études pour respecter les délais qu'on lui imposait et n'était parvenue qu'à grand-peine à terminer son droit. Après l'obtention de son diplôme, elle s'était sentie à bout de forces. Ayant échoué à plusieurs reprises à l'examen du barreau parce qu'elle était incapable de se résoudre à fournir la somme de travail nécessaire, elle avait décidé d'entreprendre une thérapie.

Sa mère était une ménagère nerveuse et perfectionniste qui, dès la naissance de Lydia, avait renoncé à sa carrière de couturière. Lydia ne tarda pas à devenir la raison d'être de sa mère qui semblait n'être satisfaite que lorsqu'elle donnait des conseils à sa fille ou la critiquait. Chaque fois que Lydia manifestait le désir de jouer avec ses amis, ou tout autre signe d'indépendance, sa mère se sentait abattue. Le père de Lydia, professeur de biologie, était un égotiste et un inadapté social. Il aimait faire étalage de ses connaissances scientifiques, mais ne manifestait que peu d'intérêt pour les opinions et succès de sa fille.

Au cours de la thérapie, Lydia se rendit finalement compte qu'elle s'était inconsciemment sentie coupable de quitter la maison familiale pour rentrer à la faculté de droit. Il lui semblait qu'en réussissant son examen du barreau et en devenant financièrement indépendante de ses parents, elle allait abandonner cette mère envahissante et devenir une menace pour ce père compétitif et je-sais-tout. Elle croyait inconsciemment que son succès attristerait encore davantage sa mère malheureuse et blesserait son père déjà peu sûr de lui. Lydia se sentait coupable de deux crimes imaginaires : abandonner ses parents et les surpasser. La léthargie et l'anxiété qui l'empêchaient d'étudier pour l'examen du barreau avaient été engendrées par cette culpabilité cachée.

À trente-trois ans, David était un bel homme à la voix douce et travaillait comme commis dans un magasin d'articles de ski. Il portait des chemises sport et des jeans et avait la grâce naturelle d'un athlète. Mais, malgré cette allure énergique et jeune, il semblait toujours préoccupé, comme s'il était rongé par une profonde souffrance.

Tout au long de ses études secondaires, ses notes avaient été excellentes, mais, dès l'obtention de son diplôme, David avait tout abandonné et s'était mis à traîner sur les pentes de ski, occupant divers petits emplois de moniteur de ski ou de vendeur d'articles de sport. D'autre part, il entretenait une série de liaisons amoureuses superficielles et peu satisfaisantes. Bien qu'athlétique et très séduisant, il se croyait stupide, peu attrayant et velléitaire. Il semblait qu'il fût incapable de se permettre de réussir, tant sur le plan professionnel que sur les plans amoureux et personnel. Il lui arrivait même de songer au suicide. Ces pensées l'effrayaient à tel point qu'il décida d'entreprendre une thérapie.

David était le favori de sa mère. Son frère aîné, Robert, était terriblement maladroit, tant dans ses gestes qu'avec les autres, et passait son temps devant son ordinateur. David était au contraire joyeux et populaire. Bon joueur de base-ball, au cours de sa deuxième année d'école secondaire, il fut nommé dans l'équipe d'étoiles de l'État. Pendant que David était parti chercher sa récompense, son frère fit sa première tentative sérieuse de suicide, à la suite de quoi il fut hospitalisé dans plusieurs institutions psychiatriques. Il se retrouva finalement programmeur subalterne et n'eut jamais l'occasion, finalement, de réaliser ses rêves de jeunesse.

Pendant sa thérapie, David comprit peu à peu qu'il s'était senti secrètement coupable d'avoir obtenu tellement d'attention et d'approbation quand son frère en recevait si peu. Il en avait inconsciemment déduit que la détérioration rapide de Robert était la conséquence de ses propres succès sur les plans sociaux, académique et sportif. David s'était reconnu coupable d'avoir volé l'amour de ses parents. Pour apaiser son sentiment de culpabilité, il se punissait en étant exagérément sévère envers lui-même et en s'interdisant tout succès.

Chef cuisinier de quarante-sept ans, volubile et ouverte, Maria était une belle Italo-Américaine qui avait le rire facile et était pleine d'énergie. Elle avait parfaitement réussi sur le plan professionnel, mais elle se trouvait constamment liée à des ratés qui la traitaient mal et la trompaient. Maria commença sa thérapie en se plaignant que les hommes étaient impossibles et que sa vie amoureuse était un désastre.

Après son divorce, la mère de Maria s'était mise à fréquenter une suite interminable d'alcooliques, de bons à rien, de don juan et d'escrocs. En cours de thérapie, Maria se rendit compte qu'elle choisissait inconsciemment de mauvais partenaires – à l'instar de sa mère –, croyant que, si elle avait un partenaire convenable et une relation heureuse, elle trahirait sa mère. Elle pensait avoir surpassé sa mère et s'accusait de ce crime imaginaire. Le sentiment de culpabilité qu'elle ressentait à l'idée de posséder ce que sa mère n'avait jamais obtenu avait été la cause de la plupart de ses problèmes avec les hommes.

Comme ces exemples l'indiquent, notre culpabilité cachée est souvent fondée sur l'idée inconsciente que nous avons fait du mal, ou risquons d'en faire, à nos parents, à nos frères ou à nos sœurs. De semblables idées erronées incluent souvent la croyance irrationnelle qu'en réussissant ou en étant heureux nous serons de quelque manière responsables du malheur des autres membres de notre famille.

Un profond malentendu

Lydia, David et Maria comprenaient mal les raisons de leurs problèmes constants, les attribuant à des carences personnelles telles que la paresse, le manque d'intelligence ou de beauté, ou au fait qu'ils poursuivaient des objectifs irréalistes, comme avoir un partenaire aimant et digne de confiance, une carrière stimulante ou une vie agréable et enrichissante. Tous trois souffraient de cette conviction irrationnelle qui veut qu'en poursuivant ses propres buts légitimes on fasse en même temps du tort à un autre. À cause de ce malentendu, leurs nombreux efforts pour échapper à leurs patterns dysfonctionnels avaient échoué.

- Lydia était convaincue que ses problèmes étaient dus à « sa paresse et à son manque de discipline ». Elle s'adressait constamment les plus sévères reproches et s'efforçait de travailler plus fort. Mais, dès qu'elle commença à comprendre qu'elle fuyait inconsciemment le succès – pour ne pas « abandonner » ses parents –, elle fut en mesure de passer l'examen du barreau et de trouver un poste d'avoué.
- David se croyait inintelligent, peu attirant et velléitaire. Il avait réussi à se convaincre qu'en raison de ses carences il n'arriverait jamais à rien. Mais lorsqu'il se rendit compte qu'inconsciemment il se croyait responsable des malheurs de son frère et craignait de lui faire, en connaissant le bonheur et le succès, encore plus de mal, il fut en mesure de voir son manque de motivation sous un angle tout à fait différent. Dès qu'il comprit les origines de son sentiment de culpabilité, son amour-propre s'accrut peu à peu. Il accepta l'offre qu'on lui avait faite depuis longtemps de gérer le magasin d'articles de ski dans lequel il travaillait et trouva finalement les moyens de l'acheter.
- Maria se débattait entre deux convictions aussi décourageantes l'une que l'autre : d'un côté, les hommes disponibles ne pouvaient pas être convenables et, de l'autre, elle n'était pas suffisamment intéressante et aimable pour attirer un homme convenable. Lorsqu'elle prit conscience du sentiment de culpabilité qui l'empêchait de vivre une relation amoureuse heureuse, elle se rendit compte que ni l'une ni l'autre de ces sombres croyances n'était fondée. Elle fut alors de plus en plus attirée par des hommes plus discrets et plus dignes de confiance et se lia finalement à un

homme qui l'aimait et la traitait avec courtoisie et respect.

Comme Lydia, David et Maria, la plupart d'entre nous demeurons coincés avec nos problèmes psychologiques parce que nous ne comprenons pas comment ils ont fait leur apparition. La *Control Mastery Theory* donne à cela une explication solide et simple : les problèmes psychologiques sont dus au fait que nous refoulons des convictions inconscientes[1].

Ces convictions proviennent d'expériences vécues au cours de l'enfance. C'est à l'aide de sa logique et de ses capacités d'observation que l'enfant tire des conclusions sur ce qui se passe autour de lui. Mais il lui arrive souvent de se méprendre sur ce qu'il voit et entend. Ainsi, nous grandissons souvent avec l'idée que nous sommes responsables de problèmes qu'en vérité nous n'avons pas causés.

- Enfant, Lydia avait remarqué que, chaque fois qu'elle se sentait heureuse et sûre d'elle-même, sa mère devenait tendue et malheureuse. Si par contre elle était bouleversée et inquiète, sa mère s'animait et

1. De nombreuses autres théories importantes ont en commun cette notion selon laquelle les convictions inconscientes engendrent des problèmes psychologiques. Freud a affirmé que les convictions inconscientes causent de temps à autre des problèmes psychologiques, mais il n'a jamais fait sienne l'idée qu'elles puissent être à la source de presque tous les problèmes psychologiques. Plus récemment, Aaron Beck, Albert Ellis et d'autres membres du mouvement de la thérapie cognitive ont fait valoir que ce sont justement ces convictions qui sont à la base des problèmes psychologiques. Toutefois, ces spécialistes en thérapie cognitive n'explorent pas aussi minutieusement que le fait la *Control Mastery Theory* l'origine des convictions inconscientes, et cela réduit un peu l'utilité de leur travail.

manifestait de la gaieté. Lydia en avait inconsciemment conclu que sa joie rendait sa mère malheureuse ; elle n'avait par conséquent qu'à avoir l'air troublée et inquiète pour la rendre heureuse.

- David s'était rendu compte, lorsqu'il était enfant, que plus il recevait de prix et plus il était populaire, plus les choses semblaient aller mal pour son frère. Inconsciemment, il en avait conclu que son succès provoquait le malheur de son frère.
- Lorsque sa mère déclarait : « Les hommes sont tous des salauds. Ils sont insupportables, mais on ne supporte pas la vie sans eux », Maria la croyait : elle la voyait sans cesse blessée et déçue par les hommes qu'elle fréquentait. Sa mère poursuivait pourtant cette quête désespérée d'hommes indésirables, les choisissant plus mal les uns que les autres. Maria en avait conclu inconsciemment qu'à son tour elle ne cesserait jamais de désirer une relation amoureuse heureuse qu'elle ne connaîtrait toutefois jamais.

Il est important de se rappeler que, même si ces impressions ont été pour la plupart refoulées, elles n'en continuent pas moins à dominer notre comportement. Si l'on avait demandé à Lydia, à David et à Maria s'ils croyaient en ces idées déprimantes, ils auraient probablement répondu par la négative. Nous ne savons rien généralement des sombres convictions qui sont ancrées en nous, pas plus que des crimes imaginaires qui les ont engendrées.

Pourquoi nous accusons-nous à tort ?

Tout enfants, nous nous sommes inconsciemment convaincus que nous étions responsables des souffrances, déceptions et insuffisances de nos parents ou des membres de notre famille. C'est précisément cette idée inconsciente – selon laquelle nous sommes coupables de tous ces maux – que nous appelons « crime imaginaire ».

Pourtant, même si l'un des membres de notre famille était foncièrement malheureux, continuellement critique, incapable d'aimer ou sujet à d'inexplicables explosions de rage, nous n'en étions pas pour autant responsables. Si un membre de notre famille nous a été enlevé par la mort, un divorce, une séparation ou une incarcération, quoi que nous ayons tenté de faire, nous n'aurions rien pu y changer ; de même que si la maladie, l'alcoolisme, la toxicomanie, la schizophrénie, la dépression ou un trouble maniaco-dépressif a fait qu'un membre de notre famille était « absent », imprévisible ou peu digne de confiance. Et pourtant nous nous accusons inconsciemment de ces faits pénibles. Et nous nous punissons pour ces crimes imaginaires, des crimes que nous n'avons jamais commis, qui ne se sont jamais produits.

La rédaction de ce livre : un crime imaginaire

Pendant la rédaction de cet ouvrage, j'ai fait l'expérience d'un type très instructif, quoique relativement mineur, de culpabilisation inconsciente. Depuis un an, je caressais le projet d'écrire un livre sur la *Control Mastery Theory* et j'avais déjà amorcé le travail avant que Tom et moi ne décidions de conjuguer nos efforts. Même si je voulais sincèrement écrire cet ouvrage, j'avais des doutes sérieux quant à ma capacité de le mener à bien ou de réussir à le faire publier. Je ne fus convaincu que le livre serait vraiment écrit et publié que lorsque Tom, auteur expérimenté ayant connu le succès, accepta de collaborer avec moi. Le soir où nous convînmes de travailler ensemble, je me suis mis au lit, enthousiaste et optimiste.

Je me réveillai le lendemain matin presque paralysé par l'angoisse. Je restai étendu, tremblant, complètement submergé par un profond sentiment de terreur. Je craignais que Tom et moi ne puissions nous entendre, que notre amitié, vieille de vingt ans, ne survive pas à ce projet, que Hal Simpson, qui m'avait fait connaître la *Control Mastery Theory*, et Joe Weiss, père de la théorie, n'aient l'impression que je leur coupais l'herbe sous le pied et ne me désavouent, que des collègues jaloux ne se mettent à m'éviter, que nos piètres tentatives pour vulgariser cette théorie ne soient accueillies que par un vaste mépris.

Je faisais jouer encore et encore le ruban de mes propres dialogues intérieurs :

– *Hal et Joe ne veulent pas vraiment que j'écrive ce livre.*
– Ridicule ! Ils nous ont constamment apporté leur appui.
– *Ils vont essayer de m'empêcher de l'écrire.*
– Faux. Ils veulent que leurs idées atteignent le grand public.
– *Ils seront jaloux de l'attention et du succès que j'obtiendrai grâce à ce livre.*
– Faux. Hal et Joe réussissent très bien et jouissent d'une estime considérable. Ni l'un ni l'autre ne s'est jamais montré le moindrement compétitif ou envieux.
– *Pas jusqu'à présent. Mais s'ils me coupaient l'herbe sous le pied au dernier moment ?*

Ce dialogue intérieur se poursuivait sans fin, pénible et inutile. Plutôt que de me mener à des conclusions utiles, à un plan d'action, il ne faisait qu'accroître mon anxiété et mon découragement.

Ces calamités éventuelles m'obsédèrent pendant plusieurs jours. Et soudain, je fus frappé par l'idée que mes inquiétudes étaient un exemple classique de ce que la *Control Mastery Theory* appelle des « pensées de punition » – ces pensées négatives obsédantes que nous utilisons pour nous punir de nos crimes imaginaires. (Il en sera davantage question au chapitre VII.) Je cessai alors de ruminer ces dénouements pénibles, mais peu probables, et me mis à me poser les questions suivantes : Pourquoi serait-ce un crime d'écrire un livre qui ait du succès ? Pourquoi chercher à me punir ?

Après mûres réflexions, je compris que ces craintes cachaient le sentiment de culpabilité qu'avait fait naître en moi le crime imaginaire d'avoir surpassé mon père. Bien qu'il m'ait beaucoup encouragé au cours des dernières années, lorsque j'étais enfant j'avais l'impression qu'il n'était jamais satisfait de mes efforts. Je voulais faire les choses à ma façon et souvent j'avais l'impression que mon père ne m'approuvait que si je faisais comme il l'entendait. J'en avais déduit à tort, mais avec une conviction non moins profonde, que, si je n'agissais pas selon sa volonté, il ne m'approuverait jamais totalement. En outre, mon père avait lui-même songé, quelques années auparavant, à écrire un livre sur son propre travail mais il n'avait pu réaliser son projet. J'avais donc l'impression qu'en écrivant moi-même un livre et en le faisant publier j'allais réussir là où il avait échoué. Enfin, en grandissant, j'avais eu l'impression que le travail de mon père ne le rendait pas heureux et qu'il n'avait pas vraiment le sentiment d'avoir réussi. J'aime, au contraire, mon travail et crois avoir réussi. Le fait d'écrire un livre utile n'allait qu'accroître cette certitude. Il me semblait qu'en réalisant mon projet je surpasserais mon père.

Au fur et à mesure que je devenais conscient de ces sentiments profonds, la terrible anxiété qui me tenaillait s'estompa, cédant la place à une grande tristesse – pour mon père, pour toutes ces années qu'il avait passées à faire un travail qui ne lui plaisait pas vraiment. Je ressentais aussi une grande mélancolie en songeant aux difficultés de notre relation, en songeant à moi-même. Je déplorais l'anxiété qui avait empoisonné toute ma vie adulte, et me sentais dépossédé à la pensée de tout le bonheur et de toute la satisfaction dont elle m'avait privé.

Cet incident me permit de faire des progrès considérables dans la compréhension de moi-même : je compris alors que j'avais la conviction profonde, mais inconsciente, que mon succès entraînerait une telle envie chez les autres qu'ils seraient tentés de m'attaquer ou de me rejeter. Cette conviction me faisait craindre inconsciemment qu'en dépit de leur enthousiasme Hal et Joe ne m'en veuillent si mon livre était réussi. La cause réelle de ma peur n'était pas ce qu'ils avaient pu dire ou faire, mais mon crime imaginaire contre mon père.

Bien qu'il m'arrive encore à l'occasion d'être troublé par ces choses, il m'est désormais plus facile de les reconnaître pour ce qu'elles sont. En conséquence, elles sont moins intenses et moins persistantes. Et comme le prouve le livre que vous êtes en train de lire, elles ne m'ont pas empêché d'atteindre mon but.

Sommes-nous exclusivement motivés par notre intérêt personnel ?

Au fur et à mesure que j'ai commencé de comprendre les principes de la *Control Mastery Theory*, j'ai noté qu'un grand nombre des problèmes de mes clients semblaient couvrir, au fond, un sentiment de culpabilité et de tristesse à l'égard de leurs parents. Avec le temps, ceux de mes clients qui en prenaient conscience semblaient parvenir à maîtriser de plus en plus leurs symptômes.

Pourquoi n'avais-je pas remarqué plus tôt l'importance du sentiment de culpabilité ? Pourquoi n'était-il que rarement venu à l'esprit de mes clients, des gens fort brillants et évolués, que leurs problèmes pouvaient être attribuables à un sentiment de culpabilité envers leurs parents ou leurs frères et sœurs ? J'ai compris que, pour penser en ces termes, il faut d'abord admettre que nous ressentons tous très fortement le besoin de protéger ceux que nous aimons et de prendre soin d'eux – tout particulièrement, nos parents et nos frères et sœurs. De telles idées ne nous viennent que rarement à l'esprit parce que nous supposons tous, généralement, que nous sommes motivés presque exclusivement par notre intérêt personnel. Nous sommes tellement convaincus de notre nature égoïste qu'il ne nous vient pas à l'idée habituellement que certains de nos problèmes les plus persistants puissent être dus à nos inquiétudes et préoccupations irrationnelles à propos des autres.

Le but de ce livre est d'ouvrir à l'exploration ce territoire caché – nos fortes impulsions altruistes. Car ce n'est qu'en comprenant l'intensité de notre besoin de prendre soin des autres que nous pourrons commencer à comprendre notre sentiment caché de culpabilité – et tous les comportements d'autopunition et d'autosabotage qui peuvent en résulter.

Fausses suppositions

Comme je tenais pour acquis que j'étais motivé exclusivement par mon intérêt personnel, je n'avais jamais pensé sérieusement que la plus grande partie de ma vie adulte eût pu être troublée par diverses formes d'anxiété et d'autosabotage en raison d'une sorte d'empathie et de loyauté déplacée envers mon père. Je trouvais d'autres explications : j'étais foncièrement paresseux ; j'étais rempli de rage ; j'avais une peur terrible de l'échec ; j'étais fondamentalement incompétent ; et ainsi de suite.

Cela dit, il est certain qu'il existe dans chacune de ces explications une certaine part de vérité : j'ai en effet tendance à remettre à plus tard les tâches difficiles ; il m'arrive parfois de nourrir des ressentiments ; je n'aime pas échouer ; enfin, même si je réussis très bien une foule de choses, il y en a d'autres que je fais fort mal. Mais aucune de ces explications ne touchait le fond du problème ni ne diminuait mon anxiété. En fait, elles accroissaient mon angoisse. Aucune ne me permettait de commencer à travailler de façon efficace pour accomplir la tâche que je m'étais fixée.

Je ne pus réellement m'atteler à la rédaction de ce livre que lorsque je compris que c'était le succès que je cherchais à éviter bien plus que l'échec, que, de la même façon, j'évitais de faire le travail que je voulais bien plus que je ne remettais à plus tard un travail que je n'avais pas envie de faire, et que je tentais d'échapper à un sentiment de culpabilité et de tristesse envers mon père bien plus que je ne me complaisais à m'apitoyer sur moi-même.

ALTRUISME : disposition à s'intéresser et à se dévouer à autrui

Même les bébés sont altruistes

Se fondant sur des données incomplètes, Freud et bon nombre de ses contemporains sont venus à la conclusion que les êtres humains sont exclusivement égoïstes[1]. Jusqu'à tout récemment, cette opinion prévalait chez les sociologues, les psychiatres et les psychologues, mais de nouvelles données la contredisent[2].

En effet, selon les recherches actuelles, il apparaît clairement qu'il existe chez un grand nombre d'animaux – et en particulier chez les êtres humains – un fort besoin instinctif de venir en aide à ceux qui sont en détresse[3]. Cette tendance se manifeste de façon par-

1. Freud était un penseur et un auteur prolifique qui lutta toute sa vie pour faire la lumière sur la psyché humaine. Ses idées changèrent et évoluèrent tout au long de sa vie, et on peut trouver dans son œuvre un grand nombre de points de vue qui se contredisent les uns les autres. Mais l'idée que *les êtres humains sont motivés exclusivement par leurs intérêts personnels* est un thème qui revient régulièrement dans son œuvre. Freud croyait que les tendances humaines à l'altruisme ne représentaient que l'envers d'un égoïsme brutal. Pour des exemples supplémentaires des convictions freudiennes à cet égard, voir Michael Friedman, « Toward a Reconceptualization of Guilt », *Contemporary Psychoanalysis*, vol. 21, n° 4 (1981), p. 121-137. Cet excellent article offre un vaste survol de la documentation prouvant l'existence de l'altruisme chez les humains.

2. M. L. Hoffman, « Is Altruism Part of Human Nature ? », *Journal of Personality and Social Psychology*, vol. 40, n° 1 (1981), p. 121-137. Cet excellent article offre un vaste survol de la documentation prouvant l'existence de l'altruisme chez les humains.

3. C'est, entre autres raisons, parce que nous avons l'impression que les « animaux inférieurs » n'obéissent qu'à leurs instincts égoïstes que la plupart d'entre nous croyons qu'il est sentimental et irréaliste de penser que les êtres humains ont des tendances instinctives altruistes. Si les animaux inférieurs ne ressentent pas d'instinct le besoin de prendre soin les uns des autres, croyons-nous, pourquoi en serait-il autrement pour les êtres humains ? Pourtant, encore une fois, de nouvelles données, ainsi qu'une réévaluation des données plus anciennes, ont amené les biologistes à la conclusion que, bien

ticulièrement intense lorsqu'il s'agit des leurs. Ces études ne contredisent nullement le fait que les êtres humains soient fortement motivés par le souci de soi, mais elles leur attribuent une autre motivation instinctive très puissante : le souci inné des autres.

Une équipe de psychologues de l'Université du Michigan a découvert que des bébés âgés de quelques

que certaines espèces d'animaux ne manifestent presque aucun comportement altruiste, d'autres au contraire en manifestent plusieurs.

L'exemple le plus répandu dont nous disposions à cet effet est celui des mères et des pères de certaines espèces, qui nourrissent et soignent leurs petits en négligeant leurs propres besoins. En outre, les parents de certaines espèces iront jusqu'à risquer leur propre vie pour protéger leur progéniture. Ils combattront de dangereux intrus, ou tenteront de détourner leur attention des petits sans défense. Ces animaux négligent alors généreusement leurs propres besoins pour venir en aide à leurs petits.

Mais ce n'est pas seulement lorsqu'ils protègent leurs petits qu'ils ignorent leurs propres besoins. Particulièrement chez certaines espèces vivant en groupes, les individus se sacrifient instinctivement pour le bien du plus grand nombre. Par exemple, même stériles et sans progéniture, les abeilles ouvrières sacrifieront leur vie pour sauver la ruche. Les loups, les corbeaux, les chimpanzés et autres animaux sociaux sont instinctivement portés à se protéger les uns les autres. Les chimpanzés partageront parfois leur nourriture et s'indiqueront les uns aux autres les endroits où ils peuvent trouver de quoi se nourrir, gardant donc moins de nourriture pour eux-mêmes, mais accroissant ainsi la santé de tout le groupe.

À première vue, l'idée que les animaux sont altruistes semble contredire la théorie de l'évolution de Darwin. Cette théorie ne nous dit-elle pas que chaque animal lutte contre chaque autre membre de son espèce et que seul survit le plus apte ? Pas tout à fait. Ce que dit vraiment Darwin, c'est que les espèces animales qui réussissent à se reproduire dans un environnement changeant se développeront, tandis que celles qui n'y parviennent pas s'éteindront. Certes, la compétition est un élément important dans la théorie de Darwin. Cependant, si une espèce a de forts instincts altruistes et des instincts de coopération qui l'aident à survivre et à se reproduire, cet altruisme et cette coopération sont tout à fait en accord avec la théorie de Darwin.

Ainsi, les animaux qui vivent en groupe disposent d'un avantage

jours seulement étaient bouleversés lorsqu'ils entendaient pleurer un autre bébé, mais ne montraient que peu de signes – voire aucun – de désarroi lorsqu'ils se trouvaient exposés à un autre son d'intensité similaire[1]. Leur réaction était nettement instinctive.

Le désarroi que provoquent chez le nouveau-né les pleurs d'un autre nourrisson est dicté par une sorte d'empathie rudimentaire. Le fait qu'un autre enfant souffre constitue pour lui une cause de souffrance. Le nouveau-né n'a encore aucun moyen de traduire en acte son empathie. Il ne peut rien faire pour apporter son aide à autrui. Mais dès que l'enfant est capable de le faire, il commence à le montrer.

Des chercheurs du National Institute of Mental Health, qui ont étudié des enfants âgés de neuf mois à deux ans, ont remarqué chez eux un besoin étonnamment puissant de venir en aide aux autres. Voici la description que fait un observateur de la réaction de Julie, âgée d'un an et demi, mise en présence d'un bébé en pleurs.

> Le bébé commença à pousser des cris stridents et à frapper le sol de ses poings. Comme il était très contrarié

évolutionniste considérable en ayant de fortes tendances altruistes. Comme le prouvent les découvertes archéologiques et paléontologiques, les humains ont toujours vécu en groupes. Cette information, jointe à la recherche qui montre le comportement secourable et l'empathie des jeunes enfants et des nourrissons, peut désormais nous offrir une nouvelle vision de la motivation humaine. Cette conception plus sophistiquée de la motivation humaine consiste à comprendre qu'elle n'est ni exclusivement égoïste ni exclusivement altruiste. Comme bon nombre d'animaux, en même temps que nos instincts égoïstes et compétitifs, nous possédons également l'instinct de protéger et de soigner les autres.

1. A. Sagi et S. Hoffman, « Emphatic Distress in Newborns », *Developmental Psychology*, vol. 12, n° 4 (1976), p. 175-176.

par les efforts que je faisais pour le réconforter, je le plaçai dans une chaise haute et lui donnai quelques biscuits.

Dès qu'il se mit à pleurer, Julie parut préoccupée, saisie et anxieuse. Son corps se raidit. Elle se pencha vers lui et dressa la tête. Elle faisait des gestes vers lui sans toutefois le toucher. Lorsqu'il commença à lancer ses biscuits, Julie essaya de les lui rendre. Elle avait l'air très inquiète : elle soulevait les sourcils et pinçait les lèvres. Lorsque je le replaçai sur le parquet, elle se mit à tourner autour de lui en pleurnichant et en me lançant des regards interrogateurs.

Je l'installai dans le parc. Il continuait de pleurer. Julie avait toujours l'air très inquiète et, à plusieurs reprises, commença elle-même à pleurer. Elle caressait ses cheveux et lui tapotait l'épaule. Il s'écarta d'elle. Elle fit entendre de petits sons angoissés.

Un peu plus tard, elle vint à moi, me prit la main et me mena au parc en me regardant avec une expression préoccupée. Elle tenta de poser sa main sur la tête du bébé[1].

Les recherches actuelles montrent clairement que, dès son jeune âge, l'enfant ressent un désarroi instinctif

1. C. Zan-Wexler et M. Radke-Yarrow, « The Development of Altruism », in *The Development of Pro-Social Behavior*, sous la direction de M. Eisenberg (New York, Academic Press, 1982), p. 115. Ces chercheurs se sont servis des mères (après un entraînement rigoureux) comme observatrices du comportement de leurs enfants face au chagrin ou à la douleur des autres. Dans un pourcentage étonnant de situations où les enfants observaient pareille douleur chez les autres (entre 30 % et 39 % des cas pour les enfants âgés d'un an), ils se comportaient de façon altruiste. C'est-à-dire qu'ils essayaient de réconforter leur père ou leur mère, leur frère ou leur sœur, tentaient d'obtenir l'aide d'un adulte, d'égayer l'individu en difficulté. Cet extrait est le rapport typique d'une mère à propos d'un comportement altruiste et il a été tiré de cette étude ; on y a cependant apporté quelques corrections pour le rendre plus bref et plus clair.

lorsqu'il voit souffrir un autre être humain. Et comme l'illustre parfaitement cette anecdote, dès la seconde année de sa vie, l'enfant aide les autres, poussé par ce besoin instinctif[1].

Les psychologues croyaient autrefois que l'altruisme était un comportement appris qui ne se développait pas avant la cinquième année de vie. Les ethnologues savaient depuis longtemps pour leur part que bon nombre d'espèces animales vivant en groupe manifestent le besoin instinctif de venir en aide à leurs congénères. On croit que cette impulsion altruiste accroît les chances de survie de tous les membres du groupe[2]. Les êtres humains apparaissent maintenant comme l'une des espèces possédant ce très fort instinct altruiste.

1. *Ibid.*, III. « Alors que certains chercheurs retrouvent des comportements prosociaux interprétables chez des enfants d'âge préscolaire [...] la plupart des théories de développement proposent un âge beaucoup plus tardif pour l'apparition de comportements prosociaux réels et mûrs. Dans les théories cognitives et psychanalytiques, on croit que l'âge de la raison et du début de la pensée opérationnelle (autour de sept ans) et l'âge de la résolution des conflits œdipiens (autour de six ans) marquent le moment approximatif de l'apparition de l'altruisme. »

2. Bien que l'existence d'un comportement altruiste chez les animaux et les êtres humains soit largement acceptée par les biologistes évolutionnistes, il existe une controverse quant au mécanisme évolutionniste de ce comportement. La théorie du « gène égoïste »de Richard Dawkins est une école de pensée qui commence à faire autorité. Selon cette théorie, les gènes utilisent les organismes pour se propager et tout comportement (y compris le comportement altruiste) ayant tendance à accroître les chances de survie de gênes étroitement liés est donc avantageux sur le plan évolutionniste – même si cela se fait au détriment de l'organisme individuel. Pour plus de détails, voir Richard Dawkins, *The Selfish Gene* (New York, Oxford University Press, 1976) et R. Trivers, « The Evolution of Reciprocal Altruism », *Quarterly Review of Biology*, (1971), p. 35-37.

Comment l'altruisme nous attire des ennuis

La faculté de ressentir ce que les autres ressentent est à l'origine de ces aspects de la nature humaine que nous admirons le plus : sollicitude, bienveillance, souci des autres, abnégation, et tous les types complexes d'amour. Tous ceux qui ont sacrifié leur vie au service de l'humanité, comme mère Teresa, Gandhi, Albert Schweitzer et Martin Luther King, nous en donnent un exemple impressionnant. De tels êtres représentent une noble floraison de l'esprit altruiste.

Notre besoin de prendre soin des autres est à la source de nos comportements les plus inspirants. L'un de nos collègues fut gravement brûlé lorsqu'il s'élança dans une chambre en flammes pour sauver sa fillette. Sa préoccupation pour le bien-être de l'enfant l'avait complètement emporté sur le souci de sa propre sécurité. Selon la *Control Mastery Theory*, nos problèmes psychologiques surviennent de la même façon : notre décision de nous rendre malheureux parce que notre père ou notre mère, ou les deux, étaient malheureux est tout aussi altruiste que celle de notre ami qui court à travers les flammes pour sauver sa fille.

D'après la *Control Mastery Theory*, la plupart des problèmes psychologiques sont le résultat d'impulsions altruistes incontrôlables. Notre altruisme est une partie tellement importante et forte de notre nature que, lorsqu'il est mal dirigé, il peut nous inspirer de vifs besoins de nous punir et de saboter notre propre vie.

Si, enfant, vous avez toujours vu votre mère malheureuse, vous avez probablement ressenti le besoin irrésistible de lui faire reprendre courage. Si vous en avez été incapable, vous avez sans doute grandi avec la pensée de l'avoir laissée tomber. En conséquence, vous avez peut-être pensé inconsciemment que vous méritiez vous aussi d'être toujours malheureux. Il n'est que trop fréquent que l'enfant d'un père ou d'une mère foncièrement malheureux ait beaucoup de mal à se permettre d'être heureux dans sa vie adulte.

Complètement pourri

Dans notre for intérieur, la plupart d'entre nous nourrissons le soupçon secret que nous sommes des gens fort peu sympathiques – faibles, lâches, mesquins, égoïstes, médiocres ou irresponsables. La perspective d'en apprendre davantage sur nos motivations les plus intimes semble donc pour le moins inquiétante. Mais quand nous avons compris que bon nombre de nos problèmes découlent du fait que nous nous sentons profondément responsables de ceux que nous aimons, la tâche de démêler l'écheveau nous paraît beaucoup moins désagréable.

Malheureusement, cela n'est pas facile. Car, au cours du processus qui nous permettra de surmonter notre sentiment caché de culpabilité, il est possible que nous nous heurtions à un immense réservoir de tristesse – pour les souffrances des nôtres, pour nos propres souffrances, pour les limites que nous nous sommes imposées. Il nous faut, afin de progresser, reconnaître et vivre cette douleur et aussi affronter nos pénibles secrets de famille. Nous devons accepter le fait que nos convictions inconscientes ont modelé et limité notre vie d'adulte, et prendre conscience de toutes les manières suivant lesquelles nous avons ignoré ou négligé des occasions, des chances et trahi nos objectifs les plus chers d'amour, d'amitié, de bonheur et de succès.

La malédiction de l'omnipotence

Il arrive fréquemment que l'enfant soit aux prises avec un problème psychologique que l'on appelle *l'omnipotence de l'enfance* – la sensation exagérée de pouvoir exercer un contrôle sur les sentiments et le comportement des autres[1]. Bien qu'à première vue, l'omnipotence semble être positive, elle constitue plutôt, en fait, une malédiction. Comme l'enfant – et plus tard, l'adulte – n'est pas réellement omnipotent, sa prétendue puissance engendre généralement un lourd sentiment de responsabilité : alors que, bien entendu, il n'a aucun pouvoir sur les autres, il croit que leur bonheur et leur succès dépendent de lui.

Lorsque des parents donnent à leur enfant un faux sentiment de pouvoir, il peut arriver que celui-ci souffre d'omnipotence. S'ils se querellent et que chacun rende des comptes à l'enfant comme s'il était un juge ou un conseiller matrimonial, il se sentira inconsciemment responsable de leur bonheur conjugal. Si un père malheureux se plaint à sa fille de la froideur et de la mesquinerie de sa femme, l'enfant en déduira inconsciemment qu'il est de son devoir de lui faire retrouver sa joie. Entendant une mère ou un père frustré prononcer des phrases comme : « Tu me rends si malheureux », ou : « Tu me rends folle », ou encore : « Tu m'as gâché la vie », l'enfant prendra peut-être ces déclarations à la lettre.

1. La manière dont la *Control Mastery Theory* conçoit l'omnipotence est différente de l'idée freudienne classique selon laquelle l'enfant a une tendance innée à se percevoir comme tout-puissant. Alors que d'autres théoriciens voient l'omnipotence comme une chose innée, gratifiante, à laquelle on renonce au cours du processus de maturation, nous pensons en revanche qu'elle est acquise, pénible et qu'il est difficile de s'en libérer.

Un enfant peut aussi se sentir responsable de tout traumatisme familial – mort, divorce, alcoolisme ou maladie mentale ou physique. Tout jeune, il peut facilement en venir à croire que de tels événements malheureux ont été provoqués par ses mauvaises pensées ou actions. Une fois convaincu que ses pensées peuvent faire du mal aux autres, il souffre d'un type particulièrement pénible d'omnipotence : la pensée magique.

La pensée magique

La pensée magique résulte de la croyance qu'a l'enfant en sa capacité de provoquer des choses par le seul fait d'y songer. Cela peut être très rassurant lorsqu'il s'agit de souhaits et d'espoirs positifs, mais terriblement lourd si l'enfant a l'impression que ses pensées colériques ou méchantes peuvent faire du mal aux autres. Un soir, quand Anne avait onze ans, elle se fâcha contre son père et refusa de l'embrasser au moment de son départ pour un voyage d'affaires. Elle ne le revit jamais vivant. L'avion à bord duquel il s'était embarqué s'écrasa et tous les passagers perdirent la vie. Aujourd'hui, vingt-cinq ans après le drame, Anne est encore tourmentée par la conviction inconsciente d'avoir provoqué la mort de son père : d'une manière ou d'une autre, les pensées inspirées par sa colère avaient fait tomber l'avion. Dans le prochain chapitre, nous décrirons en détail le genre de problèmes que cela a occasionné par la suite dans la vie d'Anne.

Si tu as faim, je ne mangerai pas

Compte tenu du fait que l'enfant se sent responsable de ce qui arrive à ses parents, sa capacité de connaître le bonheur, la satisfaction et la santé psychologique, une fois adulte, dépend largement du degré de bonheur qu'il a pu observer chez eux. Si papa et maman sont heureux et en bonne santé, s'ils ont réussi leur vie, l'enfant aura l'impression que ses propres actions – de bonnes pensées et une bonne conduite – les ont protégés. Il pensera qu'il a une influence positive sur la vie de ses parents et sera satisfait de lui-même.

Mais, si tout va mal – si papa ou maman est physiquement ou mentalement malade, alcoolique ou malheureux –, il aura l'impression d'avoir manqué à ses responsabilités. Inconsciemment, il en tirera peut-être la conclusion qu'il y a en lui quelque chose de fondamentalement méchant ou anormal, puisqu'il a causé tant de mal à ses parents.

Comme nous nous sentons tout à fait responsables des êtres que nous aimons, nous ne sommes pas disposés à nous réaliser pleinement, ni à éprouver de la satisfaction tant qu'ils souffrent. Alors que mon fils Nick avait sept ans, un jour, il écouta à la télévision une émission sur la faim dans le monde. Il vint ensuite me trouver dans la pièce voisine et entoura mes épaules de son bras. « Tu sais, papa, me dit-il, si toi et maman étiez privés de nourriture comme ces gens en Afrique, je ne mangerais pas non plus. » Le comportement de Nick fournit un bon exemple de notre tendance naturelle à vouloir partager le même sort que les nôtres : si tu ne manges pas, je ne mangerai pas ; si tu n'es pas heureux, je ne serai pas heureux.

Sommes-nous vraiment innocents ?

Nous avons établi que l'enfant n'est pas responsable de la tristesse de ses parents ou de ses frères et sœurs. Certains lecteurs pourront me contredire, croyant avoir *vraiment* causé aux leurs de grandes souffrances.

Certains d'entre nous sommes pleinement conscients d'avoir été un fardeau pour nos parents, parce que nous n'avons pas été désirés ou que nous étions affligés de sérieux handicaps physiques ou psychologiques. Il est possible que les soins dont nous avions besoin aient exigé une bonne part des ressources émotionnelles, physiques et financières de notre famille. Notre naissance a pu forcer notre père ou notre mère à abandonner une carrière ou le rêve de toute une vie. Un de nos parents, ou les deux, a peut-être décidé pour notre bien de ne pas rompre un mariage malheureux. Pour certains parents, prendre soin d'un ou de plusieurs enfants d'une exubérance normale est déjà au-dessus de leurs forces. Il est difficile d'être parents et certaines personnes en sont tout simplement incapables.

Pourtant, même si quelques-unes de ces situations ont pu contribuer aux souffrances des nôtres, nous ne l'avons pas voulu ni choisi. Il est donc irrationnel de se blâmer soi-même pour ces souffrances. Cela est particulièrement évident dans le cas d'un enfant atteint d'une grave maladie : bien que sa maladie soit une épreuve pour toute la famille, l'enfant ne l'a pas provoquée.

Vous n'êtes pas non plus à blâmer pour avoir été trop actif, trop brillant, trop volontaire au goût de vos parents, ou trop différent de ce qu'ils attendaient. Vos parents ont fait de leur mieux, mais ils n'étaient tout simplement pas capables de s'occuper de vous d'une manière efficace, ou pas suffisamment flexibles pour le faire. Tous les enfants normaux se montrent par moments égoïstes, méchants, furieux ou indifférents à ce que ressentent les autres. Bien que, dès l'instant où nous pouvons distinguer le bien du mal, chacun de nous soit responsable de ses propres actes, c'est à nos parents que revient, en définitive, la tâche de fixer des limites significatives.

Le simple fait que vos parents ou vos frères et sœurs aient souffert ne signifie pas pour autant que vous en soyez responsable. La vie apporte à chacun sa part de souffrances et de douleurs et ce n'est la faute de personne. Il est tout à fait irrationnel de se reprocher des choses sur lesquelles nous n'avions aucune prise.

Certains d'entre nous sont coupables de véritables fautes envers les nôtres, qu'il s'agisse de rejet, d'exploitation, de comportements cruels ou d'abus sexuels. Si tel est le cas, il est important de le reconnaître et de réparer dans la mesure du possible le tort qu'on a fait. Si vous le pouvez, parlez à la personne concernée ; reconnaissez ce que vous avez fait et demandez-en pardon. S'il vous est impossible de faire directement amende honorable parce que cette personne est décédée ou refuse de vous adresser la parole, vous pourriez envisager une autre solution qui vous aidera à vous sentir mieux : si vous avez rejeté votre petit frère, vous pourriez devenir un grand frère pour un enfant qui a été rejeté par son père. Si vous avez maltraité une jeune sœur, vous pourriez apporter votre appui à un refuge pour les mères et les enfants battus. En équilibrant votre propre système interne de comptabilité morale, vous serez peut-être capable de réduire ce besoin inconscient que vous ressentez de vous punir.

Porter le blâme

L'enfant issu d'une famille particulièrement perturbée et négligente a une autre raison de refouler ses crimes imaginaires : cela l'aide à tenir le coup. Si notre père ou notre mère, ou les deux, était froid, malheureux, mesquin, irresponsable, faible ou pitoyable, nous avons tendance à en prendre toute la responsabilité sur le dos. Il est plus facile et plus sûr psychologiquement de se blâmer soi-même plutôt que de faire face à une vérité pénible, honteuse et parfois terrifiante, à savoir que l'on dépend de parents incompétents, ou qui ne nous acceptent et ne nous aiment pas. S'adresser à soi-même des reproches est ainsi moins effrayant que de regarder la réalité en face. En outre, pour l'enfant qui croit à la pensée magique, le simple fait d'admettre que son père ou sa mère puisse être malheureux, diminué, fou ou incapable d'aimer équivaut à le rendre tel.

Comprendre ses problèmes psychologiques

Ceux qui souffrent d'un fort sentiment inconscient de culpabilité peuvent ruiner leur mariage, s'aliéner leur famille, saboter leur carrière, devenir toxicomanes, ou souffrir d'anxiété et de découragement[1]. Ceux pour qui ce sentiment inconscient de culpabilité est moins écrasant se puniront de façon moins flagrante – en fichant

1. Les gens deviennent toxicomanes pour une foule d'autres raisons qu'un sentiment inconscient de culpabilité, et nous ne prétendons pas ici que le sentiment de culpabilité soit la seule cause, ni même la plus répandue, de la toxicomanie. Cependant, mes collègues et moi avons traité un nombre important de clients chez lesquels la culpabilité inconsciente était un facteur clé de leur toxicomanie.

en l'air tout un carnet de chèques, en critiquant sans cesse leur mari ou leur femme, ou en « oubliant » constamment de garder du temps pour les activités qui sont le plus susceptibles de les nourrir.

Comme nous le verrons dans les chapitres suivants, nous ne pourrons comprendre nos problèmes psychologiques que lorsque nous serons en mesure d'identifier les secteurs de nos vies que notre sentiment caché de culpabilité nous pousse à saborder. Ce n'est qu'à ce moment que nous comprendrons de quelles manières ce sentiment de culpabilité est lié à d'intenses préoccupations altruistes à l'égard de nos frères et sœurs et, surtout, de nos parents.

Chapitre 2

Le maléfice de la sorcière

Les convictions menaçantes inconscientes

> *Tant que tout va bien pour un homme, sa conscience est indulgente, mais lorsque le malheur le frappe, il fouille son âme, reconnaît ses torts, élève les exigences de sa conscience, s'impose des privations et fait pénitence.*
>
> Sigmund FREUD

Nous commençons dès notre plus tendre enfance à développer des idées sur le fonctionnement du monde : si je touche la cuisinière brûlante, j'aurai mal ; si je pleure, maman viendra me consoler. Nous sommes cependant, à cet âge, encore ignorants des relations de cause à effet et en venons de temps à autre à des conclusions irrationnelles.

Comment nos actions affectent-elles nos parents ? Voilà l'une des choses les plus importantes que nous devons apprendre. À cause de notre nature altruiste, dont nous avons parlé au chapitre 1 – et parce que notre survie même dépend du maintien des liens qui nous unissent à notre père et à notre mère –, nos contacts avec nos parents sont de la plus haute importance. Il se peut donc que nous condamnions tout trait de notre personnalité qui semble les déranger et que nous rejetions tout objectif à l'égard duquel ils se montrent critiques. Car nous craignons que, blessés ou offensés, ils ne nous retirent l'appui, l'amour ou la protection dont nous avons besoin pour survivre.

Une enfant pleine d'entrain qui sent que sa bruyante énergie dérange sa mère déprimée en conclura peut-être que sa vivacité est un dangereux défaut. Conséquemment, elle réprimera peut-être son enjouement et son enthousiasme pour devenir, elle aussi, déprimée.

Si, par contre, elle garde sa vivacité, elle se convaincra peut-être au fond d'elle-même que son exubérance est mauvaise et fait du mal aux autres. Cette conviction inconsciente peut devenir si puissante qu'elle la poussera à agir de façon à faire de cette sombre conviction une réalité : elle parlera peut-être sans y être autorisée en classe, ou se montrera désobéissante, de façon à être réprimandée par ses professeurs. Ainsi, les idées inconscientes – « prophétiques » – que nous nous faisons en cherchant à maintenir les liens qui nous unissent à nos parents peuvent finir par s'autoréaliser du seul fait qu'elles ont été énoncées.

Les convictions qui ne changent pas

Lorsque nous étions de très jeunes enfants, quelques-unes de nos théories sur le rapport de cause à effet étaient partiellement ou totalement incorrectes. Avec le temps, cependant, nous avons pu tester nos suppositions erronées et raffiner notre compréhension du fonctionnement du monde. Ainsi, en vieillissant, nous avons développé un ensemble d'idées beaucoup plus justes sur ce qui nous entoure[1].

1. Il y a eu récemment un regain d'intérêt pour ce que l'on appelle maintenant la « science cognitive », c'est-à-dire l'homme en tant qu'animal producteur de théories. Ceux qui travaillent dans ce domaine – qui réunit psychologie, anthropologie, linguistique et

Mais il semble que certaines de nos convictions soient trop douloureuses ou menaçantes pour être examinées. Alors, plutôt que de les vérifier, nous les refoulons tout simplement dans notre inconscient. Malheureusement, une conviction inconsciente ne peut plus être soumise à une vérification rationnelle. C'est pourquoi certaines des fausses suppositions que nous formulons dans l'enfance ne sont jamais rectifiées et peuvent finir par avoir une influence terrible sur nos vies.

Ces suppositions erronées, la *Control Mastery Theory* les appelle « convictions menaçantes inconscientes[1] ». Elles prennent généralement la forme suivante : si je poursuis X (un objectif désirable), V (une terrible catastrophe) se produira dans ma vie ou celle d'un membre de ma famille. Nous nous convainquons que, si nous respectons nos impulsions, nos désirs et

neuroscience – soulignent l'importance des buts et des représentations mentales dans la formation du comportement. Ils soulignent le fait que, dès son tout jeune âge, l'enfant travaille très fort à développer sa propre théorie sur le fonctionnement du monde. Pour une bonne introduction à ce domaine, voir Howard Gardner, *The Mind's New Science : A History of Me Cognitive Revolution* (New York, Basic Books, 1985).

1. La notion de conviction inconsciente menaçante est la pierre angulaire de la reformulation de la théorie psychanalytique par Joseph Weiss. Dans ses premiers travaux, Freud attribuait la plupart des problèmes psychologiques au conflit permanent entre nos pulsions sexuelles et meurtrières d'une part, et notre ego répressif de l'autre. Selon Weiss, dont l'opinion se rapproche davantage de celle exprimée par Freud dans ses travaux ultérieurs, la plupart des problèmes psychologiques surviennent en raison de nos convictions inconscientes menaçantes, lesquelles nous poussent à croire qu'en obéissant à nos impulsions normales et saines, nous nous attirerons, à nous et à notre famille, des souffrances. Un thérapeute s'inspirant des premiers travaux de Freud verra peut-être un symptôme comme le compromis entre le désir sexuel du ça et les forces répressives de l'ego, mais Weiss le voit comme une tentative d'éviter les horribles conséquences prédites par nos convictions inconscientes.

nos aspirations, nous attirerons d'affreux malheurs sur nous ou sur ceux qui nous sont chers[1].

Le cas d'Anne

Comme nous l'avons vu dans le chapitre précédent, Anne se jugeait coupable du crime imaginaire d'avoir tué son père parce que, juste avant sa mort, elle avait refusé de l'embrasser et de lui dire au revoir. La mère d'Anne était une femme malheureuse et insatisfaite qui devint plus abattue encore après la mort de son mari. Son seul plaisir semblait consister à contrôler les moindres détails de la vie d'Anne. Si cette dernière se fâchait à cause des indiscrétions de sa mère, celle-ci se montrait terriblement blessée. Plutôt que d'aider Anne à se débarrasser de son sentiment de culpabilité lié à la mort de son père, sa mère ne fit que le renforcer.

La conviction inconsciente d'avoir tué son père a donné naissance chez Anne à une foule de pensées menaçantes inconscientes. Se considérant comme une meurtrière, elle a l'impression qu'elle mérite peu de plaisir ou de satisfaction. Et parce qu'elle croit que sa colère entraînera la perte de ceux qu'elle aime, elle est incapable d'exprimer de la colère dans ses rapports personnels avec les gens.

1. Weiss qualifie souvent ces convictions de menaçantes, d'inconscientes et de pathogènes. En incluant le mot pathogène, il souligne le fait que ces convictions sont la cause de nos problèmes psychologiques. Nous n'avons pas utilisé ce terme dans ce texte parce qu'il s'agit d'un terme médical spécialisé qui pourrait être déroutant pour le lecteur non initié, mais, dans ce chapitre comme en d'autres endroits, nous nous sommes efforcés d'établir clairement que nous partageons l'opinion de Weiss selon laquelle les convictions inconscientes menaçantes sont la cause de la plupart de nos problèmes psychologiques.

Conséquemment, Anne se trouve toujours face à un dilemme. Si elle exprime librement ses pensées et ses sentiments, elle a l'impression qu'elle va perdre l'être qu'elle aime. Si par contre elle ne le fait pas, elle devient de plus en plus amère et cesse d'éprouver de l'affection. Elle n'a jamais été capable, jusqu'à présent, de maintenir avec qui que ce soit une relation intime positive.

Un exemple d'autosabotage

Âgé de vingt-quatre ans, Henri était un jeune homme brillant, de belle prestance, qui travaillait comme cadre subalterne dans une grande compagnie de produits chimiques. Il était compétent, ambitieux et avait reçu une bonne formation, mais, chaque fois qu'il tentait d'obtenir une promotion, il oubliait de mettre à la poste une lettre d'une importance cruciale, présentait un rapport bâclé ou faisait en sorte de se disputer avec l'un de ses supérieurs. En conséquence, on lui préféra à plusieurs reprises d'autres candidats.

Lorsque Henri était enfant, son père était contremaître dans une usine de montage d'automobiles. C'était un bon travailleur, mais il n'avait que des connaissances rudimentaires. Les jeunes hommes qu'il entraînait obtenaient toujours de l'avancement alors que lui-même ne montait jamais en grade. Le père d'Henri avait fini par se sentir profondément humilié. Ce scénario s'étant répété maintes et maintes fois, il s'était mis dans la tête qu'il était l'objet d'un complot. Au fil des ans, il était devenu amer et malheureux et s'était mis à boire avec excès tout en se montrant très critique à l'égard d'Henri. Parfois, quand il était ivre, il lui arrivait d'accabler d'injures les jeunes hommes qui avaient reçu une instruction universitaire et obtenu les promotions que lui-même aurait voulu décrocher. Il se lançait alors dans d'interminables explications pour prouver à sa femme et à ses enfants que « ces garçons sortis de l'université n'avaient que des connaissances livresques » et qu'en réalité ils ne valaient rien.

Ni l'un ni l'autre des deux frères d'Henri n'étaient de bons étudiants ; Henri était toujours le premier de sa classe. Son père ainsi que ses frères lui en voulaient de ses succès scolaires. Parfois, quand Henri recevait un prix d'excellence, ses frères le rouaient de coups, disant que « ça lui apprendrait à vouloir faire le je-sais-tout ». Son père ne s'interposait qu'en de rares occasions.

La mère d'Henri était une femme douce, patiente, légèrement dépressive, qui avait quitté, au moment de son mariage, un emploi agréable comportant des responsabilités dans un grand bureau. Même lorsque Henri et ses frères avaient été plus âgés, son mari avait refusé de la laisser retourner travailler. Il craignait que les gens ne pensent qu'il n'était pas assez viril pour faire vivre sa famille. Henri était le favori de sa mère et le seul qui eût jamais fréquenté l'université.

Dès son jeune âge, Henri avait eu l'impression que son père lui en voulait de la même manière qu'il en voulait à ses jeunes collègues qui obtenaient de l'avancement à sa place. Il était clair qu'il était humilié de se faire dépasser, et Henri sentait inconsciemment que son père était humilié de la même façon par ses propres succès. Lorsque, par la suite, il s'était opposé à son projet de poursuivre des études universitaires, Henri était devenu de plus en plus convaincu que son père ne voulait pas qu'il réussisse.

Après s'être vu lui-même refuser à plusieurs reprises les promotions qu'il comptait obtenir, Henri avait commencé de soupçonner qu'il sabotait lui-même ses propres efforts pour obtenir de l'avancement et avait décidé d'entreprendre une thérapie[1].

Quand nos propres succès nous paraissent humiliants pour les autres

Au fur et à mesure que progressait sa thérapie, Henri réalisa qu'il craignait, en réussissant sur le plan professionnel, de faire du mal à tous les membres de sa famille. Il avait l'impression d'avoir déjà humilié son père en fréquentant l'université et en trouvant par la suite un poste de col blanc. Une promotion n'allait qu'aggraver l'offense. Henri avait également l'impression qu'il ferait du mal à sa mère. Après tout, il jouirait d'un poste de direction très semblable à celui qu'elle avait abandonné. Enfin, il croyait qu'il ferait du mal à ses frères qui lui en avaient toujours voulu de ses succès.

Henri se trouvait donc face à un terrible dilemme : il était doué et ambitieux, mais il ne pouvait supporter le sentiment de culpabilité engendré par la certitude qu'en réussissant il allait blesser les siens. Il avait résolu ce dilemme en ne donnant le meilleur de lui-même que lorsqu'il ne courait aucun risque d'obtenir une promotion. Après avoir plus d'une fois ruiné ses chances d'être promu, Henri s'était rendu compte que des employés plus jeunes obtenaient des promotions et le dépassaient. Plutôt que de surpasser son père, il s'était retrouvé dans une situation semblable à la sienne.

1. Le livre de Martha Friedman, *Overcoming the Fear of Success* (New York, Warner Books, 1980), présente une analyse fort utile des raisons qui poussent les individus à saboter leur propre succès. Friedman est une psychologue spécialisée dans le traitement des personnes qui redoutent le succès. Il s'agit donc d'un ouvrage utile pour quiconque souffre de ce symptôme.

Les navigateurs avant Christophe Colomb

Une personne qui entretient une conviction menaçante inconsciente est comme un navigateur ayant vécu avant l'époque de Christophe Colomb. Même si un tel explorateur n'ajoutait pas foi à la théorie selon laquelle on tombait de l'extrémité de la Terre si l'on s'aventurait à naviguer vers l'ouest, il lui fallait beaucoup de courage pour prendre l'épouvantable risque, tant pour lui-même que pour son équipage, de se tromper. Cette analogie est particulièrement appropriée puisqu'elle montre qu'en ne vérifiant pas nos convictions menaçantes nous nous préoccupons non seulement de notre bien-être, mais aussi de celui des autres.

Une conviction menaçante est une sorte de maléfice psychologique qui nous laisse entrevoir d'affreuses conséquences si nous poursuivons nos désirs. Depuis longtemps, les psychothérapeutes sont conscients du fait que nous pouvons souffrir d'un sentiment inconscient de culpabilité lorsque nous sommes cupides, lâches, égoïstes ou furieux, que nous avons des pensées meurtrières ou que nous sommes excités par des objets sexuels tabous. Ce que Weiss a découvert, en revanche, c'est que nous pouvons nous sentir coupables de *n'importe lequel* de nos traits de caractère, de nos désirs ou aspirations, quelle qu'en soit la valeur. Tant que pareilles aspirations semblent déranger nos parents, nous pouvons nous convaincre que le fait de les poursuivre équivaut à faire du mal aux nôtres.

- Si votre père ou votre mère étaient envahissants et avaient besoin que vous demeuriez dépendant, le désir d'être indépendant a pu devenir un crime imaginaire.
- Si votre père ou votre mère étaient distants et irrités par votre désir d'être dépendant et de rester en rela-

tion étroite avec eux, votre désir d'intimité a pu devenir un crime imaginaire.
- Si votre père ou votre mère semblaient dérangés par toute expression de tristesse de votre part, le fait de ressentir ou de montrer de l'affliction a pu devenir un crime imaginaire.
- Si votre père ou votre mère paraissaient déprimés et sombres et ne semblaient pas approuver la joie ni l'entrain, votre désir d'être heureux peut constituer un crime imaginaire.

La volonté d'être indépendant peut être un crime imaginaire dans une famille, alors que dans une autre ce sera le désir d'être dépendant d'un parent qui le sera. Certains parents agissent même comme s'ils étaient blessés lorsque leur enfant part jouer avec ses amis, alors qu'ils se montrent accablés lorsque le même enfant veut qu'ils s'occupent de lui. Placé dans une telle situation, un enfant se sentira coupable à la fois de son désir d'indépendance et de son besoin de dépendance.

Convictions menaçantes dues à un message maintes fois répété

C'est à travers un processus lent et progressif, s'étendant sur plusieurs années, que la plupart d'entre nous acquérons nos convictions menaçantes. Henri avait développé sa *propre* conviction menaçante – qu'il serait pour lui cruel et dangereux de réussir – à la suite des nombreuses critiques de son père, de ses plaintes à propos de son travail, et des commentaires et comportements de ses frères. Nul de ces incidents n'était en soi particulièrement marquant, mais, considérés dans leur ensemble, ils avaient servi à véhiculer un message on ne peut plus clair et fort. La conviction d'Henri selon laquelle son succès ferait du mal aux siens est un exemple de conviction menaçante due à un message maintes fois répété[1]. Elle n'est pas fondée sur un seul incident traumatisant, mais sur une série d'interactions survenues une infinité de fois sur une longue période de temps.

Certaines de ces convictions menaçantes proviennent de messages négatifs des parents. Si l'on répète encore et encore à un jeune garçon qu'il ne vaudra jamais rien, il est fort probable qu'il grandira avec cette conviction. Si la mère d'une jeune fille lui dit sans cesse qu'on ne peut faire confiance aux hommes, celle-ci aura beaucoup de mal à nouer une relation stable avec un homme. Nous donnerons plus de détails au chapitre 6 sur les effets des messages négatifs des parents.

Convictions menaçantes dues à un traumatisme

Il arrive à l'occasion que nos convictions menaçantes naissent d'un seul incident bouleversant. Anne avait acquis la conviction menaçante qu'en refusant son affection ou en défiant un être aimé elle lui ferait du mal ou le perdrait à jamais – parce que son père avait perdu la vie peu de temps après qu'elle eut refusé de l'embrasser au moment de son départ. Un enfant qui vit la mort de son père ou de sa mère ou d'un membre de sa famille se sentira presque toujours responsable de cette tragédie.

L'adulte, comme l'enfant, se remet avec peine d'un événement traumatisant – la mort soudaine d'un être

1. Weiss utilise en fait le terme de « strain trauma »(traumatisme de tension) pour décrire ces petits incidents répétitifs qui donnent naissance à une conviction inconsciente menaçante.

cher, une maladie, un incident, un vol, une agression sexuelle, une catastrophe naturelle ou d'autres malheurs. Nous avons tous tendance à nous sentir responsables de ces événements traumatisants, même si nous n'avions aucune prise sur eux. Si un ami se suicide, nous nous reprochons de ne pas l'avoir prévu, de n'avoir rien fait pour l'en empêcher. Chez l'enfant, cette attribution irrationnelle de culpabilité est encore plus prononcée.

Certaines personnes entreprennent une thérapie afin de trouver l'événement précis qui est à l'origine de leurs problèmes. Elles ne le découvrent presque jamais. La raison en est simple : la vaste majorité de nos problèmes résulte de convictions menaçantes dues à des messages maintes fois répétés. Les convictions menaçantes dues à des traumatismes sont beaucoup moins répandues.

Séparation et autres traumatismes

De longues séparations d'avec nos parents – ou des séparations qui surviennent dans des circonstances effrayantes – peuvent aussi engendrer des convictions menaçantes inconscientes.

Alors que Paul avait deux ans et demi, son frère aîné attrapa la rougeole. Craignant que Paul ne soit contaminé, sans aucun préavis et avec des explications sommaires, ses parents l'envoyèrent vivre chez un oncle et une tante. Comme ils avaient à l'époque d'énormes problèmes, les parents de Paul ne le ramenèrent à la maison que trois mois plus tard.

Au moment de la séparation, Paul était un enfant volontaire et plein de vivacité. Lorsqu'il revint chez lui trois mois plus tard, il était silencieux, tendu et presque trop anxieux de plaire. Lorsqu'il entreprit une thérapie à l'âge de trente-deux ans, Paul n'était pas très différent du petit garçon silencieux et tendu qui était revenu de chez sa tante et de son oncle. Inconsciemment, il avait cru qu'on l'avait envoyé loin de la maison parce qu'il était trop agité et trop hardi. Pendant toutes les années qui avaient suivi, il avait adhéré à la conviction menaçante inconsciente qu'un tel comportement mènerait à un rejet[1].

D'autres types de traumatismes subis par l'enfant peuvent avoir des conséquences semblables. Cela inclut les accidents et les maladies (aussi bien les nôtres que celles des membres de notre famille), les agressions physiques ou sexuelles, les problèmes financiers de la famille, ou un comportement maniaque, dépressif ou schizophrène chez un membre de la famille, ou encore un problème d'alcoolisme. Nous discuterons plus longuement au chapitre 10 des manières suivant lesquelles pareil traumatisme permanent au sein de la famille peut donner naissance à des convictions menaçantes inconscientes.

Le maléfice de la sorcière

Ces convictions menaçantes sont comme des maléfices dans un conte de fées. C'est une sorcière furieuse de ne pas avoir été invitée au baptême royal qui jeta un sort à la Belle au bois dormant. Tout comme cette dernière allait à la catastrophe lorsqu'elle s'approcha du rouet qui la fascinait, nous craignons inconsciemment que le fait de rechercher l'indépendance, le succès et le bonheur que nous interdisent nos convictions inconscientes ne nous conduise à notre perte psychologique.

1. Le cas de Paul est une version condensée et adaptée du cas de Mr S., tiré de Joseph Weiss *et al.*, *The Psychoanalytic Process : Theory, Clinical Observation and Empirical Research* (New York, Guilford Press, 1986), p. 79.

Ceux d'entre nous qui sont intimement convaincus qu'une catastrophe finit toujours par arriver ont l'impression, lorsque tout *va bien*, d'avoir trompé temporairement le destin, comme quand on fraude le fisc : chacun sait qu'au bout du compte les autorités finissent par nous retrouver ; nous devons alors payer tous les impôts arriérés en plus des amendes et risquons peut-être même une peine d'emprisonnement. Quand les choses tournent mal, de façon plus ou moins sérieuse, il nous semble qu'une fatalité horrible, mais inévitable, nous a finalement rattrapés. Nous avons alors l'impression que le seul fait d'avoir osé penser que nous pouvions réussir, nous réaliser ou être heureux était pure folie.

Après avoir abandonné ses études secondaires, Georges était devenu, grâce à son assiduité, un excellent reporter. Le jour où il se fit voler sa vieille Porsche, il fut complètement effondré. Cela confirmait la conviction inconsciente selon laquelle il n'allait jamais pouvoir conserver une chose à laquelle il tenait. Il fut obsédé pendant des semaines par l'idée qu'il allait perdre et son emploi, et son amie.

Plusieurs personnes souffrant de problèmes psychologiques portent le poids d'un sens négatif du destin. Quoi que nous fassions pour essayer d'y mettre fin, le pattern se perpétue.

La plupart d'entre nous ont l'impression, au moins de temps en temps, qu'ils sont poursuivis par le sort. Les caractères particuliers de ce sentiment de détresse varient considérablement d'une personne à l'autre. On peut avoir l'impression d'avoir la guigne dans *tous* les domaines de notre vie, mais, généralement, cela se limite à un ou deux secteurs.

Certains réussissent très bien sur le plan professionnel, mais sont incapables de maintenir une relation susceptible de les satisfaire. D'autres ont de bons rapports avec les gens, mais sont incapables d'obtenir le succès professionnel dont ils ont grand besoin. D'autres encore craignent de ne jamais pouvoir mettre de l'ordre dans leurs affaires financières, être satisfait sur le plan sexuel ou atteindre quelque autre but qui leur est cher.

Selon la *Control Mastery Theory*, notre « maléfice » n'est souvent que le résultat de notre conviction que nous faisons du mal à nos parents, que nous les accablons ou nous montrons déloyaux envers eux. Tout comme la sorcière punit La Belle au bois dormant pour une offense qui lui a été faite par le roi et la reine, nous nous jetons un maléfice parce que nous croyons avoir fait du mal à nos parents. Le maléfice est le châtiment que nous nous imposons pour ces crimes imaginaires.

Des prophéties qui s'autoréalisent

Nombreux sont ceux d'entre nous qui, se croyant voués à l'échec, ont beaucoup de mal à changer les comportements et les attitudes qui causent leur malheur : c'est que quelque chose les pousse inconsciemment à faire en sorte que le maléfice se réalise.

- Michael, homme d'affaires, souffrait de la conviction que personne n'était digne de confiance. Ses parents étaient deux alcooliques sur qui il était impossible de compter. Il avait grandi sans jamais savoir si on tiendrait une promesse qu'on lui avait faite, si on lui donnerait de quoi manger ou si ses parents rentreraient le soir ou passeraient la nuit dehors. Il en était venu à croire qu'il était mauvais et *méritait* d'être ainsi maltraité. Devenu adulte, Michael s'assura inconsciemment d'obtenir ce qu'il croyait mériter en s'associant à un escroc reconnu et en épousant une femme notoirement légère.

- Charlotte était une femme brillante, compétente et particulièrement séduisante. Sa mère était une actrice fantasque qui n'avait pas eu de succès. Son père, un avoué, était un homme bon, d'une patience à toute épreuve, qui ne divorça jamais de sa femme malgré son irresponsabilité et ses infidélités intermittentes. Charlotte avait elle-même été mariée trois fois à des hommes affectueux qui l'épaulaient : chaque fois, elle avait miné la relation en ayant des liaisons avec d'autres hommes. Elle était poussée en cela par le besoin très vif et autodestructeur d'être loyale envers sa mère malheureuse et irresponsable.
- Maria, dont nous avons déjà parlé au premier chapitre, s'assurait d'avoir une vie sentimentale frustrante en choisissant constamment de mauvais partenaires – tout comme l'avait fait sa mère.

Abolir le maléfice

Certains d'entre nous *parviennent* à abolir le maléfice. Les encouragements fournis par un professeur exceptionnel, un religieux, un entraîneur, un conseiller ou un mentor nous aident souvent à nous en libérer. Un conjoint ou un(e) ami(e) proche qui nous aime et nous persuade que nos convictions sont sans fondement peut également nous aider.

La naissance d'un enfant, une nouvelle relation, une maladie grave ou le fait de frôler la mort, tout cela peut nous donner l'impression d'avoir une deuxième chance. Une conversion religieuse, ou toute autre expérience spirituelle profonde, a parfois le même résultat. Il arrive même que la mort d'un père ou d'une mère abolisse le maléfice. Une fois que nous avons réalisé que nous ne pouvons plus faire du mal à notre père ou à notre mère, nous découvrons que nos problèmes ont tendance à diminuer.

Mais pour bien des gens, toutefois, ce sens de la catastrophe demeure étonnamment tenace. Nous retiendrons les événements qui « prouvent » la véracité du maléfice tout en ignorant ceux qui l'infirment. Par exemple, les encouragements d'un mentor seront perçus comme une preuve d'optimisme délirant. Nous croirons ne pas pouvoir compter sur l'affection et la sollicitude – que d'ailleurs nous jugerons suspectes – de nos proches et serons convaincus qu'ils nous rejetteront sitôt qu'ils découvriront qui nous sommes *vraiment.* Même le fait d'échapper à la mort pourra sembler n'être qu'un sursis. Et après la mort de notre père ou de notre mère, il se peut que nous intériorisions le défunt et en venions à le voir comme celui ou celle qui « regarde d'en haut », tout aussi désapprobateur et déçu que jamais. Pour certaines personnes, seule une psychothéraphie individuelle ou de groupe permettra l'abolition du maléfice.

Une récompense mal comprise

Bien que paraissent plutôt plausibles les explications que nous offre de notre comportement dysfonctionnel le simple bon sens – « Je suis trop égoïste » ; « Je me soucie peu des autres, au fond » ; « Je suis paresseuse ou indisciplinée » ; « J'ai peur des responsabilités » ; « Je ne suis pas assez intelligent » –, elles sont presque toujours fausses et visent à cacher une conviction menaçante inconsciente – « Je suis une mauvaise personne qui ne mérite pas de réussir » ou : « Je ferai du mal à mes parents si je réussis. »

Il est tentant de croire que, si nous répétons sans arrêt les mêmes conduites d'échec, c'est que nous devons bien « en tirer quelque chose ». Nous essaierons alors de voir les châtiments que nous nous imposons comme une récompense cachée :

LES CHÂTIMENTS COMME UNE RECOMPENSE

1) • Nos échecs nous vaudront la sympathie des autres.
2) • Les souffrances que nous nous infligeons attireront l'attention.
3) • Nos impitoyables autopunitions nous offriront le « bénéfice » masochiste de l'apitoiement sur soi-même.

Bien qu'il y ait une part de vérité dans chacune de ces idées, elles n'ont pas de raison d'être. Lorsque nous nous répétons ces choses, nous ne faisons que nous punir davantage. En disant à une patiente qui souffre qu'elle se complaît à s'apitoyer sur elle-même, ou cherche à attirer l'attention, un thérapeute ne réussira vraisemblablement qu'à aggraver sa souffrance.

Henri, par exemple, avait sa propre théorie pour expliquer pourquoi il commettait toujours quelque erreur cruciale au moment d'obtenir une promotion. Il croyait que sa peur de l'échec l'empêchait de prendre de nouvelles responsabilités plus lourdes. Cette explication était plausible, mais la véritable raison était que Henri craignait de faire du mal à son père et à ses frères.

Après être parvenu à identifier ses convictions inconscientes, Henri comprit de quelle façon elles s'insinuaient partout dans sa vie. Dès qu'il commença à s'en défaire, il s'aperçut qu'il était capable de cesser de saboter ses propres efforts au travail. Il finit par obtenir plusieurs promotions bien méritées.

Les causes de l'autosabotage

La *Control Mastery Theory* propose une nouvelle façon de comprendre les origines de ces comportements, attitudes et sentiments douloureux et contraires à ce à quoi nous aspirons. Ces convictions ont été engendrées par les traumatismes particuliers dont nous avons souffert, ainsi que par les expériences que nous avons connues pendant notre croissance, et sont donc différentes pour chacun de nous. Elles sont en nous depuis fort longtemps et font partie d'un système de croyances qui nous a guidés tout au long de notre vie. Aussi irrationnelles qu'elles puissent être, elles nous ont permis de survivre.

Nous répugnons – et cela est tout naturel et compréhensible – à nous défaire de convictions inconscientes que nous avons depuis longtemps. Après tout, notre système de croyances est notre carte routière dans la vie, notre guide pour agir, ce qui nous a permis de survivre. On ne doit pas s'attendre à une transformation rapide ou facile. Le changement ne se fait souvent que petit à petit et peut prendre plusieurs mois ou années.

Le simple fait de comprendre l'importance de nos convictions inconscientes ne les fera pas disparaître pour autant. Mais cette première étape est importante. Au chapitre 3, nous examinerons de plus près la conviction que nous avons d'avoir commis des crimes imaginaires contre nos parents ou d'autres membres de notre famille, ainsi que les six types de crimes imaginaires.

Chapitre 3

Nos crimes imaginaires

Comprendre la force du sentiment de culpabilité

En s'infligeant des souffrances, on peut nier plus facilement avoir fait souffrir quelqu'un d'autre. Par un processus de pensée magique, on devient la victime et non plus l'offenseur.

Michael FRIEDMAN

Comme nous l'avons vu, la plupart des gens qui éprouvent des difficultés psychologiques ont la certitude inconsciente d'être coupables de quelques « crimes », même si ces crimes sont presque toujours fondés sur des auto-accusations erronées et des messages destructeurs provenant de leurs parents. Mais, même s'ils s'accusent à tort, ils se punissent comme si leur crime était réel.

Mike Snyder, trente-neuf ans, séduisant, chaleureux et naturel, est un spécialiste en chirurgie plastique qui a fort bien réussi. L'été, il fait de la voile dans la baie de San Francisco ; l'hiver, il va skier dans les Sierras et les Rocheuses. Il possède une magnifique maison surplombant la baie et a la réputation de donner des réceptions raffinées et mémorables. En somme, il est la quintessence du bon parti.

Mais, derrière cette façade brillante, Mike est désespérément malheureux. Le ski et la voile ont perdu leur attrait. Recevoir est désormais une corvée. Il craint de blesser ses amis en ne les invitant plus. Même son travail, qu'il a toujours aimé, lui semble maintenant moins gratifiant. Il lui a bien fallu admettre qu'il y a dans sa vie en apparence idyllique une faille énorme : même s'il aimerait se marier et avoir des enfants, chaque fois qu'il noue une relation prometteuse avec une femme, il s'arrange pour y mettre fin.

Mike n'a pas de mal à trouver des partenaires très convenables. Mais, dès que l'amitié se transforme en un lien plus intime, il se sent pris au piège et éprouve le besoin irrésistible de mettre fin à la relation.

Aux yeux des femmes qu'il fréquente, Mike est un homme affectueux, sensible, perspicace et aimant – une figure paternelle tendre et aimable qui semble les comprendre. Il est vrai qu'il ne parle jamais de ses *propres* émotions, mais bon nombre d'hommes font de même – du moins le croient-elles. Chaque fois qu'une femme se lie à lui et commence à s'enthousiasmer pour la relation qui se développe entre eux, elle voit ses rêves brisés lorsque, sans raison apparente, Mike s'éloigne peu à peu, puis disparaît complètement.

Mike est le fils aîné d'un père alcoolique et d'une mère toujours débordée. Il était un enfant modèle. Semblable en cela à un grand nombre d'enfants dont le père est alcoolique, Mike s'est toujours senti responsable de sa mère[1]. Son père mourut lorsqu'il avait onze ans. Dès

1. Mike a eu à faire face à un ensemble de circonstances qui ne sont que trop caractéristiques de la famille où le père est alcoolique : même si son père était un homme sur qui l'on ne pouvait compter, et qu'il était souvent en état d'ébriété, jamais on ne parlait de son

lors, sa mère vécut un deuil perpétuel, ne faisant aucun effort pour sortir avec d'autres hommes. Avec les années, elle sembla se retrancher de plus en plus du monde.

Mike pensait que sa mère portait déjà un tel fardeau de problèmes qu'il aurait été particulièrement impardonnable de faire quoi que ce fût qui pût en accroître le poids. C'est pourquoi il s'efforçait de toujours bien agir. Mais, malgré cela, sa mère réagissait à ses moindres petits méfaits enfantins comme s'il se fût agi d'horribles trahisons. Lorsque, par exemple, elle apprit que Mike avait été réprimandé pour avoir été insolent envers l'employé chargé de faire traverser les enfants devant l'école, elle se jeta sur son lit et pleura pendant plusieurs heures.

Devenu adulte, Mike a transposé dans ses relations amoureuses ces patterns d'enfance. Il s'efforce d'être le partenaire parfait. Mais, sitôt qu'il a l'impression de décevoir de quelque façon que ce soit sa partenaire – en étant fatigué alors qu'elle veut faire l'amour, ou en souhaitant être seul alors qu'elle désire le voir –, il est envahi par le vieux sentiment de culpabilité qu'il ressentait autrefois envers sa mère.

Évidemment, Mike se sent terriblement contraint dès qu'une nouvelle relation commence. Il ressent chaque fois un fardeau croissant de responsabilité. À mesure qu'il se rapproche de sa nouvelle amie, il est de plus en plus déterminé à mettre fin à leur relation – craignant inconsciemment que, si elle se prolonge, il finira par

alcoolisme (si cela venait à se savoir, le père de Mike risquait de perdre ses privilèges à l'hôpital, ainsi que ses patients). Cela fut un fardeau terrible pour la mère de Mike. Les enfants s'en sentaient responsables et tous adoptèrent un « rôle familial », Mike étant le parfait petit homme qui essayait de compenser la souffrance qu'avaient causée à sa mère les agissements du père.

faire du mal à sa partenaire. Et, après la rupture, il se punit sévèrement – en se bombardant d'accusations et de reproches.

Son enfance lui a laissé une lourde charge de culpabilité inconsciente. Même s'il a été un très bon enfant, Mike croit inconsciemment que, s'il avait été *meilleur*, son père aurait peut-être cessé de boire. Et il aurait peut-être survécu. Mike éprouve également de la colère envers son père, ainsi que de la honte pour le déshonneur que son alcoolisme a apporté à la famille.

Même s'il a fait tout son possible pour aider sa mère – en préparant les repas, en prenant soin de ses jeunes frère et sœur –, Mike a, encore aujourd'hui, l'impression d'avoir été pour elle un lourd fardeau. Il se sent également coupable d'avoir été son chouchou. Lorsqu'à son tour son jeune frère est devenu alcoolique, Mike en a porté la responsabilité, croyant inconsciemment qu'ayant été le favori de sa mère il avait reçu une grande part de l'amour et de l'attention dont son frère avait besoin.

La force du sentiment de culpabilité

Le sentiment de culpabilité peut être une émotion extrêmement vive. Bon nombre d'entre nous éprouvent un véritable malaise physique – sensation terrible au creux de l'estomac, tension à travers tout le corps, oppression de la poitrine ou gêne respiratoire. Un sentiment de culpabilité peut en outre miner notre amour-propre et le sens que nous avons de notre propre valeur ; nous faire douter de nos instincts les plus sains et de nos bonnes intentions ; nous mener à fuir des situations dans lesquelles nous devrions au contraire nous défendre ; nous pousser à accepter des accusations injustes ou des mauvais traitements que nous ne méritons pas. Lorsque nous éprouvons un intense sentiment de culpabilité, nous sommes parfois incapables de dormir ou de manger. Si nous nous sentons trop coupables, il est même possible que nous tentions d'attenter à nos jours[1].

Si nous connaissons les causes de notre sentiment de culpabilité, nous pouvons présenter nos excuses, réparer nos torts, montrer du repentir ou faire le vœu de ne jamais plus nous comporter de telle ou telle manière. Mais si pareil sentiment découle de nos crimes imaginaires, nous pourrions, comme Mike, être poussés à saboter nos buts les plus chers, cela même si nous ne nous rendons pas compte, ou alors très peu, que nous croyons mériter le blâme. Une bonne part de nos conduites d'échec visent à nous faire échapper à la violence de notre sentiment de culpabilité.

- Si, comme Anne (dont le père est mort après qu'elle eut refusé de l'embrasser au moment de son départ), nous avons l'impression que le fait que nous soyons indépendant ou que nous nous fâchions peut faire du mal à l'un de nos parents, nous renoncerons à notre indépendance et à notre colère. Anne se sentait

1. « L'expérience du sentiment de culpabilité, ou seulement la menace de l'éprouver, produit de l'anxiété parce que l'anxiété est une réaction au danger et que le sentiment de culpabilité est l'une des émotions humaines les plus dangereuses qui soient. Le danger qu'il représente réside dans le fait que les sentiments de culpabilité peuvent devenir presque intolérablement douloureux. Ils engendrent un besoin de subir un châtiment et de réparer ses torts, détruisent les sentiments d'amour-propre et d'estime de soi, ébranlent la foi que l'on a en ses propres bonnes intentions, et par conséquent on est moins en mesure de se défendre contre les accusations injustes et les mauvais traitements non mérités. »Tiré d'un article non publié de Marshall Bush : « The Role of Unconscious Guilt in Masochism »(1985).

inconsciemment coupable chaque fois qu'elle se fâchait avec un ami. Elle réprimait sa colère pour ne pas ressentir ce sentiment de culpabilité.

- Si, comme Henri (dont le père n'avait jamais réussi à obtenir la moindre promotion), nous avons l'impression que notre réussite humiliera l'un de nos parents, nous renoncerons au succès. Henri commençait à ressentir un sentiment inconscient de culpabilité chaque fois qu'il était question d'obtenir de l'avancement. Il faisait des « erreurs cruciales » au travail afin d'éviter ce sentiment de culpabilité.
- Si, comme Mike, nous croyons que nous ferons inévitablement du mal à ceux qui nous sont proches, nous nous sentirons incapables d'entretenir une relation intime avec *qui que ce soit*. Le sentiment inconscient de culpabilité qu'éprouvait Mike était activé dès qu'il se rapprochait d'une femme. En mettant un terme à la relation, il se protégeait contre ce malaise.

Il est également possible que nous employions ces stratégies inconscientes que décrit Michael Friedman dans la citation placée en épigraphe de ce chapitre : nous nous infligeons des souffrances afin de nous percevoir comme victimes et non comme offenseurs. L'un de mes patients croyait avoir été un fardeau pour sa mère qui était toujours démoralisée et surchargée de travail. Pour échapper au sentiment de culpabilité que provoque en lui ce « crime », il s'arrange pour être constamment surmené et surchargé de travail. En faisant en sorte d'être lui-même une victime, il ne se sent plus inconsciemment coupable d'avoir fait de sa mère une victime.

Catégories de crimes imaginaires

La plupart d'entre nous se sentent coupables d'un ou de plusieurs des six crimes imaginaires décrits ci-dessous. Au fur et à mesure que vous lisez cette liste, soyez très attentif à vos réactions émotives immédiates. Il est possible, en effet, qu'en lisant la description d'un crime imaginaire jouant un rôle important dans votre propre vie, vous ayez la sensation viscérale de reconnaître quelque chose.

Bien des gens découvrent qu'ils se sentent coupables de deux ou de plusieurs de ces crimes. D'autres s'aperçoivent qu'ils ressentent pour chacun de ces six crimes un certain sentiment de culpabilité. Mais les crimes imaginaires ne concordent pas tous avec ces catégories. Vous créerez peut-être vos propres catégories de crimes imaginaires[1].

Surpasser les siens

Ce crime consiste à surpasser un membre de la famille de quelque façon que ce soit – par exemple, en devenant professeur d'université alors que votre père était ouvrier dans une usine, en jouissant de la vie alors que votre mère était constamment déprimée, ou en étant séduisante et populaire alors que votre sœur était laide et n'avait pas d'amis. Ce crime imaginaire découle de deux convictions irrationnelles et inconscientes : si

1. On ne retrouve pas ces catégories de crimes dans la *Control Mastery Theory* tels qu'ils avaient été d'abord formulés par Weiss : les crimes qui consistent à être un fardeau, à surpasser les siens et à voler l'amour des parents y sont étroitement liés à la culpabilité du survivant, alors que les crimes d'abandon et de trahison sont liés à la culpabilité de la séparation. Le crime consistant à être foncièrement mauvais serait considéré comme la soumission à des messages et des traitements parentaux négatifs.

vous jouissez des bons côtés de la vie (bonheur, succès, amour et affection), vous les prenez tous sans en laisser pour vos proches moins chanceux ; si vous atteignez vos buts personnels et professionnels, vous humiliez ceux des membres de votre famille qui ont été incapables d'atteindre les leurs. Il peut paraître cruel et vain de réussir quand un être que l'on aime a échoué, tout comme lorsque l'entraîneur d'une équipe de football exhorte encore ses joueurs à marquer des buts alors qu'ils mènent déjà par cinquante points.

Mais, si le fait de surpasser quelqu'un est un crime imaginaire d'une telle gravité, comment se fait-il que tant de gens semblent capables de surpasser leurs parents sans se punir eux-mêmes ? Cela dépend en grande partie des *réactions* de vos parents face à votre réussite. S'ils sont fiers de ce que vous avez accompli – preuve qu'*eux-mêmes* ont réussi en tant que parents –, vous risquez moins d'être troublé par la pensée de les avoir surpassés. Si par contre ils semblent contrariés par votre succès, ou s'ils ont l'impression de ne pas avoir eux-mêmes réussi comme ils l'auraient voulu, il est possible que vous finissiez par saboter vos propres réalisations afin d'éviter de commettre le crime de les surpasser.

Ce n'est pas tant le succès *extérieur* de vos parents qui compte que le *sentiment intérieur* de leur propre succès. Si votre père était fier d'être contremaître de l'atelier typographique de son usine, vous ne vous sentirez pas coupable en devenant chef du service de cardiologie. Mais si votre père a l'impression d'être un raté parce qu'on ne l'a pas nommé à la présidence de General Motors et qu'il a fini sa carrière comme simple vice-président, il est fort possible que vous sabotiez vos propres efforts.

La gravité de notre crime dépendra aussi de son effet supposé sur la victime. Si la personne que nous avons

mon père m'a dis qd j'ai été presque 1 jeune homme = j'ai loupé ma vie – professionnelle et – sentimentale

surpassée continue de vivre heureuse et satisfaite, nous comprendrons que notre crime n'a pas fait grand mal. Mais si elle n'a pas de succès, si elle est malheureuse, atteinte de maladie mentale, ou si la chance semble la fuir, nous aurons peut-être inconsciemment l'impression que notre crime a fait de grands dommages. Et notre autopunition sera beaucoup plus sévère.

Être un fardeau

Si votre père ou votre mère, ou les deux, semblait accablé par la vie, ou épuisé par les responsabilités parentales, vous vous sentez peut-être coupable inconsciemment d'avoir été un fardeau, d'avoir ajouté un poids à une charge déjà trop lourde. Vous avez peut-être l'impression que si vous aviez été plus aimable, plus affectueux, en meilleure santé, plus intelligent, plus beau, plus coopératif, plus responsable, plus discipliné, si vous aviez mieux réussi ou été différent de quelque manière, vous auriez sûrement allégé le fardeau et rendu heureux vos parents malheureux.

La plupart du temps, la souffrance du père ou de la mère n'a rien à voir avec l'enfant qui, en fait, est parfois une source de réconfort pour des gens ayant des problèmes conjugaux, ou une piètre opinion d'eux-mêmes ou d'autres problèmes. Mais les enfants se sentent généralement responsables de la souffrance de leurs parents.

Il arrive que, dans certaines situations, le père ou la mère se sentent accablés par la tâche d'élever un enfant. Il est possible qu'une mère ne soit pas préparée psychologiquement aux rigueurs des responsabilités parentales ou que d'autres facteurs, tels que la pauvreté, la mort d'un conjoint ou l'alcoolisme, aient réduit sa capacité d'y faire face.

Les recherches récentes[1] indiquent une autre cause importante de difficultés parentales : une grande disparité entre le tempérament de l'enfant et celui du parent. Si, par exemple, deux personnes très énergiques ont mis au monde un enfant méditatif qui ne bouge qu'avec lenteur, il est possible qu'ils se sentent irrités par le rythme de l'enfant et sa façon de vivre. De la même manière, des parents lents et réfléchis auront peut-être du mal à supporter un enfant débordant d'activité.

Entre parents et enfant mal assortis, le conflit est parfois déclenché par un frère ou une sœur qui répond davantage aux préférences des parents : des parents calmes et réfléchis n'auront peut-être aucun problème avec leur fille calme et réfléchie, alors qu'élever leur fils actif et nerveux représentera pour eux une épreuve considérable. Si vos parents avaient de meilleurs rapports avec votre frère ou votre sœur qu'avec vous, vous

1. Dans leur excellent guide, *Know Your Child*, Stella Chess et Alexander Thomas (New York, Basic Books, 1987) font valoir l'importance d'un « bon assortiment » entre les styles des parents et le tempérament inné de l'enfant, avec des suggestions pratiques pour atteindre ce but. La pensée de Chess et Alexander se fonde en grande partie sur les observations qu'ils ont faites, durant trente ans, sur 133 personnes, depuis la petite enfance jusqu'à l'âge adulte. Il est réconfortant de trouver un livre traitant de l'éducation des enfants fondé sur des recherches solides qui inspirent le respect.

Pour la plupart des parents, il est difficile de s'occuper de certains enfants parfaitement normaux et sains. Dès la naissance, ces enfants peuvent présenter plusieurs de ces traits difficiles : agitation et vigueur ; difficulté d'adaptation aux changements de routine ; tendance à fuir les nouveaux visages, les nouveaux aliments, les nouvelles situations, etc. ; véhémence ; habitudes irrégulières d'alimentation et de sommeil ; difficulté à tolérer le bruit, la lumière, certaines textures de tissu ; attitude générale négative et pointilleuse. Si vous avez l'impression que vous ou l'un de vos proches avez un pareil enfant, nous vous recommandons fortement la lecture de *The Difficult Child* de Stanley Turecki et de Leslie Tonner (New York, Banton, 1987).

êtes particulièrement susceptible de vous accuser du crime d'avoir été un fardeau pour eux.

Mais même s'il est vrai que vos parents ont eu des problèmes avec vous en raison de votre tempérament, vous ne devriez pas pour autant vous en sentir responsable. Le tempérament est d'ordre génétique. Un enfant n'est pas plus responsable de son tempérament que de la couleur de ses cheveux.

Élever un enfant est une tâche difficile, même lorsque ne se présente pas ce problème de tempéraments mal assortis. Un enfant est un enfant. Il a besoin de beaucoup de soins, d'attention et de soutien ; de jouer et d'expérimenter de nouveaux comportements ; d'intimité et de liberté pour explorer le monde et découvrir qui il est ; de tester les limites de ses parents et d'apprendre à affirmer ses propres préférences.

Malheureusement, il existe un grand nombre de parents qui ne peuvent accepter l'idée que les enfants soient ainsi faits. Certains traitent des comportements ordinaires et sains comme s'il s'agissait de crimes terribles ou d'horribles trahisons. Si votre père ou votre mère, ou les deux, vous a fait savoir qu'il lui a été difficile d'avoir à élever des enfants, si on vous a donné l'impression que vous étiez un enfant difficile ou ingrat, ou si l'on vous a dit que l'un de vos parents, ou les deux, a dû renoncer à beaucoup de choses pour vous, vous êtes fort susceptible de vous accuser de l'avoir accablé. Mais même si l'on ne vous a pas dit que vous étiez responsable du malheur de vos parents, il est possible que vous vous en sentiez quand même coupable. Il n'est pas rare, par exemple, que les enfants de parents divorcés aient l'impression que ce sont eux qui sont responsables de la rupture de leurs parents[1].

1. Le livre de Judith Wallerstein et de Joan Kelly, *Surviving the Breakup : How Children and Parents Cope with Divorce* (New

Peu importe la quantité de problèmes que vous avez pu leur poser lorsque vous étiez enfant, si vos parents étaient tout de même heureux, s'ils ont quand même réussi, vous n'aurez pas l'impression que votre crime imaginaire était au fond bien sérieux. Si par contre vos parents ont eu des vies malheureuses ou tragiques, vous vous sentirez peut-être responsable de leurs souffrances.

Voler l'amour des parents

Voler l'amour des parents est le crime qui consiste à recevoir l'amour et l'attention dont un autre membre de la famille semble avoir besoin pour se développer. Ce crime imaginaire est commun chez les enfants que l'on a préférés à leurs frères et sœurs. Si l'un de vos frères ou sœurs moins aimés est malheureux, ne réussit pas, est mentalement ou physiquement malade, la punition que vous vous infligerez sera sans doute particulièrement sévère.

L'idée sous-jacente est qu'en attirant ou en acceptant l'amour dont votre frère ou votre sœur avait besoin mais qu'il n'a jamais reçu, vous lui avez volé la substance vitale dont il ou elle avait besoin pour être heureux(se), pour réussir ou pour être en bonne santé. C'est comme si votre mère vous avait nourri abondamment tout en laissant mourir de faim votre frère. Parce que vous vous êtes accaparé l'amour ou l'attention dont

York, Basic Books, 1980) est un excellent ouvrage sur le divorce. Ce livre est fondé sur une vaste étude sur l'observation, pendant plusieurs années, de parents divorcés et de leurs enfants. Les auteurs affirment qu'environ un tiers des enfants se sentaient en grande partie responsables du divorce et que les plus jeunes étaient davantage portés à se culpabiliser que les autres. En outre, plus de la moitié des enfants étaient vivement inquiets à propos de leur mère.

votre sœur ou votre frère avait un tel besoin, vous vous tenez inconsciemment pour responsable de toutes ses souffrances et de son malheur. S'il ou elle est heureux(se) en dépit du fait qu'on vous préférait à lui ou à elle, vous en conclurez sans doute que votre crime n'est pas très sérieux. Par contre, dans le cas contraire, vous penserez sans doute que votre crime était extrêmement grave.

Vous pouvez également avoir l'impression d'avoir volé de l'amour s'il existait entre vous et votre mère ou votre père des rapports plus étroits et plus affectueux que ceux qu'ils avaient entre eux. En vainquant votre père ou vote mère dans la lutte pour gagner l'affection de l'autre, vous devenez responsable de ses ennuis.

Abandonner ses parents

Abandonner ses parents est le crime qui consiste à vouloir vous séparer d'eux – avoir vos propres idées, faire vos propres choix et, par la suite, les quitter et devenir indépendant. Si vos parents semblaient malheureux, ou si leur bonheur dépendait de vous, le simple fait de vous éloigner d'eux – physiquement ou émotivement – a pu vous donner l'impression inconsciente que vous les abandonniez. En outre, certains parents se comportent comme si tout ce que fait l'enfant en grandissant – avoir ses propres pensées, développer une identité propre et quitter finalement la maison familiale – était d'une cruauté et d'une injustice indicibles.

Nous ne voulons pas dire que les enfants devenus adultes n'ont pas la responsabilité de prendre soin de leurs parents âgés ou infirmes. Il est naturel et sain de ressentir de l'empathie pour des parents qui ont besoin de soins, d'attention ou d'un toit. Mais certains parents, surtout ceux qui croient avoir consacré leur vie à leurs enfants, s'attendent qu'en retour leurs enfants leur

mes enfants c'est ma vie...

consacrent la leur. S'ils ne le font pas, ces enfants devenus adultes souffriront probablement d'un énorme sentiment caché de culpabilité qui les poussera à se punir en sabotant leur vie.

Lorsqu'ils tenteront de devenir indépendants, les enfants de tels parents souffriront peut-être d'intenses sentiments de culpabilité[1]. Une fois adultes, certains se sentent tellement coupables qu'ils continuent à vivre chez leurs parents et ne parviennent jamais à devenir indépendants. D'autres, qui ont quitté la maison familiale, se punissent de diverses manières pour expier leurs crimes. Si votre père ou votre mère, ou les deux, avait l'habitude de jouer les martyrs, il vous sera sans doute particulièrement difficile de vous créer une identité propre sans devoir porter un fardeau considérable de culpabilité cachée.

Trahir les siens

Le crime de trahison consiste à enfreindre les règles de la famille ou à tromper les attentes de nos parents. Vous pouvez commettre le crime de trahison en épousant une personne d'une autre religion, race ou classe sociale, ou même en adoptant des opinions politiques, philosophiques ou religieuses différentes de celles de vos parents. On peut vous considérer déloyal si vous avez refusé de rentrer dans l'entreprise familiale. Si vous êtes issu d'une famille de médecins, on considé-

1. H. Leowald, « The Waning of the Œdipus Complex », *Journal of the American Psychoanalytic Association*, vol. 27, 1979, p. 751-775. Pour de nombreux enfants de parents démoralisés et dépendants, assumer la responsabilité de sa propre vie peut sembler, psychologiquement, équivaloir à tuer ses parents. Dans cet article fascinant, Leowald soutient toutefois que nous éprouvons tous en devenant indépendants un sentiment de culpabilité qui constitue une partie importante de notre développement.

rera peut-être que vous êtes coupable de trahison si vous devenez menuisier. Si par contre vous venez d'une famille de menuisiers, on vous jugera peut-être de la même façon si vous devenez médecin. Toute violation des espoirs ou des attentes de vos parents peut être à l'origine d'une auto-inculpation de trahison.

Le type le plus courant de trahison est sans doute le fait de se montrer critique envers ses parents. Dans certaines familles, le père ou la mère se montreront terriblement affectés par les moindres critiques de leur enfant. Dans d'autres familles, les parents empêcheront l'enfant d'exprimer ouvertement des sentiments négatifs, exigeant que la famille entière soit perçue par chacun de ses membres comme parfaite. Mais comme il n'est que naturel de se montrer critique envers ses proches, pareilles exigences engendrent chez l'enfant le sentiment d'être déloyal. Si votre père, votre mère ou les deux étaient partisans de la maxime suivante : « Si tu ne peux dire quelque chose de gentil, mieux vaut ne rien dire du tout », il y a de fortes chances pour que vous vous sentiez coupable du crime de trahison. Et si vous constatez que vos comportements vont à l'encontre des buts que vous poursuivez, même si vous avez le souvenir d'une enfance et de parents parfaits, vous idéalisez peut-être ces derniers pour éviter de commettre ce crime imaginaire.

Il nous est en effet difficile d'affronter le fait que nos parents n'étaient pas parfaits. En cours de psychothérapie, de nombreux clients éprouvent beaucoup de mal à admettre les défauts de leurs parents et à les décrire à une personne étrangère. Pour eux, le fait de commencer une thérapie semble être une trahison énorme, puisque celle-ci implique nécessairement que l'on jette par terre l'image idéalisée qu'ont projetée d'eux-mêmes les parents et que les enfants ont accepté en silence de garder.

Si vous vous sentez inconsciemment coupable du crime imaginaire de trahison, le simple fait de lire ce livre provoquera peut-être en vous un certain malaise. Pour votre inconscient, nourrir des pensées critiques à l'égard de vos parents est presque aussi mal que de les critiquer ouvertement.

Être foncièrement mauvais

L'opinion que nous avons de nous-mêmes est en grande partie déterminée par ce que nous disent nos parents et par leur manière de nous traiter. S'ils disent que nous sommes égoïstes, désobligeants, inintelligents, peu séduisants, toujours dans le besoin, paresseux, fous ou tarés de quelque autre manière, il est fort probable que nous grandissions en le croyant. Si nos parents font peu de cas de nous, nous négligent, ou ne nous manifestent que peu ou pas de respect, nous penserons certainement que nous ne méritons pas leur attention ni leur estime.

La plupart d'entre nous avons souffert dans une certaine mesure des messages négatifs que l'on nous a transmis. Nous avons l'impression qu'il y a en nous quelque chose de foncièrement mauvais : selon les messages que nous avons reçus, nous pouvons penser que nous ne valons pas grand-chose, que nous ne sommes ni aimables, ni séduisants, ni aimants, ni intelligents. Plusieurs d'entre nous avons la conviction intime qu'il y a quelque chose qui cloche en nous. Pour certains, ces impressions seront légères, peu fréquentes et sans grande importance. Elles sont par contre pour d'autres un fardeau constant, un facteur majeur dans leur vie. Plus nos parents nous auront infligé de mauvais traitements, ou plus ils nous auront négligés, plus intense sera notre sensation d'être foncièrement mauvais.

Un enfant qui subit sans cesse la critique, le rejet, la négligence, l'abandon, les mauvais traitements physiques ou les abus sexuels en vient généralement à la conclusion qu'il existe en lui quelque chose de fondamentalement mauvais. Car pourquoi, autrement, ses parents le traiteraient-ils si mal ? Si des membres de la famille en apparence tout-puissants et avisés agissent de la sorte, c'est bien la preuve que nous l'avons *mérité*. L'enfant maltraité grandit donc en croyant que, même s'il semble aimable, il est en vérité profondément répugnant et horrible. Plus les traitements sont mauvais et plus sérieux sera son crime imaginaire.

Ce crime diffère de façon significative des cinq autres pour lesquels vous croyez avoir fait du mal ou menacer de faire du mal à quelqu'un d'autre. Ainsi, par exemple, vous pouvez faire du mal à un membre de votre famille en l'abandonnant ou en volant l'amour dont il a besoin. Par contre, lorsque vous commettez ce crime-ci, vous vous reprochez non pas d'avoir fait du mal à quelqu'un, mais d'être tout simplement ce que vous êtes[1].

Nous avons mentionné que l'enfant qui est le préféré de ses parents souffre souvent d'un sentiment de culpabilité pour avoir volé de l'amour. Celui qui est moins aimé, au contraire, finira peut-être par avoir l'impression que le manque d'attention et d'estime de ses parents indique que quelque chose ne va pas chez lui. En conséquence, il croira peut-être toute sa vie qu'il ne mérite pas grand-chose.

1. Mon concept de crime consistant à être foncièrement mauvais est très proche du concept de « honte toxique » de John Bradshaw. Voir *Healing the Shame that Binds You* (Deerfield Beach, Fla., Health Communications Inc., 1988), p. vii. « Avoir honte en guise d'identité équivaut à croire que son existence est tarée, que l'on est un être humain déficient. »

Le crime imaginaire de Mike

Revenons maintenant au cas de Mike, spécialiste en chirurgie plastique. En réexaminant les descriptions des six crimes imaginaires, nous pouvons constater qu'il se sentait coupable d'au moins quatre d'entre eux :

- Il avait *surpassé* son père et son frère en réussissant mieux qu'eux.
- Il avait *abandonné* sa mère. Mike avait l'impression d'être tellement responsable du bonheur de sa mère qu'il s'était senti très coupable de quitter la maison familiale pour entrer à la faculté de médecine.
- Il *avait été un fardeau* pour sa mère. Celle-ci était tellement épuisée et démoralisée à cause de son mari alcoolique qu'il ne lui restait que peu d'énergie pour s'occuper de ses enfants. En conséquence, Mike avait senti que sa propre existence était un fardeau pour elle. Et, après la mort de son père, il avait eu l'impression que c'était encore son dévouement envers son frère et lui-même qui l'empêchait de se remarier.
- Il *avait volé* l'amour de sa mère parce que celle-ci le préférait à son jeune frère. Lorsque celui-ci était devenu alcoolique, Mike s'en était senti inconsciemment responsable. Il se croyait également coupable d'avoir volé l'amour de son père : quand ce dernier s'était mis à boire, sa mère s'était tournée vers son fils aîné. Au fur et à mesure que ses parents s'éloignaient l'un de l'autre, les liens qui unissaient Mike et sa mère étaient devenus plus étroits.

Le cas de Mike illustre comment bon nombre d'entre nous se croient coupables de tout un ensemble complexe de crimes imaginaires imbriqués les uns dans les autres.

Tout, ou presque, peut constituer un crime imaginaire

Ce qu'il y a de plus troublant à propos des crimes imaginaires, c'est qu'ils nous font nous sentir inconsciemment coupables d'impulsions et d'aspirations que consciemment nous approuvons. Nous *voulons* tous être indépendants et heureux, et réussir. Nous *voulons* tous entretenir de bons rapports avec les gens qui nous entourent. Mais, lorsque nous nous jugeons coupables de crimes imaginaires, nous nous mettons inconsciemment à penser que ces aspirations saines ont causé du mal aux autres.

Il existe des gens pour qui être honnête et respecter la loi peut être un crime. Pour la plupart d'entre nous, un comportement criminel ou immoral engendre nécessairement un sentiment de culpabilité, mais, pour ceux qui ont grandi dans des familles où pareil comportement était normal, l'honnêteté peut provoquer un sentiment inconscient de culpabilité. Dans le roman de Richard Condon, *Prizzi's Honor*, Charlie, membre d'une famille appartenant à la maffia, veut mettre fin à sa carrière de tueur. Mais cette perspective crée en lui le sentiment qu'il va trahir les siens. Le père, vieux chef de la maffia, joue sur la culpabilité de Charlie en se montrant blessé par le désir que manifeste son fils de quitter la famille. Celui-ci commence à se sentir coupable des crimes de trahison et d'abandon. À la fin, non seulement il continue sa carrière de truand, mais il assassine en outre, pour une question de loyauté familiale, le grand amour de sa vie. Nous sommes en présence d'un cas où le meurtre, dont on penserait normalement qu'il *engendre* un sentiment de culpabilité, est en fait *motivé* par ce sentiment. *Prizzi's Honor* fournit un exemple du fait que notre désir inconscient de maintenir nos liens avec notre famille est tellement grand qu'il peut nous faire abandonner nos aspirations les plus saines ou sacrifier les choses qui ont à nos yeux le plus de valeur.

J'ai connu beaucoup de clients en psychothérapie dont le comportement criminel ou immoral était motivé par un sentiment de culpabilité. Certains éprouvaient pareil sentiment en croyant avoir surpassé une mère ou un père corrompu, ou l'avoir trahi. Ils obéissaient à un message parental : « Tu deviendras un escroc, exactement comme ton père. » Dans chacun de ces cas, le comportement criminel ou immoral prenait fin dès que la personne comprenait qu'elle avait grandi avec la conviction inconsciente que l'honnêteté était un crime.

Les enfants peuvent se méprendre

Les crimes imaginaires graves sont courants chez les personnes ayant été élevées par des parents malheureux qui n'ont pas réussi, qui les ont surprotégées ou les ont élevées trop sévèrement ou qui les ont négligées ou leur ont infligé de mauvais traitements. Il est pourtant possible que nous nous croyions coupables de crimes imaginaires même si nos parents étaient relativement heureux, aimants et attentionnés, et s'ils ont assez bien réussi. Un enfant agité et débordant d'énergie s'épanouira beaucoup mieux s'il grandit à la campagne, où il pourra courir et jouer dans les bois, que s'il est confiné dans un petit appartement dans un H.L.M., situé dans un quartier tellement dangereux que sa mère ne peut le laisser jouer à l'extérieur[1]. Un enfant dont le

1. Stella Chess et Alexander Thomas, *Know Your Child*, p. 67. Les auteurs rapportent que les enfants hyperactifs qu'ils ont étudiés et qui vivaient dans des conditions leur offrant espace et activités pour dépenser cette énergie ne développaient pas des troubles de

père doit occuper trois emplois afin de réussir à joindre les deux bouts en viendra peut-être à se sentir rejeté parce que son père n'a que peu de temps et d'énergie à lui consacrer. Une mère qui, en raison de ses craintes pour sa fille, la surprotège amènera peut-être celle-ci à penser inconsciemment qu'elle fera du mal à sa mère si elle devient indépendante et compétente. Une femme qui passe son temps à crier après son fils et à le critiquer parce qu'elle ne sait pas comment s'y prendre pour le discipliner peut lui donner l'impression inconsciente qu'elle a besoin qu'il se conduise mal parce qu'elle aime le punir.

Le fait que vos parents aient pu sembler ne pas vous aimer, ne pas faire grand cas de vous ou ne pas vous faire confiance ne signifie pas pour autant que c'était là leur attitude prédominante à votre égard. Problèmes d'ordre émotif ou financier, tempéraments mal assortis, toxicomanie, tout cela a pu poser des obstacles à leurs meilleures intentions.

Il peut être très utile de chercher à comprendre pourquoi nos parents ont agi comme ils l'ont fait, mais il importe en premier lieu de déterminer clairement comment nos parents ont vraiment agi avec nous. Si, au cours de ce processus, nous découvrons que nous avons été élevés trop sévèrement, négligés, exploités, qu'on nous a infligé de mauvais traitements physiques ou qu'on a abusé de nous sexuellement, il nous faudra affronter ces faits. Car ce n'est qu'en comprenant ce qui nous est arrivé lorsque nous étions enfants que nous pourrons arriver à comprendre nos crimes imaginaires et, par conséquent, à nous en absoudre.

comportement, au contraire de bon nombre d'enfants hyperactifs vivant dans de petits appartements dont on ne leur permettait pas de sortir.

Chapitre 4

Les crimes du survivant

Surpasser les siens. Être un fardeau. Voler l'amour des parents.

La culpabilité du survivant test fondée sur la conviction qu'a une personne qu'en jouissant plus que ses proches des bons côtés de la vie, elle les a trahis. Cette personne croit que ses acquis se sont faits aux dépens de ses proches.

Joseph WEISS

Les crimes imaginaires consistant à surpasser les siens, à être un fardeau et à voler l'amour des parents sont tous des manifestations d'un phénomène plus vaste : le sentiment de culpabilité du survivant.

Cette expression a d'abord été utilisée pour désigner le sentiment de culpabilité, irrationnel mais très vif, que l'on peut éprouver après la mort d'un être cher : « Il est injuste que je vive quand l'être que j'aimais est mort. »

L'extraordinaire roman de Judith Guest, *Ordinary People*, en offre un exemple dramatique. Conrad, le protagoniste, un adolescent de seize ans, tente de se suicider après que son frère s'est noyé dans un accident de bateau auquel il a lui-même survécu. Il est alors hospitalisé jusqu'à ce qu'on le juge hors de danger.

C'est d'abord et avant tout son sentiment de culpabilité – culpabilité du survivant – qui a déclenché cette grave dépression et l'a mené à une tentative de suicide.

Vers la fin de l'histoire, Conrad se porte beaucoup mieux. Il est amoureux d'une camarade de classe, Jeannine, et croit de nouveau que la vie vaut la peine d'être vécue. C'est alors qu'il apprend que Karen, jeune femme avec qui il s'est lié d'amitié pendant son séjour à l'hôpital, s'est suicidée. Cet événement engendre en lui un intense sentiment de culpabilité et réactive du même coup celui qu'il éprouve envers son frère. Conrad a de nouveau l'impression qu'il est terriblement injuste qu'il vive encore quand des êtres qu'il aimait sont morts. Luttant contre ses propres impulsions suicidaires, il rend visite à son psychiatre, où il finit par laisser échapper qu'il se sent responsable « de l'avoir tué… de l'avoir laissé se noyer ».

Le psychiatre essaie d'aider Conrad à comprendre que ces pensées, bien que tout à fait normales et compréhensibles, sont complètement irrationnelles : « Vous n'étiez pas du même côté du bateau. Vous ne pouviez même pas vous voir l'un et l'autre. Il nageait mieux que toi et il était plus fort et avait plus d'endurance. Alors, qu'aurais-tu pu faire pour l'empêcher de se noyer ? »

« Je ne sais pas, répond Conrad. Quelque chose[1]. »

L'insistance illogique de Conrad, qui maintient qu'il aurait dû être capable de faire quelque chose, exprime de façon poignante l'irrationalité, la persistance et le pouvoir destructeur du sentiment de culpabilité du survivant. En dépit de toute preuve du contraire, nous avons souvent l'impression que nous sommes respon-

1. Judith Guest, *Ordinary People* (New York Penguin Books, 1976), p. 223.

sables de la mort d'un être cher, même si, évidemment, cela n'est pas le cas[1].

Le choix de Sophie

la fratrie avortée peut elle être source de sentiment de culpabilité du survivant

Nombreux sont les survivants des camps de concentration nazis qui ont souffert d'indicibles atrocités et des pertes presque inimaginables – parents, époux ou épouse, enfants et, dans certains cas, familles entières. Même après leur libération, ils ont continué à porter en eux un autre terrible legs de l'holocauste : le sentiment de culpabilité du survivant.

Le roman de William Styron, *Le choix de Sophie*, décrit de façon poignante l'état critique d'une survivante d'un camp de concentration. Sophie est une expatriée polonaise qui a été libérée d'Auschwitz après la Seconde Guerre mondiale. Débarquant à New York, elle s'éprend de Nathan, jeune homme juif, séduisant et plein de magnétisme, mais profondément schizophrène et vivant en grande partie dans un monde d'illusions. Nathan est merveilleusement aimant et tendre pendant les premières semaines de leur vie commune. Mais, à mesure que s'approfondit leur relation, sa ten-

1. Une explication psychanalytique fréquente du sentiment de culpabilité que nous ressentons envers un frère ou une sœur décédé(e) a trait à la rivalité existant entre les enfants qui luttent entre eux pour accaparer l'attention de leurs parents. Un thérapeute qui conçoit ainsi le sentiment de culpabilité expliquera sans doute que, comme notre désir de nous débarrasser de notre rival a été exaucé, nous en concluons que notre souhait a magiquement causé leur mort. Selon la *Control Mastery Theory*, de tels sentiments de compétition ou de colère peuvent intensifier le sentiment de culpabilité du survivant, mais le simple fait d'être vivant quand un frère ou une sœur est mort suffit pour faire naître ces intenses sentiments de culpabilité.

dre sollicitude commence à alterner avec des périodes de violence au cours desquelles il agresse Sophie, tant verbalement que physiquement, et l'accuse à tort d'infidélité.

L'intrigue se développe à travers une série de flash-backs. Pour avoir tenté de trouver de la nourriture pour sa mère mourante, Sophie est envoyée dans un camp de concentration avec ses deux enfants, un garçon de huit ans et une fille de quatre ans. Dès leur arrivée au camp, un officier S.S. au regard concupiscent annonce à Sophie qu'elle ne pourra garder qu'un seul de ses enfants. L'autre sera immédiatement exécuté.

La jeune femme refuse de choisir. Mais, lorsque les nazis s'emparent de ses deux enfants, elle choisit de sauver son fils. On emmène sa fille dans la chambre à gaz ; ses cris continueront toujours de résonner aux oreilles de sa mère.

Par la suite, Sophie fait tout ce qu'elle peut pour sauver la vie de son fils, tentant même de devenir la maîtresse du commandant du camp, un homme qu'elle méprise. Mais, en dépit de ses efforts, l'enfant est tué par les nazis. Un autre flash-back révèle qu'en dépit de leurs sympathies pronazies, le père et le mari de Sophie ont tous deux été exécutés par les S.S.

L'histoire est racontée par un jeune homme, Stingo, qui est secrètement amoureux de Sophie. Lorsque Nathan, perdant complètement le sens de la réalité, menace de les tuer tous les deux, Stingo et Sophie s'enfuient ensemble et font le projet de mener une vie tranquille dans le Sud où Stingo a hérité d'une petite ferme.

Mais, au dernier moment, Sophie est envahie par la culpabilité. Si l'insensé Nathan se tue, elle connaîtra une fois encore le terrible sentiment de culpabilité du survivant, dont elle a tellement souffert après la disparition de sa mère, de son père, de ses enfants et de ses compagnes et compagnons de détention. Renonçant à l'existence agréable qu'elle aurait pu mener, elle quitte Stingo et retourne auprès de Nathan avec lequel elle absorbe du cyanure. Ce n'est qu'à ce moment que prendra fin sa souffrance.

Bien que Sophie se soit reproché toutes ces morts, elle n'en était pas responsable. Elle *devait* choisir un enfant ou l'autre, sans quoi tous deux auraient été tués. Ce sont les nazis, et non pas elle, qui ont assassiné tous les membres de sa famille[1].

À travers le personnage de Sophie, William Styron décrit fidèlement le sort tragique de nombreux survivants des camps de concentration[2]. Au début du récit,

1. William G. Niederland, « The Survivor Syndrome : Further Observations and Dimensions », *Journal of the American Psychoanalytic Association*, vol. 29, 1981, p. 413-423. Un cas mentionné brièvement par Niederland montre le sentiment de culpabilité du survivant qu'éprouvent ceux qui sont sortis vivants des camps nazis. « Accablée par un sentiment de culpabilité, une survivante se reproche d'avoir "abandonné" sa mère lorsque celle-ci, au moment de leur arrivée au camp de concentration, fut placée du côté gauche [*die schlechte Seite!*] alors qu'elle fut elle-même une femme grande et jeune – placée du côté droit, c'est-à-dire forcée de travailler au *Schneiderei*, et plus tard à la cuisine. » Comme Sophie, cette malheureuse femme s'adressait des reproches, même si ce n'était pas elle qui décidait qui allait vivre ou mourir.

2. Bien que les survivants des camps de concentration soient tous, à un degré considérable, affligés du sentiment de culpabilité du survivant, certains réussissent mieux que d'autres à le surmonter. Un exemple inspirant nous en est offert par Victor Franki, le psychiatre qui, pendant sa détention dans un camp de concentration, écrivit abondamment sur la nécessité de donner un sens à sa vie pour se maintenir en bonne santé sur le plan psychologique. Pourquoi certains survivants, au contraire de certains autres, furent-ils écrasés par un sentiment de culpabilité ? Voilà une question complexe qui dépasse les limites de ce livre. Pourtant, je soupçonne que Franki fut en partie capable d'apaiser son propre sentiment de culpabilité en consacrant sa vie à venir en aide aux autres.

Sophie est faible, déprimée, livide et incapable d'éprouver de la joie – comme tous ceux qui échappèrent aux camps de la mort. Même après avoir été guéries de leurs maladies, nourries et emmenées dans des lieux sûrs et accueillants, un grand nombre de victimes des camps étaient tenaillées par un intense sentiment de culpabilité. Tous avaient l'impression qu'en échappant à la mort, ils avaient trahi leurs parents et amis disparus, même si, comme Sophie, ils n'avaient absolument rien pu faire pour eux[1].

De la même façon, *toute personne* qui a perdu un être cher à la suite d'une maladie, d'un accident, d'un suicide ou d'un autre malheur connaîtra probablement ce sentiment de culpabilité du survivant et ce, pendant de nombreuses années, longtemps après que se seront dissipées la colère, les dénégations et la douleur immédiate provoquées par cette mort[2].

1. Niederland, p. 421. « Sur la base de mes recherches de longue date, j'ai des raisons de croire que la survie est inconsciemment vécue comme un acte de trahison envers les parents, les frères ou les sœurs décédés, et le fait d'être vivant constitue un conflit permanent, aussi bien qu'une source constante de sentiments de culpabilité et d'anxiété. »

2. *Ibid.*, p. 413-423. L'article de Niederland décrit principalement des survivants des camps de concentration nazis. Les problèmes psychologiques sont sans doute beaucoup plus graves parmi ce groupe de survivants que dans le cas des survivants d'inondation, d'incendie et de désastre naturel, et cela pour deux raisons : (1) Les êtres chers qui furent tués par les nazis connurent une mort brutale, accompagnée de douleurs et de souffrances. Cela intensifie indubitablement la douleur et le sentiment de culpabilité des survivants ; (2) les survivants des camps avaient eux-mêmes connu l'horreur, la brutalité et les privations sévères. Ils étaient donc troublés non seulement par le sentiment de culpabilité du survivant, mais aussi par les souvenirs de leurs propres terreurs, anxiété et humiliation.

Le sentiment de culpabilité quotidien du survivant : une définition plus globale

La *Control Mastery Theory* utilise l'expression « sentiment de culpabilité du survivant » dans un sens plus large que ceux qui ne l'emploient que pour désigner le sentiment de culpabilité qu'engendre la mort d'un être cher. Nous utilisons cette expression pour désigner le sentiment de culpabilité qui surgit lorsque nous connaissons plus de bonheur, de succès ou d'amour qu'un autre membre de notre famille[1]. En ce sens, même si les nôtres vivent encore, nous pouvons tous connaître ce type de sentiment, s'ils semblent refuser, ou être incapables, de jouir de l'existence. Le sentiment de culpabilité quotidien du survivant est généralement moins intense que celui qui est causé par le décès d'un être cher, mais il peut tout de même constituer une terrible force destructrice. Selon la *Control Mastery Theory*, il est à l'origine d'un bon nombre de nos problèmes psychologiques les plus tenaces. C'est ce sentiment qui est à la base des crimes imaginaires

1. La pensée de Weiss sur le sentiment de culpabilité du survivant a été fortement influencée par celle du psychanalyste Arnold Modeil. C'est Modeil qui, le premier, étendit à ceux qui tout simplement se sont mieux tirés d'affaire dans la vie que leurs parents, frères ou sœurs, l'idée du sentiment de culpabilité du survivant qu'éprouvent ceux qui ont perdu un proche parent, surtout lorsque cette mort est survenue dans d'horribles circonstances. Dans un excellent article, Modeil écrit ceci : « Je parle d'un sentiment de culpabilité qui constitue une réaction à la prise de conscience du fait que l'on possède quelque chose de plus qu'un autre. Ce sentiment de culpabilité s'accompagne inévitablement d'une pensée qui peut demeurer inconsciente, selon laquelle ce qu'on a obtenu a été dérobé à quelqu'un d'autre. » Pour plus de détails, voir « The Origin of Certain Forms of Pre-Œdipal Guilt and the Implications for a Psychoanalytic Theory of Affects », *International Journal of Psychoanalysis*, vol. 52, 1971, p. 339.

que nous avons nommés « surpasser les siens », « voler l'amour des parents » et « être un fardeau ».

- Dans le premier cas, nous avons l'impression d'avoir réussi là où d'autres membres de notre famille ont échoué.
- Dans le second cas, nous avons l'impression d'avoir volé l'amour et l'attention dont l'un des nôtres avait désespérément besoin.
- Dans le troisième cas, nous avons l'impression d'avoir pris le temps et l'énergie dont nos parents avaient besoin pour prendre soin d'eux-mêmes.
- Nous nous sentons coupables de ces crimes lorsque nous croyons inconsciemment avoir acquis le bonheur, le succès ou l'amour aux dépens d'un ou de plusieurs membres de notre famille.

Manuel, un maître de l'autosabotage

Les parents de Manuel étaient des immigrants qui tenaient un petit commerce de nettoyage à sec. Ils vivaient dans une communauté principalement mexico-américaine et ne parlaient que très peu l'anglais. Travaillant de longues heures et n'ayant que peu de loisirs, ils avaient l'air amer, épuisé, et gaspillaient à se chamailler ensemble le peu d'énergie qui leur restait après le travail.

De temps à autre, les parents de Manuel décidaient que leur commerce n'était pas situé au bon endroit. Ils louaient alors un nouvel espace commercial et déménageaient leur entreprise. Suivait une brève période d'espoirs et d'attentes. Pourtant, dès qu'il apparaissait clairement – et il en était toujours ainsi – que le nouveau commerce ne rapporterait pas davantage que le précédent, les parents de Manuel perdaient de nouveau leur enthousiasme et retombaient dans leur existence tourmentée et sans joie.

D'aussi loin qu'il s'en souvienne, Manuel avait toujours su qu'il ne voulait pas être condamné à travailler de longues heures pour de faibles gains. Il obtint un diplôme en administration, se lança dans l'immobilier et, après plusieurs années de dur labeur, fut en mesure d'acheter un immeuble. En consacrant de longues heures de travail pour le remettre lui-même à neuf, il parvint à tout refinancer et à en acheter un second, plus vaste. Certes, il travaillait beaucoup et gagnait peu, mais il attendait avec impatience le moment où les choses allaient s'améliorer.

Les ennuis ne tardèrent pas à venir : Manuel était incapable d'affronter ceux de ses locataires qui ne payaient pas le loyer. Il n'avisait pas ses créanciers lorsqu'il était en retard pour payer ses factures et évitait de toute façon de les payer même lorsqu'il avait l'argent pour le faire. Il se comportait de manière tellement irresponsable qu'au bout d'un an ses deux immeubles furent saisis par la banque. Manuel se remit assez vite d'une courte période de dépression, déménagea dans une autre ville et repartit de zéro. Lorsqu'il entreprit sa thérapie, il avait trente-quatre ans et avait répété à quatre reprises le même scénario : il mettait sur pied une entreprise prometteuse, faisait faillite, déménageait dans une autre ville et recommençait.

Manuel ne souhaitait pas consciemment échouer. Il voulait réussir, mais de la pire manière. En dépit de ses efforts, il finissait inévitablement par travailler de longues heures en ayant peu de plaisir et en gagnant des sommes négligeables. Il lui fallait bien admettre qu'il en était venu à répéter le pattern qu'il trouvait tellement déplorable chez ses parents. Comme eux, il croyait tout simplement qu'il réglerait ses problèmes en changeant de lieu. Comme eux, il refusait de reconnaître ou de changer sa conduite d'échec.

Manuel entreprit une thérapie parce qu'il était de nouveau sur le point de réussir et « ne voulait pas tout bousiller encore une fois ». Il se concentra au début sur les problèmes qu'il avait avec son entreprise et avec son amie, mais, de temps à autre, il parlait de façon émouvante de l'atmosphère triste et lugubre qui avait régné chez lui tout au long de son enfance et de son adolescence. Il parlait aussi de son frère qui, à l'âge de trente-sept ans, vivait toujours chez ses parents, n'avait pas d'amie, et passait une grande partie de son temps à se chamailler avec son père et sa mère. Il décrivit les efforts qu'il avait lui-même faits, bien inutilement, pour pousser son frère à quitter la maison familiale et encourager ses parents à prendre des vacances.

Manuel était fort conscient du contraste énorme qui existait entre sa vie et celle des membres de sa famille. Il gagnait pas mal d'argent : ils vivotaient. Il aimait son travail : ils détestaient le leur. Il avait un groupe d'amis stimulants, dont une femme qu'il espérait épouser : ses parents et son frère vivaient très isolés. Ses perspectives d'avenir étaient brillantes : les leurs irrémédiablement mornes.

Il se sentait très coupable d'avoir tellement quand ils avaient si peu. Et plus il élargissait l'écart entre sa vie et la leur, plus il se sentait coupable. Au fur et à mesure que progressait la thérapie, Manuel commença de comprendre de quelle manière il avait tenté de réduire cet écart en sabotant son entreprise et ses rapports personnels. Une fois qu'il l'eut compris, Manuel fut finalement en mesure d'agrandir son entreprise sans la saboter et d'épouser son amie.

Manuel s'était inconsciemment jugé coupable de trois crimes imaginaires fondés sur le sentiment de culpabilité du survivant : il avait été un fardeau pour ses parents, avait volé leur amour et les avait surpassés, parce qu'il avait mieux réussi et était plus heureux que tout autre membre de sa famille, parce qu'il croyait avoir été une lourde responsabilité de plus dans la vie de ses parents déjà surchargés, et parce que sa mère l'avait préféré à son frère, lequel se trouvait complètement embourbé dans ses propres modèles d'autodestruction.

Si nos parents, comme ceux de Manuel, n'ont connu au cours de leur vie que travail fastidieux et échec, ils ont vécu dans une sorte de camp de concentration de leur propre fabrication. Que nos parents aient été opprimés par leurs propres problèmes psychologiques ou par des forces extérieures, nous sommes toujours susceptibles d'éprouver le vif sentiment de culpabilité du survivant.

Étant donné que même les meilleurs parents peuvent souffrir d'insécurité, être incompétents ou malheureux, la plupart d'entre nous souffrent – du moins jusqu'à un certain point – de ce sentiment. Sa gravité dépend de deux facteurs : 1) le degré de tristesse, d'insatisfaction, d'inadaptation et d'insuccès que nous percevons chez les nôtres et 2) nos propres aspirations et talents, ainsi que les chances qui nous sont offertes.

Pour certaines personnes, le sentiment de culpabilité du survivant est mineur. Pour d'autres, il est si grave qu'il domine leur vie psychologique et limite considérablement leurs actes. Dans des cas extrêmes, comme celui de Sophie, il peut pousser au suicide.

La culpabilité du survivant

Imaginez que vous êtes en train de dîner dans un petit restaurant. Vous et un groupe de vos amis les plus proches êtes assis à une grande table bien dressée au centre de la pièce. Vos parents sont assis à une petite table délabrée dans un coin sombre.

Le garçon vous apporte des plats gastronomiques : pâtes, viandes, poissons et légumes frais, le tout préparé avec des sauces délicieuses et servi avec des vins soigneusement choisis. À la table de vos parents, le garçon apporte des assiettes ébréchées sur lesquelles sont posés quelques feuilles de laitue flétries, du pain rassis et du fromage moisi.

Vous invitez vos parents à se joindre à votre groupe, mais ils refusent, affirmant qu'ils se trouvent très bien là où ils sont et qu'ils ne veulent déranger personne. Mais, tout au long du repas, vous les entendez se plaindre l'un à l'autre du repas.

Dans une telle situation, comme la plupart d'entre nous, vous vous sentiriez probablement tellement mal à l'aise qu'il vous serait impossible de vous détendre et de jouir de la soirée. Si vous vous amusiez, vous pourriez accroître encore davantage le malheur de vos parents parce qu'ils ressentiraient probablement de l'envie et se sentiraient exclus. Dans la plupart des situations de la vraie vie, toutefois, les punitions que nous nous infligeons pour apaiser ce sentiment de culpabilité du survivant ne peuvent en rien diminuer le malheur ou les manques socio-affectifs de nos proches. Il s'agit vraiment d'une souffrance inutile.

Cette scène imaginée illustre un autre point important : même si vous invitez vos parents à se joindre à vous et à partager votre plaisir, ils refusent. Et s'ils le font délibérément, vous vous sentez quand même coupable de prendre plaisir à votre propre repas.

Il importe peu, en fin de compte, que les membres de votre famille soient privés des joies de l'existence par des forces extérieures (étant confinés dans un camp de concentration ou dans un lit d'hôpital), ou par des contraintes intérieures (alcoolisme ou problèmes psy-

la punition est pour apaiser le sentiment de culpabilité du survivant

sentiment inconscient de culpabilité

chologiques), qu'ils s'abstiennent des plaisirs de la vie parce qu'ils ne peuvent ou ne veulent pas les connaître, il ne vous en est pas moins difficile d'en jouir vous-même.

La scène imaginaire au restaurant n'est pas aussi farfelue qu'il le paraît. Nous transportons tous en esprit nos parents. Nous ressentons *vraiment* un sentiment inconscient de culpabilité dès que nous remplissons nos assiettes de choses que nos parents ne pouvaient ou ne voulaient pas goûter. Une manière efficace d'y échapper consiste à jeter aux ordures nos assiettes dès qu'elles menacent d'être pleines. Voilà essentiellement ce que Manuel faisait en sabotant son entreprise sitôt qu'il commençait d'avoir du succès.

Le cas de Jean

Âgé de trente-cinq ans, Jean était un architecte prospère. Lorsqu'il a commencé sa thérapie, il était démoralisé à cause de sa vie conjugale. Sa femme se plaignait qu'il se souciait moins d'elle que de son travail et le critiquait sans cesse. Leur vie était devenue tellement désagréable que Jean s'attardait au bureau pour éviter de rentrer. De temps à autre, il avait des liaisons avec des jeunes femmes qu'il rencontrait au travail.

Le père de Jean était un financier qui passait pour un génie. Il possédait sa propre entreprise et était membre des conseils d'administration de plusieurs sociétés commerciales. On serait porté à croire que le fils d'un homme célèbre ayant particulièrement bien réussi ne souffrirait jamais du sentiment de culpabilité du survivant. Et pourtant, ce fut le cas.

La mère de Jean se sentait négligée par son célèbre mari qui ne vivait que pour son travail. Elle s'en plaignait avec amertume. Plusieurs fois par semaine, les parents de Jean avaient de terribles querelles. Pour celui-ci, il était clair qu'ils étaient très malheureux en ménage. Même s'il ne quitta jamais sa femme, son père se consola successivement auprès de séduisantes jeunes femmes.

Mère et fils étaient étroitement liés. En tant que confident, Jean connaissait les infidélités de son célèbre père, son immaturité, son irresponsabilité. Dès son jeune âge, il comprit que son père était incapable d'entretenir une relation intime et mûre.

Jean n'avait pas l'ambition de surpasser son père sur le plan financier. Il donnait sa pleine mesure et réussissait assez bien, mais il avait depuis longtemps accepté le fait qu'il n'était pas un génie comme son père. Pourtant, en dépit de la fortune et de la célébrité de son père, il le voyait comme un être pathétique qui n'avait pu obtenir la chose la plus importante dans la vie : le bonheur conjugal. Obéissant à la logique irrationnelle du sentiment de culpabilité du survivant, Jean ne pouvait se permettre de posséder *la* chose précieuse que son père n'avait pas su obtenir pour lui-même. Car, ce faisant, il aurait commis le crime imaginaire de le surpasser. En outre, Jean se punissait pour avoir volé l'amour de sa mère. Il était inconsciemment arrivé à la conclusion que la relation étroite qu'il avait avec sa mère avait contribué au désaccord de ses parents.

Pendant la thérapie, Jean comprit qu'il reproduisait les aspects mêmes du comportement de son père qu'il déplorait le plus. Il commença à voir de quelle manière il provoquait les critiques de sa femme en l'évitant, en l'ignorant et en tenant son amour pour acquis. Et il comprit comment ses liaisons amoureuses l'empêchaient de parvenir à une véritable intimité conjugale.

Le cas de Jean montre que le fait d'avoir des parents qui ont parfaitement réussi sur le plan professionnel ne nous protège pas nécessairement contre le sentiment de culpabilité du survivant. Même si nos parents ont connu beaucoup de succès dans certains domaines, nous sommes bien conscients de ceux dans lesquels ils étaient déçus ou insatisfaits. Et il est possible que nous soyons inconsciemment poussés à nous priver de ces satisfactions que nos parents n'ont pu connaître.

« Désidéaliser » ses parents

Pour certains d'entre nous, l'obstacle majeur qui nous empêche de surmonter notre sentiment de culpabilité du survivant est notre tendance à idéaliser nos parents.

- Si nous voyions clairement les faiblesses et les défauts de nos parents, nous nous sentirions peut-être coupables du crime imaginaire de déloyauté.
- Si nous nous permettions de voir jusqu'à quel point nos parents étaient malheureux et insatisfaits, nous éprouverions sans doute une grande tristesse pour eux. Nous ressentirions peut-être aussi un douloureux sentiment de désenchantement.
- Les défauts de nos parents nous ont traumatisés et nous ont causé de grandes souffrances. Admettre leurs manques exigerait que nous revivions un peu de la tristesse et de la souffrance que nous avons ressenties lorsque nous étions enfants.

On trouve dans *Le choix de Sophie* l'exemple d'une telle idéalisation des parents. Jeune femme, Sophie croyait que son père était l'homme le plus noble du monde. Ce n'est qu'en dactylographiant l'un de ses discours – qui appelait à l'extermination des Juifs – qu'elle reconnut sa rigidité, sa cruauté et sa brutalité. Elle com-

SE LIBÉRER DE NOTRE PROPRE MODÈLE D'AUTO PUNITION

prit également qu'elle savait tout cela inconsciemment depuis fort longtemps, mais qu'elle n'avait jamais voulu regarder la vérité en face parce que cela aurait inévitablement fait naître en elle colère, tristesse et mépris.

Au cours du processus de « désidéalisation » de nos parents, il nous faudra peut-être admettre le fait que, bien que notre père et notre mère aient été d'excellents parents sous bien des rapports, ils aient pu d'autre part avoir de graves faiblesses. Pour arriver à identifier et à accepter les imperfections de nos parents, il nous faudra probablement ressentir de vifs sentiments de déception, de tristesse, de colère. Mais ce n'est qu'en éprouvant ces sentiments douloureux et déloyaux que nous pourrons comprendre leurs problèmes psychologiques ainsi que les nôtres.

Au cours du processus de « désidéalisation » de nos parents, nos rapports avec eux risquent d'être plus ou moins tendus. Si nous ressentons de la colère et de la déception, nous serons peut-être incapables de jouer notre rôle traditionnel au sein de la famille. (Pour en savoir davantage sur les rôles au sein de la famille, voir le chapitre 10.) La pensée même d'incommoder nos parents pourra accroître temporairement notre sentiment de culpabilité. Mais ce processus – affronter, accepter et comprendre les blessures et les humiliations de notre enfance – est indispensable pour nous libérer de nos propres modèles d'autopunition.

Quand la loyauté devient pathologique

On peut voir le sentiment de culpabilité du survivant comme une sorte d'intense loyauté envers sa famille qui aurait mal tourné. Cela peut paraître paradoxal puisque la loyauté envers sa famille est parfois l'une des forces les plus *positives* de l'être humain, alors que le sentiment de culpabilité du survivant est presque inévitablement destructeur.

Il n'y a rien de pathologique à vouloir aider les nôtres, pas plus qu'à être prêt à faire des sacrifices pour ceux qu'on aime. Mais il est tout à fait insensé de se rendre malheureux et de s'empêcher de réussir parce que l'on a la conviction irrationnelle et inconsciente que cela aidera l'un des nôtres qui est malheureux. Le sentiment de culpabilité du survivant montre de façon frappante comment un instinct profond et généralement positif, qui nous pousse à prendre soin des nôtres et à les aider, peut parfois se transformer en une force pernicieuse.

Le sentiment de culpabilité du survivant entre en jeu lorsque notre vie menace de devenir « trop agréable », lorsque l'écart devient trop grand entre ce que nous possédons et ce que possèdent les autres membres de notre famille. En comprenant ce sentiment, nous serons davantage en mesure d'identifier et de désamorcer ces impulsions qui nous poussent à saboter notre vie sitôt que les choses commencent à aller particulièrement bien. En apprenant à reconnaître ces tentatives d'autosabotage, et en identifiant les patterns familiaux qui les ont engendrées, nous pourrons graduellement apprendre à nous en libérer.

À TRAVAILLER AVEC ADOA

Chapitre 5

Les crimes liés à la séparation

Abandonner ses parents. Trahir les siens.

> *[Le sentiment de culpabilité de la séparation] est cette conviction qu'a l'enfant, déduite de ses expériences, que, s'il devient plus indépendant de son père ou de sa mère, il lui fera du mal.*
>
> Joseph WEISS

L'exaltation que nous ressentons en grandissant et en devenant nous-mêmes s'accompagne inévitablement de remords et de tristesse à l'idée de laisser nos parents derrière nous. La *Control Mastery Theory* appelle ce sentiment « culpabilité de la séparation[1] ».

Lorsque nous étions tout petits, nos parents étaient au centre de notre vie. Notre mère et notre père étaient les plus savants et les plus forts au monde. En grandissant, nous avons découvert que ces figures imposantes de notre univers enfantin devenaient peu à peu moins

1. Pour une analyse fascinante du caractère universel et essentiel de la culpabilisation liée à la séparation d'avec les parents, voir H. Leowald, « The Waning of the Œdipus Complex », *Journal of the American Psychoanalytic Association*, vol. 27, 1979, p. 751-775.

importantes, moins puissantes, moins omniscientes. Avec le temps, nous nous sommes même rendu compte que nous les surpassions sur certains plans. En pleine possession de nos moyens d'adultes et voyant s'élargir nos perspectives d'avenir, certains d'entre nous ont même découvert que les pouvoirs de nos parents s'affaiblissaient et que leur chance avait tendance à diminuer.

Il existe un dilemme inhérent à la croissance et à la séparation d'avec nos parents. Nous devons détrôner psychologiquement le roi et la reine de notre enfance afin de créer notre propre identité authentique et distincte. Pour devenir nous-mêmes, nous devons trier les croyances et les valeurs qui nous ont été transmises, conserver ce qui nous convient et rejeter le reste.

Ce processus naturel ne devrait pas en soi produire de sentiment de culpabilité. Si nos parents nous soutiennent pendant ces étapes qui mènent à la vie adulte, s'ils semblent satisfaits de nous voir devenir peu à peu indépendants, nous avons de fortes chances d'effectuer sans sentiment de culpabilité cette difficile transition. Si, par contre, ils semblent blessés ou trahis, nous nous condamnons pour des crimes imaginaires.

Si nos parents dépendent de nous pour avoir un sens de leur propre valeur et s'ils sont profondément malheureux sans nous, nous nous sentirons peut-être inconsciemment coupables de les avoir abandonnés. Et s'ils sont incapables d'accepter le fait que nous avons des opinions, des préférences, des croyances religieuses, des vues politiques différentes des leurs, nous nous sentirons probablement coupables du crime imaginaire de trahison.

ma mère disait : « vous êtes toute ma vie » et en même temps elle est malheureuse avec mon père.

Séparation-individuation : l'une des grandes tâches de la vie

L'une des grandes tâches que nous devons accomplir pour nous développer consiste à nous séparer et à nous différencier de nos parents. Les psychothérapeutes appellent ce processus « séparation-individuation ». Il débute dans notre première année d'existence et se poursuit tout le reste de notre vie.

À l'âge de deux ans, l'enfant explore brièvement le monde qui l'entoure, puis il retourne à la sécurité que représentent son père ou sa mère, ou une figure parentale. Il ira par exemple jouer avec un autre enfant pendant quelques minutes, puis reviendra auprès de sa mère[1].

En grandissant, l'enfant ressent de moins en moins ce besoin. Le processus continue jusqu'à ce qu'il se sente à l'aise en l'absence de ses parents pendant des périodes de plusieurs heures. Avec le temps, il acquiert jugement et expérience et ne ressent plus le besoin d'être constamment guidé par ses parents. En fait, à partir d'un certain âge, il considère comme une intrusion leurs conseils.

Les parents sensibles aux changements qui surviennent dans les besoins de leur enfant ajustent continuel-

1. Jay Greenberg et S.A. Mitchell, *Object Relations in Psychoanalytic Theory* (Cambridge, Mass., Harvard University Press, 1983), p. 274-281. Les théoriciens des rapports à l'objet, beaucoup plus que les psychanalystes classiques, mettent l'accent sur les effets réels du comportement parental sur le développement de l'enfant. L'excellent livre de Greenberg et de Mitchell contient des résumés et des comparaisons de plusieurs théoriciens. La plus importante d'entre eux est Margaret Mahler, qui inventa le terme *séparation-individuation*, de même qu'elle rapporta et analysa la manière dont les jeunes enfants retournent périodiquement vers leur mère pour « faire le plein émotionnel ». La *Control Mastery Theory*, plus que tous ces théoriciens, dont parlent Greenberg et Mitchell, souligne les relations de l'enfant avec ses parents.

lement le dosage de liberté et de surveillance. Ils l'empêchent d'entreprendre des tâches trop lourdes pour lui tout en le poussant à accepter les défis qu'il a peut-être tendance, par timidité ou par crainte, à éviter. Ils pourront permettre, par exemple, à leur fils de dix ans d'aller à l'école à pied, alors qu'à neuf ans, il aurait flâné ou se serait perdu en route. Ils exigeront peut-être que leur fille sorte accompagnée et rentre à une heure précise quand la drogue deviendra un élément de son univers quotidien, alors que, sans un tel danger, ils auraient été moins restrictifs. Enfin, ils suspendront peut-être certains privilèges lorsqu'un enfant agira de façon irresponsable. Maintenir le bon équilibre entre liberté et surveillance est sans doute l'une des tâches les plus délicates des parents.

Manque ou excès de surveillance

Lorsqu'un parent n'exerce pas suffisamment de surveillance sur l'enfant, celui-ci peut se sentir négligé et avoir lui-même du mal à se contrôler. Il agira impulsivement, causant à ses parents de tels problèmes en raison de son comportement irresponsable qu'il finira par se sentir coupable d'avoir été un fardeau pour eux et d'avoir été foncièrement mauvais.

Si, par contre, le père ou la mère sont trop dominateurs ou protecteurs, l'enfant en conclura peut-être qu'ils ont un grand besoin de le surveiller et de prendre soin de lui. L'identité de certains parents, notamment les mères, semble dépendre exclusivement de leur condition de parents. Dépossédés de ce rôle, ils se sentent perdus et anxieux. Certains parents peu sûrs d'eux, surtout les pères, doivent constamment jouer de leur autorité, même lorsque leur enfant n'a pas besoin de leurs instructions et conseils. Dans pareilles situations, le besoin qu'éprouve l'enfant de se débrouiller seul et de prendre ses propres décisions peut provoquer en lui un sentiment inconscient de culpabilité pour avoir abandonné ou trahi ses parents.

Parents vulnérables

Seul le très jeune enfant croit ses parents immanquablement forts et invulnérables. En grandissant, il développe une image beaucoup plus complexe d'eux. Il remarque, par exemple, que, de temps à autre, maman a l'air effrayée ou dépassée, ou que papa semble inconséquent, confus ou déprimé.

Cela ne constitue pas nécessairement un problème. Il est sain et naturel pour l'enfant d'apprendre que ses parents ont leurs faiblesses aussi bien que leurs forces. Mais s'il a l'impression, à tort ou à raison, que la faiblesse, la fragilité, la colère, l'impuissance ou la tristesse de ses parents est chronique, alors tout est en place pour qu'apparaissent des problèmes.

Nous n'imaginons pas facilement que l'enfant puisse percevoir ses parents comme des êtres chroniquement vulnérables, faibles ou incapables de se maîtriser. Pourtant, il en est souvent ainsi. Même lorsque la mère ou le père sont à tel point dominateurs, critiques ou violents qu'ils inspirent à leur enfant une grande frayeur, ce dernier peut quand même les considérer comme fragiles, faibles et pitoyables[1].

1. Freud croyait que l'enfant perçoit toujours ses parents comme des êtres puissants, et sa conception eut une grande influence sur les spécialistes de la santé mentale et le public en général. « On retrouve dans toute l'œuvre de Freud cette idée que l'enfant perçoit ses parents comme des êtres puissants. Les parents peuvent frustrer

Si l'enfant perçoit sa mère ou son père de cette façon, il aura peut-être l'impression qu'il doit rester à la maison pour en prendre soin. Plutôt que de jouer le rôle normal d'un enfant – être soigné et nourri –, il pourra avoir l'impression qu'il doit assumer le rôle de parent. Le processus naturel de séparation peut alors prendre l'apparence d'une désertion, et l'enfant s'en accusera inconsciemment.

À sept ans, Laurence préparait déjà le dîner pour elle et ses jeunes sœurs – parce que sa mère était ivre lorsqu'elle rentrait de l'école. Dès son jeune âge, Laurence a vu sa mère comme un être fragile, diminué et incompétent.

Georges a été élevé dans les montagnes par un père cruel et paranoïaque qui ne lui permettait d'avoir que très peu de contacts avec les autres. Même s'il craignait et respectait son père – qui savait chasser et pêcher, excellant à tirer de la nature sa subsistance –, Georges n'en était pas moins conscient de sa folie, de son extrême solitude et de sa crainte pitoyable des autres êtres humains.

Le père de Joel, gravement déséquilibré, était souvent pris d'accès de rage folle. Joel gardait prudemment

ou récompenser, être cruels ou gentils, aimants ou non, ils restent toujours de fortes autorités. » Michael Friedman, « Toward a Reconceptualization of Guilt », *Contemporary Psychoanalysis*, vol. 21, n° 4, 1985, p. 505. Freud croyait que les enfants n'étaient motivés que par l'intérêt personnel et la crainte. Friedman fait valoir que même l'affection d'un enfant envers son père ou sa mère, chose que la plupart des gens considéreraient comme une exception à la théorie de Freud, n'est pas du tout considérée comme telle par Freud lui-même. Il cite Freud : « Les enfants s'aiment d'abord, et ce n'est que plus tard qu'ils apprennent à aimer les autres et à sacrifier pour les autres quelque chose de leur propre ego. Même ces personnes que l'enfant semble aimer depuis le tout début ne sont aimées que parce qu'il a besoin d'elles et ne peut se tirer d'affaire sans elles encore une fois, pour des raisons égoïstes. »

ses distances tout en considérant son père comme un être misérable qui ne pouvait inspirer que de la pitié.

L'enfant de parents ainsi troublés comprend souvent inconsciemment que la violence de ses parents, leurs constantes critiques, leur besoin de domination ne sont pas le résultat de leur force, mais bien au contraire de leur faiblesse, de leur insécurité, de leur sentiment d'être dépassés par les responsabilités et les difficultés de la vie. À cause de cela, quoi qu'il puisse craindre ses parents et chercher à les fuir, l'enfant peut aussi se sentir inconsciemment coupable de grandir et de laisser se débrouiller seuls des gens si peu sûrs d'eux et qui ne savent pas se maîtriser.

Même les bons parents peuvent engendrer un sentiment de culpabilité lié à la séparation

Il est clair que, dans des cas extrêmes – comme ceux de Laurence, de Georges et de Joel –, l'enfant voit en effet ses parents comme des êtres faibles, blessés ou malades. Mais bon nombre d'entre nous avons été élevés par des parents qui semblaient relativement sains et compétents. Pouvons-nous quand même souffrir d'un sentiment de culpabilité lié à la séparation ?

Eh bien, oui. Ce sentiment de culpabilité peut être un facteur important même dans les familles où ni l'un ni l'autre des parents n'est sérieusement diminué. Ce qui compte, c'est ce que croit l'enfant.

Si un enfant croit qu'il fera du mal à ses parents en devenant indépendant, il souffrira d'un sentiment de culpabilité lié à la séparation.

Faiblesses cachées des parents

Même si, aux yeux d'un observateur extérieur, un parent peut paraître fort, confiant, même s'il semble avoir réussi, l'enfant peut voir les choses d'une façon toute différente. Celui-ci voit souvent, en effet, des aspects de la vie de ses parents que les autres ne voient pas.

Un père fort et indépendant dans sa vie sociale et professionnelle peut néanmoins donner à son fils l'impression d'être faible, dans le besoin, triste ou malheureux. Une mère responsable et compétente dans divers domaines de sa vie sera peut-être incapable de tolérer l'idée que sa fille soit un individu distinct ayant ses propres idées et sa propre vie. Même les parents qui semblent relativement heureux et compétents peuvent envoyer à leur enfant des signaux qui feront que celui-ci se sentira coupable de devenir un adulte autonome.

La mère de Michel, agent immobilier prospère, ne lui permettait pas de fermer la porte de sa chambre, affirmant que les membres de la famille n'avaient aucune raison d'avoir des secrets les uns pour les autres. Son père, président d'une banque de leur localité, devint excessivement soucieux de la performance de Michel au football lorsque celui-ci fut à l'école secondaire. De temps à autre, lorsqu'un arbitre arrêtait le jeu à tort, le père se mettait dans une telle colère qu'il courait sur le terrain admonester le pauvre arbitre, mettant son fils dans un grand embarras. Michel n'aimait pas le football, mais il restait dans l'équipe parce qu'il croyait que son père serait terriblement déçu s'il abandonnait.

Parce qu'il était très conscient du manque de confiance en eux de ses parents, Michel grandit avec l'idée qu'en ayant ses propres pensées intimes et en faisant ses propres choix il leur faisait du mal. Tout leur entourage considérait les parents de Michel comme des gens heureux qui avaient bien réussi. Et sur de nombreux plans, c'était vrai. Mais toutes les conditions étaient réunies pour que Michel éprouve les sérieux problèmes psychologiques pouvant découler d'un sentiment de culpabilité pour des crimes de trahison et d'abandon.

La mère de Lisa avait une opinion sur tous les sujets possibles et imaginables – depuis les armes nucléaires jusqu'aux couleurs que devait porter sa fille. Elle se montrait fâchée et vexée chaque fois que l'on mettait en doute ses opinions. En fait, Lisa recevait souvent une fessée pour avoir osé être en désaccord avec elle.

Lisa grandit avec l'idée que sa mère tirait une grande satisfaction à diriger sa vie. En conséquence, elle se sentit très coupable de grandir et de quitter cette mère dominatrice et si peu sûre d'elle-même. Inconscient mais intense, ce sentiment de culpabilité pour un crime d'abandon se manifesta chez Lisa par un manque de confiance en elle-même et un faible amour-propre.

Ce genre de parents sont des êtres respectés par leur entourage. Aucun ne souffre d'un trouble psychologique le rendant incapable de travailler. Pourtant, leurs problèmes psychologiques, légers ou moyens, suffisent pour déclencher chez leurs enfants un profond sentiment de culpabilité lié à la séparation.

L'enfant peut faire fi du contexte

L'enfant se fait parfois une représentation exagérée de la fragilité de ses parents. Il peut en déduire à tort que le fait qu'il devienne indépendant ferait du mal à sa mère ou à son père.

La mère de José perdit son fils cadet lorsque, surgissant d'entre deux voitures garées dans la rue, il fut renversé par un camion de livraison. Elle se jura que jamais elle ne permettrait que la vie de José soit menacée en raison d'un moment d'inattention. Elle l'accompagnait à l'école et venait le chercher le midi, lorsqu'il était temps de rentrer à la maison. Sous prétexte qu'il pouvait se blesser, elle s'arrangeait pour le faire exempter des cours d'éducation physique et l'empêcher en outre de jouer au base-ball et au basket-ball avec ses copains du quartier.

En grandissant, José devint un garçon timide et studieux qui passait le plus clair de son temps à lire des livres empruntés à la bibliothèque. Bien que socialement isolé, il réussissait fort bien à l'école secondaire et obtint une bourse pour poursuivre ses études à l'université d'État.

Après six semaines à l'université, José commença à s'ennuyer terriblement de sa famille. Il téléphona à sa mère pour lui annoncer qu'il avait décidé de quitter l'université et de rentrer à la maison. Après en avoir discuté avec le père de José, sa mère rappela ce dernier pour lui recommander de rester à l'université au moins jusqu'à la fin du semestre, après quoi, s'il se sentait toujours malheureux, ils envisageraient ensemble une autre possibilité.

José se sentit alors curieusement soulagé. Il avait inconsciemment interprété l'attitude protectrice de sa mère comme un signe que le monde extérieur était terriblement dangereux. En cela, il avait raison. Mais il en avait également conclu, à tort cette fois, que sa mère allait souffrir énormément de son absence. Même craintive et surprotectrice, elle voulait vraiment que son fils devienne adulte, indépendant, et qu'il réussisse.

Sa mère ayant refusé son excuse pour rentrer à la maison, José était inconsciemment rassuré : elle pouvait s'en tirer sans lui. Le sentiment de culpabilité qu'il éprouvait pour un crime imaginaire d'abandon se trouva atténué et il fut en mesure d'organiser sa propre vie. À la fin du semestre, José s'était fait des amis, ses notes étaient excellentes et il avait depuis longtemps oublié son projet de rentrer à la maison.

Pourquoi l'enfant s'inquiète-t-il au sujet de ses parents ?

L'enfant est souvent extrêmement sensible aux états émotionnels de ses parents et à leur vulnérabilité psychologique. Il se sert de cette perspicacité pour obtenir l'amour et l'attention dont il a besoin. Comme le savent la plupart des parents, l'enfant peut utiliser avec habileté cette sensibilité pour obtenir gâteries et privilèges.

L'une des conséquences de cette perspicacité, pourtant, est que l'enfant éprouve de vives inquiétudes lorsque l'un de ses parents semble souffrir. Dans l'étude du National Institute of Mental Health dont nous avons parlé au premier chapitre, des chercheurs ont découvert qu'entre l'âge de six mois et deux ans, l'enfant se montre souvent préoccupé, et cherche même à apporter son aide lorsqu'il voit sa mère triste ou souffrante. L'anecdote suivante, racontée par la mère d'un petit garçon de dix mois, Benoît, illustre parfaitement cet état de choses :

> Alors que je passais l'aspirateur, je commençai à me sentir faible et à avoir la nausée. J'éteignis l'aspirateur et me rendis avec des haut-le-cœur à la salle de bains. Benoît me suivit et, tout le temps que je restai dans la salle de bains, il frappa à la porte, en disant : « Va, maman ? Va, maman ? » Lorsque je finis par en sortir et le pris dans mes bras, il me regarda avec dans les yeux une expression très inquiète et préoccupée. Je lui dis : « Maman va bien. »

…sa alors sa tête sur mon épaule et se mit à me faire …es caresses[1].

L'empathie instinctive de l'enfant et son besoin d'aider les autres sont deux qualités de base importantes permettant le développement d'un adulte aimant et plein de sollicitude. Mais lorsqu'une mère ou un père semblent *constamment* blessés, démoralisés, vulnérables ou désorientés, l'intense empathie de l'enfant peut le mener à une inquiétude constante, mais souvent inconsciente. Cette inquiétude est à la base du crime imaginaire d'abandon.

L'exemple extrême d'une tentative d'éviter le crime d'abandon se retrouve chez l'individu qui grandit, sort sans enthousiasme avec des personnes du sexe opposé, ne se marie jamais et ne quitte jamais la maison familiale. Cet individu pourra croire qu'il est trop timide ou que les tracasseries des jeux de séduction le rebutent. Mais, dans la plupart des cas, s'il ne quitte pas le nid parental, c'est qu'il craint inconsciemment que, sans lui, ses parents ne dépérissent. Certains clients ont avoué qu'ils avaient l'impression que, s'ils quittaient la maison, leurs parents n'auraient plus de raison de vivre.

Un « mauvais » enfant peut-il se sentir coupable de se séparer de ses parents ?

Il est facile de comprendre pourquoi un enfant bien élevé, qui accorde beaucoup d'importance au jugement de ses parents, peut se sentir coupable du crime de

1. C. Zahn-Waxler et M. Radke-Yarrow, « The Development of Altruism », *The Development of Pro-Social Behavior*, sous la direction de M. Eisenberg (New York, Academic Press, 1982), p. 116.

trahison et d'abandon. Mais qu'en est-il de l'enfan rebelle et insolent qui semble se moquer éperdument des sentiments de ses parents ?

Nombreux sont les enfants qui, ayant des problèmes à la maison, à l'école ou avec la loi, sont envoyés chez des spécialistes en thérapie familiale. Contrairement à certains thérapeutes qui reçoivent l'enfant seul, les spécialistes en thérapie familiale préfèrent généralement rencontrer toute la famille. Ils ont découvert qu'un « mauvais » enfant évolue parfois à un rythme beaucoup plus rapide lorsque le thérapeute indique le lien existant entre son comportement et les problèmes conjugaux ou psychologiques de ses parents.

Les spécialistes en thérapie familiale en sont venus à croire que bon nombre des problèmes de leurs jeunes patients découlent de tentatives inconscientes de distraire les parents de leurs problèmes[1]. Il n'est pas rare que ces thérapeutes découvrent que les parents d'un délinquant ont de sérieux problèmes conjugaux ou que l'un d'eux est gravement déprimé. Le comportement délinquant ou fantasque de l'enfant vise inconsciemment à détourner de leurs problèmes conjugaux l'attention de ses parents ou à donner à la mère ou au père malheureux un objet sur lequel concentrer leur attention et leur hostilité. L'enfant tente inconsciemment d'empêcher la famille de se diviser, et de remonter le moral d'une mère ou d'un père troublés ou déprimés. Ce qui semble être, de prime abord, un comportement déloyal, rebelle et

1. Je crois que la *Control Mastery Theory* et la thérapie familiale ont beaucoup à s'apporter l'une à l'autre. La première peut offrir aux thérapies familiales une compréhension profonde, tout à fait en accord avec ce qui sous-tend ces thérapies, des effets intrapsychiques des dynamiques familiales. Les spécialistes en thérapie familiale peuvent enrichir notre compréhension du fonctionnement des systèmes familiaux et nous indiquer de quelle manière nous pouvons intervenir pour les changer.

nuisible est en fait une tentative inconsciente, mais loyale, de l'enfant d'atténuer la douleur et le malheur de ses parents en se faisant leur bouc émissaire[1].

L'inquiétude n'est-elle vraiment que de l'hostilité déguisée ?

On a enseigné à de nombreux thérapeutes que les clients qui manifestent une trop grande inquiétude à l'égard de leurs parents ne font en fait que dissimuler leurs sentiments hostiles : ce qu'ils souhaitent vraiment inconsciemment, c'est que leurs parents souffrent ou meurent.

La *Control Mastery Theory* rejette ce point de vue. En général, les clients s'inquiètent pour leurs parents parce que ceux-ci leur ont donné beaucoup de raisons de le faire : parents tristes, fragiles, envahissants, déprimés, malades mentalement ou suicidaires. Nous nourrissons tous un peu de ressentiment envers nos parents, mais cela ne signifie pas pour autant que nous ne sommes pas profondément préoccupés par leur bien-être. Notre inquiétude est fondée sur notre conviction que nos parents souffrent, qu'un danger les menace, ou qu'ils menacent eux-mêmes de se faire du mal.

1. Bon nombre des concepts clés de la *Control Mastery Theory* sont immédiatement reconnaissables pour les spécialistes en thérapie familiale. L'idée qu'un enfant puisse devenir un délinquant ou qu'il puisse avoir des problèmes psychologiques à la suite d'une tentative malencontreuse de venir en aide à d'autres membres de la famille n'en est qu'un exemple. L'importance de l'omnipotence dans la formation d'une psychopathologie est un autre concept qu'ont en commun ces deux approches. L'une des techniques les plus répandues dans les thérapies familiales consiste à aider un enfant trop porté à s'adresser des reproches à se sentir moins responsable de tout ce qui se passe dans sa famille.

Le cas d'Ann

Ann, une séduisante technicienne de laboratoire sino-américaine, âgée de vingt-huit ans, avait une piètre opinion d'elle-même, s'inquiétait constamment de son rendement au travail, de sa vie conjugale, de ses parents. Elle était trop craintive pour conduire le soir ou pour s'aventurer dans des quartiers inconnus de la ville. Bien que tout le monde eût une bonne opinion d'elle à l'hôpital universitaire où elle était employée, elle craignait de ne pas travailler suffisamment bien. Elle avait peur aussi de ne pas survivre à la mort de ses parents.

Ann et son mari dînaient deux fois la semaine chez ses parents à elle, même si ni l'un ni l'autre n'y prenaient plaisir. Ses parents tenaient absolument à leur donner des conseils sur tous les aspects de la vie, depuis l'endroit où acheter une maison (juste à côté de la leur), jusqu'au moment auquel ils devaient avoir un enfant (tout de suite). Ann appelait sa mère au moins une fois par jour pour bavarder. Son mari lui reprochait sa dépendance envers ses parents et son besoin de rechercher constamment leur approbation.

Tout au long de son enfance, Ann avait vu son vigoureux père tyranniser sa mère démoralisée qu'il avait confinée dans un silence amer et plein de ressentiment. La mère d'Ann s'inquiétait de façon compulsive : elle avait peur de parler en public, peur d'avoir un accident de voiture, peur qu'on ne fasse du mal à ses enfants. Elle paniquait tellement qu'elle en était presque paralysée. Bien que brillante et douée et souhaitant faire carrière, elle s'était révélée trop angoissée et timide pour chercher du travail après le départ de ses enfants. Déprimée, elle passait donc le plus clair de son temps à s'ennuyer. Elle n'avait jamais appris à conduire une voiture et dépendait de son mari pour aller là où elle désirait se rendre, pour régler les factures, punir les enfants et prendre toutes les décisions importantes.

Le père d'Ann, pharmacien, aimait sa fille à la folie. Son optimisme et son énergie plaisaient à Ann. Bien qu'aussi proche de l'un que de l'autre, elle était ravie du contraste qu'offrait avec les inquiétudes sans fin de sa mère l'enthousiasme de son père. Mais il y avait un domaine dans lequel son père ne l'avait nullement encouragée : sortir avec des garçons. Il se montrait tellement critique et déplaisant envers tous ceux qu'elle emmenait à la maison qu'il effrayait la plupart d'entre eux.

Ann se sentait coupable d'avoir abandonné son père et sa mère. Consciemment, elle se sentait totalement dépendante d'eux. Mais, inconsciemment, elle pensait que c'étaient eux qui avaient besoin d'*elle*. Ses parents étaient tellement malheureux ensemble qu'il semblait à Ann qu'ils ne jouissaient de la vie que lorsqu'elle était avec eux. Elle se devait d'être leur seule source de bonheur, de ramener la paix dans la famille, de servir d'intermédiaire, chacun comptant sur elle pour apaiser les tensions.

Ann entreprit une thérapie parce qu'elle souffrait continuellement d'angoisse et d'états dépressifs et qu'elle avait commencé à se rendre compte qu'elle était trop liée à ses parents. Elle découvrit alors que l'immense besoin qu'elle ressentait d'être en rapport avec eux découlait du fait qu'elle les croyait eux-mêmes dépendants de ce contact. Elle en fut très étonnée, ayant toujours cru le contraire.

Plus elle comprenait, et plus elle accélérait le rythme de sa séparation d'avec ses parents, les voyant de moins en moins et ne les consultant pas même pour des décisions de première importance. Il en résulta des émotions paradoxales : elle était beaucoup plus satisfaite d'elle-même tout en étant assaillie par une grande anxiété.

Elle connut de brèves périodes de vive frayeur au cours desquelles elle craignit de perdre son emploi et son mari ou d'avoir le cancer. Ces inquiétudes étaient d'autant plus étranges qu'Ann donnait au travail un meilleur rendement, que son mari et elle étaient beaucoup plus heureux qu'auparavant et qu'elle était en excellente santé. Il s'avéra qu'elle se sentait tellement coupable d'abandonner ses parents malheureux que, même si elle se sentait désormais plus en mesure de se séparer d'eux, elle devait se punir en entretenant ces sombres scénarios[1]. À mesure qu'elle commença de comprendre les raisons de ses inquiétudes irrationnelles, celles-ci se calmèrent et elle put jouir de son travail et de sa vie conjugale sans être obsédée par des visions de maladies et de catastrophes.

Outre le sentiment de culpabilité qu'elle ressentait pour avoir abandonné ses parents, Ann se punissait aussi parce qu'elle les avait surpassés. Elle avait surpassé à la fois sa mère et son père en ayant avec son mari une relation étroite fondée sur un respect mutuel. Elle avait en outre surpassé sa mère en poursuivant sa carrière.

La véritable cause de la dépendance excessive

Pourquoi certains individus sont-ils dépendants de façon si chronique qu'ils paraissent accapareurs, indécis et incapables de s'affirmer ? Souvent ils se croient sans volonté, paresseux ou stupides, mais ce n'est presque jamais le cas. La plupart des gens excessivement dépendants que j'ai rencontrés au cours de mon expérience clinique étaient semblables à Ann. Ils souffraient de sen-

1. Les inquiétudes irrationnelles d'Ann sont un exemple de pensées de punition (voir le chapitre VII).

timents inconscients de culpabilité pour des crimes d'abandon, de trahison, ou pour avoir surpassé leurs proches. Il peut être très libérateur de comprendre que notre tendance à être trop dépendants est le résultat d'un tel sentiment de culpabilité.

Nous pourrions passer notre vie entière à nous exhorter à être plus forts, plus braves, plus robustes et plus indépendants. Mais tous ces efforts ne servent à rien si le véritable problème est que nous ne pouvons nous *permettre* d'être forts et indépendants parce que nous avons l'impression que nous abandonnerions alors nos parents tristes ou malades à une vie de souffrances et de malheurs. Ceux qui tentent de déjouer ce piège par la seule volonté sont voués à s'enfermer dans un cycle interminable : tentative d'être plus fort et plus indépendant – succès provisoire – rechute – sentiment d'impuissance – nouvelle tentative.

La plupart des gens souffrant d'un sentiment de culpabilité lié à la séparation ne se rendent pas compte qu'ils se sentent inconsciemment coupables d'être forts et indépendants. Ils ont l'impression d'être faibles et effrayés, de ne pas pouvoir affronter les difficultés de la vie sans l'aide d'un parent ou d'une figure parentale. Ce chapitre leur apporte un message d'espoir : la tâche qui leur incombe ne consiste pas à devenir forts alors qu'en fait ils se sentent foncièrement faibles mais à se libérer du sentiment irrationnel de culpabilité qui les empêche de devenir totalement autonomes et d'exploiter leurs capacités.

Bien que toujours possible, pareille entreprise n'est pas aisée. La première étape consiste à accepter que vous souffrez de la conviction menaçante et inconsciente que, si vous devenez indépendant et responsable, vous ferez du mal à vos parents.

L'histoire d'Alain

« Tu es égoïste et ingrat. Tu l'as toujours été. Nous nous sommes sacrifiés pour toi et voilà comment tu nous récompenses. Vraiment, Alain, comment peux-tu nous faire une chose pareille ? »

Voilà ce que lui répondit sa mère lorsque Alain lui annonça qu'il ne reviendrait pas dans sa ville natale pour travailler au sein de l'entreprise familiale. Le message était clair et direct : s'il choisissait de poursuivre sa propre carrière et de mener sa propre vie dans une autre ville, il était égoïste et ingrat. Les parents d'Alain croyaient qu'il n'avait pas le droit de faire ses propres choix.

Le sentiment inconscient de culpabilité causé par le crime imaginaire d'abandon, comme par tous les autres crimes imaginaires, se trouve aggravé lorsqu'il est ainsi renforcé par des énoncés critiques aussi nuisibles. Nous nous sentons déjà suffisamment coupables de quitter nos parents s'ils semblent être malheureux et dépendre de nous. Mais, si l'on nous dit de surcroît que nous sommes cruels et égoïstes de vouloir mener notre propre existence, nous nous sentons encore *plus* coupables.

Les parents ne sont pas tous aussi directs que ceux d'Alain. Nombreux sont ceux qui communiquent leur déception par des moyens non verbaux – actes, langage du corps. L'humoriste Dan Greenburg explique à ses lecteurs comment s'y prendre pour inspirer un sentiment de trahison ; il leur conseille de faire à leurs enfants – d'une voix teintée de tristesse – ce genre de recommandations : « Sors et amuse-toi bien – mais sois prudent » ; « Ne t'inquiète pas de moi. Ça m'est égal de rester seul(e) à la maison[1]. » Comme le montrent

1. Dan Greenburg, *HowTo Be a Jewish Mother* (Los Angeles, 1964). Ce best-seller est un compendium ironique des techniques qu'utilisent les parents pour culpabiliser leurs enfants. Peut-être

ces exemples, un père ou une mère peuvent feindre d'encourager l'indépendance tout en engendrant subtilement par ailleurs un sentiment de culpabilité. Bien que le message apparent soit : « Détends-toi. Amuse-toi bien. Ne t'en fais pas pour moi, tout ira bien », le véritable message est en fait : « Ne te détends pas. Quelque chose pourrait t'arriver. Tu dois t'inquiéter de moi parce que je serai malheureux(euse) et seul(e) à m'inquiéter de toi. »

Une possessivité excessive de la part du père ou de la mère peut également déclencher un sentiment de culpabilité chez l'enfant qui tente. Les parents d'Alain se montraient grossiers envers toutes les filles avec qui il sortait. Chaque fois qu'il s'intéressait à une jeune femme, ils faisaient des commentaires désobligeants sur sa famille, son apparence, ses manières. Alain avait grandi avec l'idée qu'il ferait du mal à ses parents s'il s'attachait sérieusement à une personne extérieure à la famille. Cela contribua également au sentiment de culpabilité qu'il éprouvait pour ses crimes imaginaires d'abandon et de trahison.

certains trouveront-ils ce livre choquant parce qu'ils auront l'impression qu'il entretient le stéréotype injuste selon lequel seules les mères juives se servent de la culpabilisation pour dominer leurs enfants. Selon ma propre expérience de psychothérapeute, les mères juives ne sont pas plus susceptibles d'avoir recours à la culpabilisation comme moyen de contrainte que les parents d'autres sexes, race, confession ou origines ethniques. En fait, la raison pour laquelle ce livre a eu un tel succès, c'est que les gens de toutes provenances ont reconnu dans les techniques de culpabilisation décrites par Greenburg leur propre expérience.

La culpabilité de Michelle

Les crimes de séparation peuvent parfois nous pousser à saboter nos rapports avec les gens. Michelle était un agent artistique prospère de quarante-quatre ans. Elle avait épousé Ian, pianiste britannique, calme et dévoué, qui l'aimait profondément. Elle traversait de temps à autre des périodes au cours desquelles son père lui manquait cruellement.

En de pareils moments, elle reprochait à Ian d'être trop calme et pas assez affectueux. Elle lui disait même parfois : « Pourquoi ne ressembles-tu pas davantage à mon père ? » Ian n'était pas exceptionnellement calme, ni particulièrement froid : il était tout simplement *moins* démonstratif et volubile que le père de Michelle – chaleureux, mais fort malheureux.

Même si Michelle avait quitté très jeune la maison familiale, le sentiment de culpabilité qu'elle ressentait envers son père pour des crimes imaginaires de trahison et d'abandon la poussait à agir de façon à provoquer beaucoup de chagrin inutile, tant pour elle que pour son mari.

Il existe beaucoup de gens qui, à l'instar de Michelle, ne semblent jamais pouvoir réussir à trouver quelqu'un qui soit aussi bien que leur père ou leur mère, ou les deux. Le problème ici n'est pas que le père de Michelle était trop bon. Nous ne souffrons jamais d'avoir des parents trop bons. Le problème est que, enfants, Michelle et d'autres comme elle ont eu l'impression que leurs parents avaient *besoin* de les avoir près d'eux, avaient besoin de leur amour et de leur adulation. Bien sûr, tout le monde souhaite avoir des liens étroits avec ses enfants et en être aimé, mais le comportement du père de Michelle l'avait amenée à croire qu'il avait besoin qu'elle l'aime plus que quiconque. Lorsque était venu le temps pour Michelle d'établir un lien avec un amant ou un époux, elle avait eu l'impression qu'elle abandonnait son père. Elle avait choisi inconsciemment de résoudre le problème en se montrant excessivement critique envers son mari.

Culpabilité et fuite des parents

Bien que le sentiment de culpabilité que l'on ressent pour des crimes d'abandon et de trahison puisse pousser certaines personnes à ne pouvoir se détacher de leurs parents, il peut en amener d'autres, au contraire, à les fuir autant que possible.

Caissière dans un supermarché, âgée de quarante-cinq ans, Julie s'était aperçue qu'elle devenait extrêmement déprimée chaque fois qu'elle rendait visite à sa mère. Julie était le bébé de la famille. Lorsqu'elle avait quitté la maison, sa mère avait semblé désespérée et, à la mort du père de Julie, elle s'était retranchée encore davantage dans sa solitude.

Julie détestait particulièrement les sentiments de rage et de découragement accompagnant les rares visites qu'elle rendait à sa mère. Ses frères et sœurs, en comparaison, paraissaient supporter sans sourciller ses subtiles récriminations. Elle avait beau s'efforcer de faire de même, chaque fois que sa mère commençait de dire à quel point elle se sentait seule et négligée, Julie devenait furieuse. À un certain moment au cours de la plupart de ses visites, elle se mettait tellement en colère contre sa mère qu'elle décidait de ne plus la revoir. Elle se sentait si coupable de l'avoir abandonnée, ce sentiment était si douloureux qu'il lui semblait que la seule possibilité qui lui restait était de l'éviter complètement.

Pendant sa thérapie, Julie en vint à comprendre qu'elle se sentait irrationnellement responsable du chagrin de sa mère. Cela lui permit d'avoir plus de sympathie pour sa souffrance et d'affronter calmement ses récriminations. Même si elle trouvait encore éprouvantes les visites qu'elle rendait à sa mère, elle était capable de la voir sans se mettre en colère ni s'attrister.

Culpabilité et mauvais choix

Certaines personnes font face au sentiment de culpabilité qu'elles éprouvent face à la séparation d'avec leurs parents en reproduisant dans leurs rapports avec les gens qu'elles rencontrent de vieilles situations. Paul, vendeur ambitieux dans une compagnie de pièces d'ordinateur, avait vécu avec sa mère critique et dominatrice jusqu'à ce que celle-ci meure d'un cancer, lorsqu'il avait trente et un ans. Deux ans plus tard, il avait épousé une femme critique et dominatrice qui le traitait comme le faisait sa mère. Le sentiment inconscient qu'il se devait d'être loyal envers sa mère était chez Paul d'une telle intensité qu'il avait renoncé à la possibilité d'un mariage heureux afin d'imaginer inconsciemment qu'il se trouvait encore avec sa mère.

Quoique bien des gens souffrant d'un sentiment de culpabilité lié à la séparation paraissent faibles et dépendants comme Paul, d'autres semblent très forts et indépendants, comme Michelle et Julie. Comme le démontrent les exemples que nous venons de citer, qu'on le fuie ou qu'on l'entretienne en faisant pénitence, le crime d'abandon peut être à l'origine d'une grande variété de problèmes.

Faut-il vraiment être parfait ?

Heureusement pour les parents, il n'est pas nécessaire d'être parfait pour éviter que l'enfant ne se sente coupable des crimes imaginaires d'abandon et de trahison. Quelques lignes de conduite qui tiennent du bon sens peuvent nous aider à surmonter l'épreuve.

- *Ne sacrifiez pas trop de choses.* Assurez-vous de consacrer suffisamment de temps et d'énergie à vos propres plaisirs. Faites les choses qui vous permettent de vous ressourcer, que vous aimez. Ce peut être pour certains lire, courir, jouer d'un instrument, écouter de la musique ou faire de longues marches dans les bois. Pour d'autres, ce sera fréquenter des amis, voyager dans des lieux exotiques ou jouer au golf. Si vous consacrez toute votre vie à vos enfants, ils pourront facilement en venir à penser qu'ils devront à leur tour vous consacrer toute la leur[1].
- *Ayez des amis intimes et des confidents autres que votre enfant.* Certains clients m'ont raconté que leurs parents leur confiaient *tout* – incluant leurs fantasmes

1. Comme tout conseil de portée générale, la notion selon laquelle il importe pour être heureux d'investir de l'énergie dans ses propres activités et intérêts ne s'applique pas de la même façon à tous les parents. Il existe des parents qui mettent toute leur énergie dans leur carrière, leur vie sociale, etc., et qui n'accordent pas à leurs enfants suffisamment de temps et d'énergie émotionnelle. Cela est plus fréquent chez les pères que chez les mères, qui pécheraient plutôt par excès en s'occupant trop de leurs enfants. Ces parents se privent du bonheur et de la joie que procure une relation étroite et affectueuse avec leurs enfants.

et leurs craintes les plus intimes ainsi que leurs problèmes sexuels. Une telle intimité peut être dommageable pour l'enfant et ce, pour plusieurs raisons. Le jeune enfant peut avoir de grandes difficultés à comprendre la sexualité des adultes. Et ces confidences inappropriées peuvent lui faire croire que ses parents n'ont pas de véritables amis adultes. Il se sentira alors peut-être coupable le jour où il voudra consacrer à ses propres amis son temps et son attention.

- *Accordez à votre enfant une intimité raisonnable.* S'il est accablant pour l'enfant de sentir que ses parents ne s'intéressent pas à lui, l'impression qu'il n'a pas le droit d'avoir ses pensées, ses goûts, ses propres amis l'est tout autant. Cela peut provoquer en lui un sentiment de trahison sitôt que surgira le désir de devenir autonome.
- *Ne faites pas en sorte que votre enfant se sente coupable de grandir.* Évitez de dire ou de laisser sous-entendre que votre enfant est ingrat ou ne vous aime pas parce qu'il veut avoir ses propres amis ou poursuivre ses propres intérêts. Même s'il semble ignorer vos paroles, l'enfant peut en être affecté.
- *Surtout, soyez heureux.* Le meilleur héritage que vous puissiez laisser à votre enfant est la conviction que vous êtes un être heureux. Un enfant qui sait que vous serez tout aussi heureux avec ou sans lui se sentira libre de dépendre de vous autant ou aussi peu qu'il en a besoin à chaque étape de son développement. Être heureux de vous-même et de votre vie est la meilleure immunisation que vous puissiez donner à votre enfant contre les souffrances causées par un sentiment de culpabilité pour des crimes d'abandon ou de trahison.

Cette dernière suggestion est sans doute la plus difficile à mettre en application. Pour y arriver, il nous faudra peut-être surmonter nous-mêmes les sentiments de culpabilité que nous ressentons pour nos propres crimes imaginaires. L'une des raisons importantes qui empêchent bien des parents de jouir des joies d'élever un enfant est qu'ils devraient pour le faire surpasser leurs propres parents. Si leurs parents ont paru accablés ou gênés par eux lorsqu'ils étaient enfants, ils ressentiront à leur tour un sentiment inconscient de culpabilité s'ils goûtent eux-mêmes les joies d'être parents.

Ceux parmi nous qui se sentent coupables de chercher le bonheur et la satisfaction devraient se rappeler que nous ne le faisons pas que pour nous. Nous le faisons aussi pour nos enfants.

Autres problèmes liés à la séparation

Le crime imaginaire d'abandon est la conviction irrationnelle qu'a l'enfant d'avoir abandonné son père ou sa mère, ou les deux. Mais qu'en est-il de la personne qui a été véritablement abandonnée ou ignorée par ses parents lorsqu'elle était enfant[1] ? Quels problèmes aura-

1. Dans la terminologie psychologique courante, le sentiment qu'éprouve un jeune enfant lorsqu'il est séparé de sa mère ou d'une figure maternelle se nomme angoisse de la séparation. L'angoisse de la séparation est un phénomène facilement observable chez les jeunes enfants – et, du reste, chez les jeunes animaux aussi : lorsque la mère est trop loin ou lorsque apparaît quelque danger ou menace, l'enfant manifeste alors douleur et affliction, et cherche à se rapprocher de sa mère.

C'est le psychologue britannique John Bowlby qui a étudié le plus en profondeur ce phénomène. Le docteur Bowlby s'intéressa au sujet lorsqu'il se pencha sur le sort des enfants anglais d'âge scolaire que l'on éloignait de Londres, et de leur mère, par crainte des bombardements allemands lors de la Seconde Guerre mondiale. Ces enfants devenaient très déprimés et manifestaient toutes sortes d'autres symptômes, ce qui convainquit le docteur Bowlby que la

t-elle ? De quels crimes imaginaires se sentira-t-elle coupable ?

Les parents de Lydia étaient des gens froids, brutaux et malheureux. Ils se battaient constamment, tant verbalement que physiquement. Il leur arrivait d'ignorer complètement Lydia pendant plusieurs jours. À d'autres moments, chacun tentait d'obtenir son approbation dans leurs interminables conflits.

Lydia quitta la maison familiale à quinze ans, travaillant comme serveuse pour assurer sa subsistance. Bien que fort jolie, elle s'habillait très mal et se montrait froide et sarcastique pour tenir à distance les amis et amants potentiels. Elle confectionnait elle-même ses vêtements, réparait sa voiture et ne dépensait à peu près rien. Tout en travaillant comme serveuse, elle assembla elle-même, à partir d'un kit commandé par la poste, son premier ordinateur.

À dix-neuf ans, Lydia entra à l'université, obtint un baccalauréat, puis une maîtrise en informatique. Elle continua d'occuper divers emplois tout au long de ses études. Elle était très économe et n'eut donc aucun mal à payer ses droits de scolarité.

Enfant, Lydia en était venue à la conclusion que les gens étaient irresponsables et irrationnels. Elle avait fait le vœu de ne plus jamais être blessée, effrayée et manipulée comme elle l'avait été par ses parents. Elle était convaincue inconsciemment qu'en restant à l'écart des autres elle éviterait de se sentir à nouveau rejetée et

séparation d'avec la principale figure parentale au cours de l'enfance causait des dommages psychologiques sérieux et durables. Bowlby a émis l'hypothèse que l'angoisse de la séparation et l'effort qui en résulte de se rapprocher des parents constituent un pattern instinctif de comportement qui témoigne d'une capacité d'adaptation. Voir John Bowlby, *Separation, Anger and Anxiety* (New York, Basic Books, 1973).

abandonnée. Elle voulait donc devenir complètement indépendante des autres.

Lydia doutait constamment des motivations des gens qu'elle rencontrait. Elle considérait qu'il était très important d'avoir un bon coussin d'argent à la banque parce qu'elle voulait se sentir libre de quitter à n'importe quel moment son emploi. Comme beaucoup de personnes qui ont été négligées pendant leur enfance, Lydia avait l'impression que les gens étaient dangereux et qu'on ne pouvait compter sur eux : il valait mieux les garder à distance.

Les gens comme Lydia cherchent rarement l'aide d'amis (puisqu'ils évitent d'en avoir) ou de professionnels (à qui ils ont beaucoup de mal à faire confiance). S'ils décident de demander de l'aide, ils mettent souvent de nombreuses années à triompher du traumatisme de leurs jeunes années.

Quel est donc le crime imaginaire de Lydia ? Au contraire des autres cas décrits dans ce chapitre, le principal problème de Lydia n'est pas de sentir qu'elle abandonne l'un de ses parents dans le besoin. Elle comprenait qu'elle avait *elle-même* été abandonnée. Mais, comme nous l'avons expliqué au premier chapitre, l'enfant croit toujours que tout ce qui lui arrive est en quelque sorte sa faute.

Inconsciemment, Lydia croyait que si elle avait été abandonnée, maltraitée et traitée comme un pion dans la guerre entre ses parents, c'est qu'elle *méritait* ces traitements. Dans l'univers de l'enfant, le fait de subir des mauvais traitements prouve que l'on est une mauvaise personne. Ainsi, Lydia se sentait inconsciemment coupable d'être foncièrement mauvaise. Elle avait l'impression d'être au fond un être sans valeur et indigne d'être aimé. Les expériences de son enfance étaient si douloureuses qu'elle en avait conclu que le prix de l'intimité était trop élevé[1].

Dans le chapitre qui suit, nous étudierons le crime consistant à se sentir foncièrement mauvais, le crime de l'enfant maltraité.

1. Il est intéressant de comparer la réaction de Lydia, abandonnée par ses parents, avec celle, très différente, de Paul, qu'on éloigna de la maison familiale à l'âge de deux ans et demi pour le protéger de la maladie de son frère. Devenu adulte, Paul était timide, tendu, dépendant et incapable de nouer des relations intimes. Lydia réussissait, alors que Paul pouvait à peine garder un emploi. Lydia était intimidante et farouche, Paul timide et toujours en retrait. Mais ils avaient une chose en commun : tous deux se méfiaient des autres et fuyaient les relations intimes.

Lorsque la personne qui prend soin d'un enfant s'éloigne pendant trop longtemps, l'enfant devient anxieux et contrarié. Lorsque cette personne revient, l'enfant se montre pendant un certain temps accapareur, craignant qu'elle ne disparaisse à nouveau. Les psychothérapeutes et les chercheurs désignent ce phénomène du nom d'« angoisse de la séparation ». Paradoxalement, toutefois, lorsque des adultes se montrent accapareurs, anxieux, peu sûrs d'eux, cela est rarement dû au même phénomène. Comme dans le cas d'Ann, que les parents aimaient follement et surprotégeaient, cela est généralement imputable au sentiment de culpabilité, lié à la séparation qu'ils ont pu éprouver dans l'enfance : crainte inconsciente qu'un être cher ne se sentît abandonné s'ils grandissaient, devenaient indépendants et s'éloignaient. Les gens comme Lydia et Paul, qui souffrirent davantage, enfants, de *l'angoisse de la séparation* que d'un *sentiment de culpabilité*, lié à la séparation, ne sont généralement pas accapareurs. En fait, ils ont plutôt tendance à fuir les relations intimes.

Chapitre 6

Les messages négatifs

Un autre crime imaginaire : être foncièrement mauvais

Faites en sorte que votre enfant vous entende soupirer chaque jour : si vous ne savez pas ce qu'il a fait pour vous faire souffrir, lui le saura.

Dan GREENBURG

Certains d'entre nous se sentent coupables du crime imaginaire d'être foncièrement mauvais. Nous croyons peut-être manquer d'intelligence, de moralité, être peu séduisants ou incapables d'aimer. Ou alors nous nous trouvons lâches, laids, médiocres, ou nous croyons simplement compter pour peu. Cette impression profonde que nous avons d'être irrémédiablement tarés ou insignifiants nous vient des messages négatifs que nous ont transmis nos parents. On nous a peut-être dit que nous étions stupides, ignobles ou répugnants et traités comme si nous comptions pour peu, comme si nos sentiments et nos pensées n'avaient pas d'importance. Nous n'avons peut-être reçu ni amour ni sollicitude, nous sentant comme des objets servant seulement les plaisirs et les besoins de nos parents. Enfin, on nous a peut-être maltraités, verbalement, physiquement ou sexuellement. En conséquence, nous avons sûrement acquis la conviction profonde et souvent inconsciente que nous sommes des êtres tarés. Contrairement aux autres crimes imaginaires, pour lesquels nous croyons avoir fait du mal aux autres, celui-ci ne fait pas de victime. Le malaise vient de ce que nous nous croyons ignobles, répugnants, insignifiants, décevants, indignes d'être aimés, sans valeur. Il ne s'agit pas de quelque chose que nous avons fait ou omis de faire, mais de ce que nous sommes[1].

La thérapie de Marie

Grande, mince, âgée de quarante-deux ans, Marie était une secrétaire de direction à la personnalité ouverte et au rire contagieux. Lorsqu'elle commença sa thérapie, elle se plaignait d'être toujours attirée par des hommes qui la maltraitaient. Elle tombait toujours amoureuse d'hommes qui la critiquaient, la rabaissaient ou profitaient d'elle. Pendant le temps que duraient ces liaisons, Marie avait beaucoup de mal à se défendre. Et il lui semblait presque impossible de sortir de ces mauvaises relations. Elle passait des mois ou des années avec des hommes qu'elle aurait dû fuir dès le premier rendez-vous.

Marie avait décidé d'entreprendre une thérapie après avoir lu une description terriblement fidèle de son

1. La notion de crime consistant à être foncièrement mauvais a beaucoup en commun avec le concept de « honte toxique » de John Bradshaw : « La honte toxique a trait au fait d'être déficient en tant qu'être humain. Une réparation semble douteuse puisque aucun changement n'est véritablement possible. Dans son essence suprême, la honte toxique a le sens du désespoir. » *S'affranchir de la honte* (Les Éditions de l'Homme, 1993).

modèle destructif de comportement dans le livre de Robin Norwood, *Ces femmes qui aiment trop*. « C'était terrifiant, expliqua-t-elle. J'ai compris que je mettais tout sur le dos des hommes de ma vie. En lisant ce livre, je me suis rendu compte que mes problèmes provenaient de quelque chose que je faisais *moi-même*. »

L'histoire de sa famille aida à éclaircir le problème de Marie : avant sa naissance, son père avait échoué dans ses études de médecine. Il était devenu représentant de commerce pour une grande compagnie de médicaments et s'était trouvé dans la situation humiliante de devoir rendre visite à des hommes et à des femmes qui auraient été ses collègues s'il était devenu médecin.

S'étant attendue à être femme de médecin, la mère de Marie fut amèrement déçue par son mari qui réagit à ses critiques en se mettant à boire, en se querellant sans cesse avec elle, en critiquant ses enfants et en se moquant d'eux. Parmi les surnoms qu'il donnait à sa fille, il y avait « corne de brume » (parce qu'il trouvait qu'elle parlait trop fort), « paquet d'os » (parce qu'elle était grande et maigrelette) et « bébé braillard » (parce que ses railleries la faisaient souvent fondre en larmes).

La mère de Marie, femme amère et découragée, ne protégeait jamais sa fille contre son père, acceptant cette façon qu'il avait de la tourner en ridicule, et semblant même y prendre plaisir. Elle aussi critiquait sans pitié Marie, lui reprochant d'être égocentrique, entêtée et exigeante.

Le père de Marie lui répétait souvent qu'elle ne pourrait jamais trouver un homme convenable, étant trop grande, trop bruyante et trop émotive. À mesure que progressa la thérapie, Marie comprit que, même si elle s'était continuellement battue contre son père, elle l'avait entendu répéter si souvent cette funeste prédiction qu'elle en était venue à le croire. Chaque fois qu'elle se querellait avec l'un de ses amants, elle se disait que c'était elle qui avait tort.

Cette tendance à se blâmer sévèrement elle-même avait poussé Marie à faire des choses qui lui répugnaient profondément. Lorsque, par exemple, l'un de ses amants avait insisté pour qu'elle couche avec l'un de ses amis dans le but de pimenter leur vie sexuelle, elle avait accepté de le faire. Et même si toute cette expérience lui avait fait horreur, elle avait fini par convenir avec son amant que sa réaction était due à son manque d'audace sur le plan sexuel.

Marie ne se sentait pas capable de se défendre, ni de prendre l'initiative de rompre une relation même malheureuse. Elle craignait de se retrouver seule, convaincue qu'il lui serait impossible de trouver un autre homme pour remplacer celui qu'elle aurait quitté. Elle avait inconsciemment l'impression d'être peu séduisante, peu aimable, de ne rien mériter de bon et d'être vouée à ne jamais avoir une relation satisfaisante avec un homme. La conviction qu'elle avait d'être née ainsi et de n'y pouvoir rien changer était le résultat direct des critiques cruelles de ses parents.

Pourquoi les parents transmettent-ils des messages négatifs ?

Tous les parents transmettent de temps à autre à leurs enfants des messages potentiellement nuisibles. Mais il est rare que cela soit fait dans une intention malveillante. Dans la plupart des cas, les parents répètent tout simplement le même type de commentaires critiques, humiliants et dévalorisants qu'ils ont entendus de leurs propres parents. Même le père de Marie, qui avait transmis à sa fille quantité de messages extrêmement destructeurs, ne voulait pas lui faire de mal. Le plus souvent, il réagissait simplement à ses propres humiliations et frustrations en répétant les patterns de comportement dysfonctionnels de son *propre* père. À cause de ses propres problèmes psychologiques, il se sentait souvent dépassé par ses responsabilités de père.

Lorsque nous parlons de messages négatifs, nous ne parlons pas de ceux qui ne sont qu'occasionnels. Les parents ne doivent pas s'alarmer outre mesure s'ils se surprennent à rembarrer avec humeur leur enfant, ou à lui dire à l'occasion quelque chose qui puisse être interprété comme critique, dévalorisant ou humiliant. Si cela n'arrive que rarement et s'ils sont capables de présenter leurs excuses à l'enfant, pareils incidents ne risquent pas de produire un mal durable. Les messages qui sont les plus susceptibles de créer des convictions inconscientes nocives sont ceux que l'on entend maintes et maintes fois tout au long de l'enfance.

Les messages négatifs les plus importants proviennent généralement de nos parents, mais il est possible que d'autres personnes nous en transmettent, nos frères ou nos sœurs par exemple, ou des substituts de nos parents – oncles ou tantes, professeurs, entraîneurs sportifs ou leaders religieux. Quelle que soit leur source, ces messages peuvent engendrer le crime imaginaire d'être foncièrement mauvais. Et une fois que ces convictions négatives à notre sujet sont installées dans notre inconscient, elles peuvent être très difficiles à déloger.

Messages directs et indirects

Certains messages négatifs sont indubitablement directs. Ce sont ces rebuffades pures et simples qui vous font dresser les cheveux sur la tête lorsque dans un supermarché vous les entendez de la bouche d'une mère s'adressant à son enfant :

« Tu es bête. »

« Tu es fou. »

« Tu es stupide. »

« Tu n'es bon à rien. »

« Ne peux-tu rien faire correctement ? »

« Pourquoi ne ressembles-tu pas davantage à ton frère ? »

« Ferme-la, sinon je te donnerai une *vraie* raison de pleurer. »

Mais, bien que douloureuses et blessantes, ces accusations cruelles sortent au moins au grand jour. Il est souvent plus facile de les affronter que des messages moins directs.

D'autres messages, en effet, ne sont jamais formulés directement, mais seulement implicitement. Et comme l'enfant en vient tout de même à tirer des conclusions négatives à propos de lui-même, sans toutefois être capable d'identifier leur provenance, elles sont parfois plus difficiles à corriger.

- Si un enfant est ignoré, ou si ses propres souhaits et préférences ne sont jamais pris en considération, il risque fort d'en conclure qu'il compte pour peu et que ses pensées ou ses sentiments n'ont aucune importance.
- Si ses parents sont nerveux, s'ils « marchent sur des œufs » dès qu'ils se trouvent dans son entourage, l'enfant en conclura peut-être qu'il y a en lui quelque chose de dangereux ou de terrible.
- Si l'on habille un enfant, qu'on le fait danser, jouer d'un instrument ou réciter des poèmes, qu'on l'exhibe sans égard pour ses propres désirs, il y a de fortes chances pour qu'il ait la sensation d'être une pou-

pée ou un objet dont la seule valeur réside dans son apparence.

- Si l'on maltraite ou exploite sexuellement un enfant, il peut se sentir sale et répugnant et en venir à la conclusion qu'il n'a pas le droit de se défendre ou de repousser des avances importunes.
- Si l'on couvre un enfant de honte à cause de désirs et de comportements naturels, il pourra en venir à avoir profondément honte de lui-même.
- Si l'on dit à un garçon que son père est un minable et qu'il lui ressemble, ou à une fillette que sa mère est une salope et qu'elle lui ressemble, l'un et l'autre se sentiront vraisemblablement condamnés, tarés et honteux.
- Si un enfant est constamment harcelé et critiqué, il aura tendance à croire que rien de ce qu'il peut faire n'est jamais assez bon, et qu'en dépit de ses efforts il finira inévitablement par échouer.
- Si un enfant est traité comme l'enfant chéri et qu'on s'attend à ce qu'il excelle en tout, il en viendra peut-être à penser que, quoi qu'il fasse, il n'arrivera jamais à satisfaire les attentes excessives de ses parents. Ainsi, même s'il réussit fort bien, il aura peut-être en son for intérieur l'impression d'avoir échoué.

Messages culpabilisants

Ces messages peuvent être difficiles à identifier parce que souvent ils ressemblent aux lamentations d'un père ou d'une mère surmenés et laissent sous-entendre que les parents font de terribles sacrifices. Par exemple, une mère se plaindra d'avoir abandonné l'université ou sa carrière professionnelle ou artistique pour prendre soin de son enfant. Un père avouera être resté avec une femme cruelle qui ne l'aimait pas pour le bien de son enfant. Des parents pourront transmettre un message négatif à leur enfant en traitant les agissements normaux de celui-ci – turbulence, manque de coopération, désir d'indépendance ou d'intimité – comme s'il s'agissait de crimes flagrants. Avec des soupirs et des mimiques exprimant leur lassitude, les parents peuvent laisser entendre de façon non verbale que leur enfant est pour eux un terrible fardeau. La plupart de ces parents nieraient avec indignation – et très sincèrement – avoir utilisé consciemment ces techniques pour inspirer à leur enfant un sentiment de culpabilité et le mettre dans l'embarras. Le plus souvent, ils auront tout simplement reproduit les façons d'agir apprises de leurs propres parents.

Aux prises avec la toxicomanie

Un père ou une mère alcooliques ou toxicomanes peuvent transmettre à un enfant quantité de messages négatifs. La mère de Janette avait deux personnalités distinctes – l'une lorsqu'elle était sobre et l'autre lorsqu'elle était ivre. Sobre, elle était responsable, légèrement déprimée et demandait pardon. Ivre, elle accusait Janette d'être un fardeau pour elle, d'être égoïste et ingrate et de ruiner ses chances de poursuivre une carrière professionnelle. En conséquence, Janette avait grandi avec l'idée qu'elle était la cause de la tristesse de sa mère. Celle-ci se rendait compte qu'elle faisait du mal à sa fille lorsqu'elle était ivre, mais elle était incapable de cesser de boire et avait honte de demander de l'aide.

Adulte, Janette devint un excellent avoué et se spécialisa dans les causes de divorces et de garde d'enfants.

Bien que compétente et séduisante, elle était chroniquement déprimée. Elle abusait de drogues et d'alcool et n'avait que peu d'estime pour elle-même. Sa vie conjugale, dans l'ensemble assez heureuse, était cependant ponctuée d'âpres querelles, généralement précédées d'un abus de drogue ou d'alcool de la part de Janette. Après avoir longtemps souffert de cette situation, son mari insista finalement pour entreprendre une thérapie de couple. En discutant de leur relation avec un thérapeute, Janette comprit qu'elle devenait extrêmement anxieuse sitôt que les choses allaient bien chez elle. Elle se souvenait que, quand tout semblait calme dans la maison de son enfance, une nouvelle crise de rage causée par l'ivresse de sa mère pouvait éclater à tout moment.

Janette avait reçu le message tacite qu'il était dangereux de se détendre et de s'attendre à être bien traitée. Devenue adulte, elle court-circuitait cette douloureuse appréhension en provoquant elle-même des querelles, déclenchant donc ces confrontations qu'elle craignait tant, tout enfant. Et, en se comportant de la sorte, elle confirmait l'opinion de sa mère, selon laquelle elle était égoïste et ingrate.

Les messages négatifs que nous recevons d'une mère ou d'un père toxicomanes peuvent être particulièrement difficiles à surmonter. (Pour en savoir davantage sur ces messages négatifs et apprendre à y faire face, voir le chapitre 10.)

D'une génération à l'autre

Nombreux sont les messages négatifs qui sont transmis d'une génération à l'autre. Le père de Karen était pasteur fondamentaliste dans une petite ville. On leur avait enseigné, à lui et à sa femme, que les enfants sont naturellement paresseux et portés au vice, et qu'on ne devrait leur permettre que peu ou pas de plaisir ni de loisir, par crainte de les gâter. On apprit à Karen à se tenir constamment occupée (« L'oisiveté est la mère de tous les vices ») et on lui interdit de danser ou de chanter. La danse avait trop de connotations sexuelles et le chant était réservé aux hymnes. On la mettait sans cesse en garde contre les pensées frivoles. La mère de Karen agissait comme si la seule tâche de prendre soin de sa fille avait été au-dessus de ses forces.

Karen entreprit une thérapie parce qu'elle était constamment inquiète et incapable de se détendre. Elle se rendait compte qu'elle causait déception et chagrin à son mari et à ses enfants : jamais elle n'avait pris plaisir à faire l'amour avec son mari et, chaque fois que la famille planifiait des vacances, elle tombait malade.

Au cours de sa thérapie, elle commença à comprendre quel effet pénétrant avaient pu avoir les messages négatifs de ses parents. Ils l'avaient convaincue qu'elle était fondamentalement une pécheresse et ne méritait pas de se réaliser. Elle s'était reconnue coupable d'être foncièrement mauvaise.

Les mauvais traitements

Négligence et mauvais traitements constituent un type particulièrement destructif de messages parentaux. Un enfant exploité, brutalisé ou traité sans affection finit généralement par avoir l'impression qu'il n'est pas digne d'être aimé et ne mérite pas d'être bien traité.

Jacques, menuisier de quarante-cinq ans, mesurant 1,90 mètre et pesant 90 kilos, avait toujours cru avoir été un mauvais enfant parce que son père le battait sans cesse. Il lui arrivait parfois de se mettre lui-même dans de terribles colères et de faire des scènes chez lui, effrayant aussi bien son fils adolescent que sa femme. Il entreprit une thérapie après que sa femme l'eut quitté, le menaçant de divorce après dix-huit ans de mariage.

En cours de thérapie, Jacques commença de voir son père comme un homme amer et frustré qui, même adulte, subissait les critiques et les insultes de son propre père qui habitait la maison voisine. Il se rendit compte que les délits qu'il croyait avoir commis durant son enfance et qui avaient rendu son père tellement furieux n'étaient en fait que des petits méfaits sans gravité comme en commettent tous les enfants – prendre des pièces de monnaie dans la commode des parents ou salir ses vêtements en rentrant de l'école. Jacques commença à comprendre qu'il n'avait jamais été un mauvais enfant : son père n'était jamais parvenu à devenir un adulte responsable[1].

Comme bon nombre d'enfants maltraités, Jacques n'avait jamais admis qu'il avait été maltraité pendant son enfance. Il avait minimisé les fautes de son père et persisté à voir le comportement de celui-ci sous le jour le plus favorable. Au début de sa thérapie, il raconta

1. Pour de multiples exemples de modes d'éducation cruels et destructeurs, voir Alice Miller, *For Your Own Good : Hidden Cruelty in Child-Rearing and the Roots of Violence* (New York, Farrar, Straus et Giroux, 1983). Ce livre montre comment des enfants maltraités deviennent, une fois adultes, les apologistes de la brutalité de leurs parents et répètent souvent le même comportement avec leurs propres enfants. Miller fait aussi valoir que la brutalité du père de Hitler contribua au besoin du dictateur de se montrer brutal envers ceux qui ne pouvaient lui opposer de résistance. Elle soutient aussi que l'accent mis sur l'obéissance dans les méthodes éducatives allemandes a permis que bon nombre d'Allemands prennent part à la folie du nazisme.

qu'un jour son père l'avait « ramené à la raison » en lui administrant une bonne raclée.

À mesure que progressait la thérapie, Jacques commença à comprendre que les raclées qu'il avait reçues de son père avaient laissé des cicatrices, plutôt que des bienfaits. Il vit son père comme un homme troublé, incapable d'assumer le comportement de son fils de façon mûre et appropriée. Parce qu'il n'avait jamais vraiment voulu admettre la nature nuisible du comportement critique et injurieux de son père, Jacques répétait souvent lui-même le même pattern, critiquant et injuriant sa femme et son enfant.

Jacques ne put faire de progrès qu'après avoir accepté les torts de son père. Il fut alors capable de commencer à se rappeler ce qui s'était vraiment passé lorsqu'il était enfant et à réévaluer les messages négatifs. Il se fâcha de moins en moins souvent contre sa femme et son fils. Il travaille actuellement très fort à établir un meilleur rapport avec tous deux.

Comment un homme intelligent de quarante-cinq ans a-t-il pu ne pas comprendre qu'il avait été battu sans raison et que, même s'il était un enfant actif et plein d'énergie, c'était son père, et non pas lui, qui avait un problème ? Le père de Jacques lui avait fréquemment répété qu'il le battait parce qu'il était méchant. Même s'ils peuvent désapprouver consciemment, les enfants placés dans une situation semblable prennent généralement sur eux tout le blâme qu'on leur impute parce qu'il serait trop terrifiant de penser que leurs parents puissent être vindicatifs, injustes, ou psychologiquement perturbés.

Une personne qui subit au cours de son enfance des critiques excessives ou des mauvais traitements couvre souvent ces expériences par un manque d'amour-propre. L'expérience d'être maltraité par l'un de ses parents est si douloureuse que la plupart des gens

« oublient » d'où leur vient cette image négative d'eux-mêmes. Il ne leur reste que le profond sentiment d'être foncièrement mauvais, et des conduites d'échec qu'ils tentent en vain de s'expliquer.

« Ne sommes-nous pas merveilleux ? »

Dans certaines familles, le père ou la mère, ou les deux, considère comme très important de donner l'image d'une famille parfaite. Ces familles peuvent en effet sembler très heureuses, de l'extérieur à tout le moins. Leurs enfants sont souvent très populaires et réussissent bien à l'école. Leurs amis les envient souvent d'avoir des parents « à qui il semble si facile de parler ».

Bon nombre de ces familles sont relativement saines et fonctionnent assez bien. Mais, dans certains cas, le besoin excessif des parents de paraître parfaits en tout temps met tout le monde à rude épreuve. La marque du syndrome de la famille parfaite est qu'il est très difficile pour les parents de souffrir la critique et les conflits au sein de la famille, ou de tolérer toute désapprobation venant de l'extérieur. Le fait qu'un enfant soit malheureux n'est pas seulement un problème à affronter, mais une mise en accusation – la preuve vivante que tout n'est pas aussi parfait qu'il semble.

Dans une telle famille, un enfant qui a des problèmes en viendra peut-être à se sentir particulièrement mauvais. Si ses critiques et ses colères normales produisent un bouleversement excessif parmi les siens, il peut ressentir un profond sentiment de culpabilité. Il est en outre possible qu'il ait l'impression d'être ingrat ou fou parce qu'il critique ses parents que tous ses amis lui envient et dont ils font sans cesse l'éloge.

Bien que certaines familles parfaites ne cachent, derrière leur façade sans défaut, que des problèmes mineurs, d'autres en dissimulent de beaucoup plus sérieux – alcoolisme, violence physique ou sexuelle, activité criminelle, maladie mentale légère ou sérieuse, relation conjugale pénible et vide. En pareils cas, l'impression qu'à l'enfant d'être méchant et fou peut être particulièrement intense. Parvenu à l'âge adulte, il risque de développer de graves problèmes psychologiques. Nous discuterons plus amplement au chapitre 10 de ces secrets de famille.

Le cas de Loïc

Lorsqu'il commença sa thérapie, Loïc souffrait d'une dépression de longue date et d'une sensation d'isolement, et il avait dans le passé abusé des drogues. Il n'était pas conscient alors des liens qui pouvaient exister entre son état et certains événements de son enfance. Il avait eu des parents aimants et, selon lui, très positifs ; il prenait tout le blâme pour ses problèmes.

Un tableau fort différent émergea au cours de plusieurs années de thérapie. Les parents de Loïc s'étaient toujours violemment querellés. Sa mère l'avait surprotégé et le préférait à son jeune frère. Père et mère s'étaient montrés très critiques envers toutes ses petites amies.

Un jour, au milieu d'une séance de thérapie, Loïc se redressa sur sa chaise et dit : « Tu sais, Lewis, c'est pas que mes parents étaient vraiment si parfaits. C'est seulement qu'ils m'ont *répété* tellement de fois à quel point ils étaient parfaits et quelle chance j'avais d'être leur fils. »

Des gens comme les autres

Le roman de Judith Guest, *Ordinary People*, auquel nous avons fait référence au chapitre 4 lorsqu'il était question du sentiment de culpabilité du survivant, offre une description très juste de la famille parfaite. La tentative de suicide de Conrad et son hospitalisation subséquente mettent en pièces l'image que Beth, sa mère, s'était efforcée de maintenir. Lorsque Conrad tente de lui faire part de la colère, de la douleur et du sentiment de culpabilité qu'il éprouve, elle refuse de l'écouter. Elle ne peut supporter de reconnaître ses imperfections et se préoccupe davantage de ce que pensent les autres que de ce que ressent son fils.

La mère de Conrad repousse les efforts que son fils fait pour lui faire part de ses sentiments parce qu'elle se sent extrêmement mal à l'aise dès qu'il est question de sentiments humains, quelle qu'en soit la nature. Mais Conrad a toujours interprété le comportement de rejet de sa mère comme la preuve qu'il était un être mauvais, indigne d'être aimé. Ce nouveau rejet – combiné à son apparente conviction que la tentative de suicide de son fils n'a visé qu'à la mettre dans l'embarras – ne fait qu'accroître les sentiments négatifs que Conrad éprouve envers lui-même.

La perte d'un enfant est un coup très dur pour n'importe quelle famille. Dans cette fragile famille parfaite, où il n'est pas permis d'exprimer au grand jour ses sentiments, cela mène à un démembrement total. Amis et voisins sont bouleversés d'apprendre un jour la séparation des parents de Conrad. Ils avaient toujours été perçus comme une famille parfaite.

Messages négatifs transmis par la société

Bien qu'il s'agisse d'un sujet complexe auquel nous ne pouvons rendre vraiment justice dans ces pages, il importe de mentionner au passage que bon nombre d'entre nous ont reçu des médias et de la société en général des messages négatifs. Des stéréotypes très répandus sur les femmes, les vieillards, les personnes souffrant d'embonpoint, les minorités peuvent constituer de lourds fardeaux psychologiques, de sorte que certains individus se sentent incapables, dévalorisés et voués à l'échec. Les messages positifs provenant de notre famille peuvent parfois triompher des stéréotypes de la société, mais, trop souvent, elle est elle-même influencée par les mêmes messages négatifs.

Dans certaines familles, par exemple (bien que cela soit plus rare qu'autrefois), les filles sont traitées comme si elles avaient moins de valeur que les garçons et qu'on ne s'attendait pas qu'elles fassent carrière. On les élève en bonnes ménagères avec l'idée qu'elles deviendront plus tard de bonnes épouses – et travailleront peut-être jusqu'à la naissance de leur premier bébé comme secrétaires, infirmières ou institutrices. Les garçons reçoivent par contre toute l'attention et on leur fait comprendre clairement qu'on s'attend qu'ils deviennent médecins, avocats ou chefs d'entreprises.

Lu-Jean, secrétaire de quarante-six ans, se souvient avec amertume combien ses parents sino-américains ont lutté pour faire entrer dans une bonne université son frère moins doué et moins motivé qu'elle, alors qu'ils ont refusé de l'aider, elle, à payer ses droits de scolarité à l'université d'État locale – malgré le fait qu'elle avait d'excellentes notes, qu'elle avait gagné plusieurs tournois oratoires à l'école secondaire et reçu d'élogieuses lettres de recommandation de la part de ses professeurs. En conséquence, elle n'obtint jamais de diplôme universitaire alors que son frère, qui n'était qu'un étudiant médiocre, finit par devenir médecin.

Le cas de Dwight

Le père de Dwight était un Noir du Sud, un homme ambitieux qui avait déménagé à Detroit après la Seconde Guerre mondiale. Grâce à ses efforts et à son intelligence supérieure, il avait réussi de simple commis qu'il était à devenir gérant d'un petit magasin. Lorsque ce dernier fut vendu, le nouveau propriétaire, un fanatique, lui annonça qu'il ne permettrait pas « qu'un nègre dirige son magasin ». Il offrit au père de Dwight un poste de concierge. En dépit de toutes ses compétences et de son expérience, le père de Dwight fut incapable de trouver un autre poste semblable à celui qu'il avait perdu. Dans aucun magasin on ne voulait d'un Noir comme gérant. Il fut forcé d'occuper une série d'emplois subalternes qui ne lui offraient aucune chance de promotion. Quelques mois plus tard, la mère de Dwight, qui souffrait d'un ulcère à l'estomac, fit une hémorragie interne. On refusa de l'admettre dans un hôpital privé situé dans un quartier exclusivement blanc et elle mourut dans la salle d'urgence bondée d'un hôpital du comté. Le père de Dwight devint cynique et amer. Voulant sans doute protéger son fils des affreuses déceptions qu'il avait connues, il le mit en garde : il ne devait pas attendre grand-chose de la vie. Il ne réussit qu'à accabler son fils de messages négatifs qui se révélèrent de sérieux handicaps.

Devenu adulte, Dwight prit un emploi comme installateur de téléphones. Ce travail l'ennuyait et il était convaincu qu'il était en mesure d'occuper un poste beaucoup plus élevé, mais, lorsque venait le moment d'étudier pour l'examen de promotion, inévitablement il tombait endormi, ou malade, ou alors il ne parvenait pas à se concentrer. Un membre du bureau du personnel, qui croyait en ses capacités, malgré ses échecs répétés à l'examen de promotion, lui conseilla de faire une psychothérapie.

Au cours des séances de thérapie, Dwight se rappela les messages décourageants que lui avait transmis son père. Il comprit que, même si celui-ci avait ainsi cherché à le protéger, ses sombres prédictions maintes fois répétées l'avaient convaincu qu'il ne devait pas s'attendre à être bien traité. Il s'était reconnu coupable d'être foncièrement mauvais et croyait ne pas mériter de promotion.

Découvrir les messages négatifs transmis par les parents

Se rappeler les messages négatifs que nous ont transmis nos parents est difficile parce qu'il est pénible de penser que les gens que nous avons le plus aimés au monde aient pu nous faire du mal. Cela est particulièrement vrai si nous avons idéalisé nos parents. Mais les souvenirs dorés de notre enfance ne servent trop souvent qu'à cacher un grand nombre d'expériences humiliantes et douloureuses.

Il existe deux manières de déterminer si l'on vous a transmis des messages négatifs. La première consiste tout simplement à se souvenir : Est-ce que l'un de vos parents ou une figure parentale avait l'habitude de vous rabaisser ou de vous maltraiter d'une manière ou d'une autre ? Vous a-t-on fréquemment transmis un message négatif explicite semblable à ceux que nous avons énoncés précédemment ? Si vous avez remarqué que vous avez des conduites d'échec, même si vous ne pouvez vous rappeler de messages spécifiques, posez-vous la question suivante : « Quel genre de message pourrait me faire agir ainsi ? » Par exemple, si vous constatez que vous vous sentez nerveux quand tout va bien, vous avez peut-être reçu un message comme : « Tu ne vaudras jamais rien » ou : « Les bonnes choses ne durent pas. » Ou l'on vous aura peut-être transmis des messages indirects selon lesquels vous ne valiez rien et ne méritiez pas que tout aille bien pour vous.

Rompre la chaîne

Pour ceux d'entre nous qui sont père ou mère, l'idée d'un message parental négatif prend une signification toute particulière. Nul d'entre nous ne souhaite infliger à ses enfants ses propres messages négatifs. Et pourtant, à moins de devenir conscients des messages négatifs que nous avons reçus de nos parents, c'est peut-être exactement ce que nous ferons.

Corriger ces patterns négatifs n'est pas une mince affaire. Il est possible que nous rencontrions une forte résistance. En ne transmettant pas à nos enfants les messages négatifs que nos parents nous ont transmis, nous deviendrons peut-être nous-mêmes de meilleurs parents. Si nous réussissions à nous défaire de nos messages parentaux négatifs, nous commettrions donc le crime imaginaire de surpasser nos propres parents. Il est peut-être utile de rappeler ici que c'est généralement lorsqu'on est malheureux que l'on transmet à nos enfants des messages négatifs. Par conséquent, la meilleure chose que nous puissions faire pour eux est de mener la vie la plus heureuse, la plus positive, la plus profondément satisfaisante qui soit.

Lorsqu'il s'agit de nous défaire des messages négatifs que l'on nous a transmis et de nous pardonner nos crimes imaginaires, nos propres intérêts et ceux de nos enfants sont exactement les mêmes. Car ce n'est qu'en nous réalisant et en étant le plus heureux possible que nous pouvons livrer à nos enfants le meilleur message : « Je sais que tu auras une vie réussie, agréable, que tu te réaliseras. Tu n'as qu'à voir le plaisir que je prends à vivre ma propre vie. »

Messages négatifs courants

Voici quelques messages négatifs qu'on vous a peut-être transmis lorsque vous étiez enfant. Si l'une ou plusieurs de ces phrases vous semblent familières – ou si certains de ces messages vous font penser : « Ce n'est pas un message négatif, c'est la réalité ! » –, vous avez probablement intériorisé ces messages négatifs.

Messages du type : « Tu n'es pas digne d'être aimé(e). »

- « Je te déteste. »
- « Si seulement tu étais mort(e). »
- « Disparais de ma vie. »
- « Je regrette que tu sois né(e). »
- « Tu ne vaux rien. »
- « Tu es tout à fait comme ta mère, une salope sans cœur et perfide. »
- « Tu es tout à fait comme ton père, un salaud mesquin et irresponsable. »
- Actions : cruauté, insensibilité ou négligence.

Messages du type : « Ne fais confiance à personne. »

- « La plupart des gens ne cherchent que l'occasion de te rouler. »
- « Si tu veux qu'une chose soit bien faite, fais-la toi-même. »
- Actions : un père ou une mère promettent à plusieurs reprises d'assister à une cérémonie de remise de diplômes, à un match important de football, mais ne s'y présentent pas.

Messages sexistes

- « La faculté de médecine, c'est trop dur pour une fille. Deviens plutôt infirmière. »
- « On ne peut avoir à la fois une carrière et des enfants. »
- « Tu ne trouveras jamais de mari si tu es trop indépendante, trop directe ou trop brillante. »
- « Ton frère devra un jour faire vivre une famille, c'est pourquoi nous l'enverrons à l'université. »
- « Les grands garçons ne pleurent pas. »
- Actions : un père encourage son fils, mais non sa fille, à planifier des études universitaires. Une mère encourage sa fille, mais non son fils, à manifester des sentiments qui trahissent sa vulnérabilité.

Messages du type : « Tu es un(e) incompétent(e). »

- « Ne peux-tu donc jamais rien faire correctement ? »
- « Tu es tellement paresseux(euse) et indiscipliné(e) que tu ne feras jamais rien de bon. »
- « Tu es tellement maladroit(e). »
- « Tu trouves toujours le moyen de tout gâcher. »
- Actions : critique constante.

Messages du type : « Tu es fou (folle). »

- « Tu es tout à fait comme ton oncle Joseph (un alcoolique ou un malade interné dans un hôpital psychiatrique). »
- « Tu es complètement cinglé(e). Tu l'as toujours été et le seras toujours. »
- « Papa n'a rien qui cloche. Il ne se sent pas bien, voilà tout. Mais que je ne t'entende pas parler de ça à qui que ce soit, parce que papa va perdre son travail et nous allons tous mourir de faim (quand le père est ivre). »
- Actions : le père ou la mère nie l'inceste, la violence et les injures verbales.

Messages du type : « Tu ne peux te fier au sexe opposé. »

- « Les hommes ne veulent qu'une chose : le sexe. Une fois qu'ils ont eu ce qu'ils voulaient, ils te laissent tomber. »
- « Les femmes ne veulent qu'une chose : un gagne-pain. Se faire offrir des cadeaux. Une fois qu'elles ont ce qu'elles veulent, elles te mettent la corde au cou et te mènent par le bout du nez. »
- « Tu ne peux affronter directement un homme. Tu dois apprendre à le manipuler. »
- « Tu ne dois jamais montrer à une femme que tu l'aimes parce qu'elle cherchera aussitôt à te manipuler et te dominer. »
- « Les hommes sont des salauds et tu ferais mieux de rester toute seule – mais tu ne peux pas survivre sans eux. »
- Actions : se plaindre constamment à un enfant de son époux(se).

Messages du type : « Réussir, c'est échouer. »

- « Le seul moyen d'accéder au sommet, c'est en marchant sur le corps de ceux qui sont en bas. »
- « L'argent est la racine de tous les maux. »
- « Il est plus aisé pour un chameau d'entrer par le trou d'une aiguille que pour un riche d'entrer dans le Royaume de Dieu. »
- Actions : critiquer toute personne qui a réussi, qui est riche ou célèbre.

Messages du type : « Il est dangereux de critiquer. »

- « Si tu ne peux rien dire d'aimable, il vaut mieux ne rien dire du tout. »
- « Tu vas détruire ta mère si tu lui dis qu'elle a un problème d'alcool. »
- « Ne dis rien à propos du comportement de ton père. Fais comme si tu ne te rendais compte de rien. »
- Actions : une mère éperdue pleure pendant des heures dans sa chambre parce que sa fille adolescente l'a critiquée.

Messages du type : « Ne grandis pas. »

- « Vous, les enfants, vous êtes tout ce que je possède dans la vie. »
- « Il n'y a qu'une bonne façon de faire les choses, et c'est la mienne. »
- « Tu resteras toujours la petite fille de papa (ou de maman). »
- « Si tu essaies une chose semblable (atteindre un but qui vous est cher), tu ne pourras qu'être déçu(e). »
- Actions : s'interposer constamment plutôt que de laisser l'enfant apprendre à résoudre ses propres pro-

blèmes ; désapprouver les tentatives d'un(e) adolescent(e) pour sortir avec les filles ou les garçons ou ne lui accorder cette permission qu'à un âge beaucoup plus avancé qu'il n'est habituel dans leur communauté.

Messages du type : « Le plaisir est dangereux. »

- « L'oisiveté est la mère de tous les vices. »
- « La masturbation rend fou. »
- « Le sexe est sale. »
- « Le sexe t'enverra en enfer. »
- « Il n'y a que les hommes qui aiment faire l'amour. Pour les femmes, c'est une chose qu'il faut endurer. »
- Actions : manifester de l'anxiété dès que quelqu'un a du plaisir.

Message du type : « Reste toujours aux aguets. »

- « Quand tout va bien, la catastrophe est proche. »
- « Touche du bois (si tu oses dire que tout va bien, les choses tourneront mal) ! »
- « Ne sois pas si arrogant(e) et prétentieux(se). »
- « Si tu as terminé le travail d'aujourd'hui, mieux vaut commencer celui de demain. »
- Actions : ne jamais se détendre.

Messages du type : « Ne prends pas soin de toi. »

- « Sois sûr(e) que tout le monde est servi avant de te servir. »
- « Ne sois pas si égoïste : tu ne te refuses rien. »
- « Mieux vaut se tenir loin des médecins : si tu te sens malade, la meilleure chose à faire est d'ignorer tes symptômes et de continuer de travailler jusqu'à ce qu'ils disparaissent. »

- Actions : le père ou la mère refuse de garder son enfant à la maison lorsqu'il est malade ; le père ou la mère refuse d'obtenir les soins médicaux ou dentaires nécessaires.

Messages de martyr

- « J'ai eu un accouchement très difficile ; en fait, j'ai failli mourir à ta naissance. »
- « J'ai renoncé à ma carrière pour m'occuper de toi. »
- « Tu es ma croix. Tu l'as toujours été. »
- « Je suis restée pendant toutes ces années avec ce monstre pour ton bien. »
- « Pourquoi me fais-tu tant souffrir ? »
- « Tu ne penses jamais qu'à toi. »
- Actions : ne jamais prendre soin de soi, pousser des soupirs, avoir l'air triste.

Chapitre 7

Sous la férule de l'esprit

Comprendre ses pensées de punition

Une personne qui souffre [d'un sentiment de culpabilité] trouvera peut-être dans ses symptômes ou dans le cours de sa vie une façon de se torturer.

Joseph WEISS

Nous avons décrit dans les chapitres précédents quelques-uns des comportements des gens qui cherchent à se punir de leurs crimes imaginaires : certains détruisent leurs chances d'obtenir de l'avancement ; certains n'arrivent pas à rompre de mauvaises relations tandis que d'autres en sabotent de très bonnes ; certains continuent de vivre dans la maison de leurs parents jusqu'à un âge avancé ; certains deviennent alcooliques ou développent une autre toxicomanie ; certains font de leurs affaires financières un gâchis total. Mais nous ne nous punissons pas qu'avec nos actes. Nous le faisons aussi avec nos pensées.

Dès l'école secondaire, Johanne, originaire d'une petite ville, avait toujours voulu travailler pour une grande agence de publicité et vivre dans une ville excitante. À vingt-sept ans, elle avait réalisé son rêve : elle était devenue cadre dans l'une des plus importantes agences de publicité d'une grande métropole ; elle était très appréciée et gagnait un excellent salaire.

D'aussi loin qu'elle se souvînt, Johanne avait toujours connu des périodes d'anxiété et de dépression. Elle décida d'entreprendre une thérapie lorsque ses symptômes s'amplifièrent au point qu'elle eut l'impression de faire une dépression nerveuse. Elle souffrait tellement qu'il lui fallut prendre un congé de maladie.

En dépit de ses nombreux succès, Johanne se sentait secrètement incompétente et craignait que ses patrons et collègues de travail ne finissent par le découvrir. Même si elle avait obtenu d'excellentes évaluations et une série de promotions rapides, elle avait peur d'être congédiée et de ne jamais pouvoir trouver un autre emploi. Il lui faudrait finalement retourner vivre avec ses parents dans sa petite ville.

Bien qu'elle eût vécu une série de relations amoureuses pénibles au cours des deux dernières années, Johanne fréquentait à présent un graphiste qui avait beaucoup de succès ; il était chaleureux, aimant et lui était très attaché. Elle avait pourtant peur qu'il ne veuille pas l'épouser et qu'elle ne puisse jamais avoir la famille dont elle rêvait. Elle était torturée par un cortège interminable de souvenirs de moments où elle avait blessé ou déçu les autres – jusqu'à se rappeler une petite copine qu'elle avait rejetée à l'école primaire.

Certes, la mère guindée de Johanne et son imprévisible père qui buvait trop avaient toujours été malheureux ensemble, mais ils avaient tout de même une jolie maison et de nombreux amis. Cependant, quelques mois avant que Johanne n'entreprenne sa thérapie, ils avaient fini par venir à bout d'un divorce compliqué et pénible. Étant tous deux extrêmement vindicatifs, ils avaient laissé s'accumuler d'énormes notes d'avocat et se retrouvèrent, après le divorce, non seulement isolés, mais aussi très appauvris. Il leur fallut vendre bon nombre des possessions auxquelles ils tenaient le plus, incluant la maison familiale. Le père de Johanne avait en outre été récemment congédié et, à l'âge de soixante et un ans, il avait devant lui un avenir plutôt sombre. Il vivait seul dans un petit studio et buvait beaucoup. Père et mère téléphonaient fréquemment à leur fille pour se blâmer l'un l'autre et se plaindre de leurs vies malheureuses.

En cours de thérapie, Johanne aperçut qu'elle se sentait coupable d'avoir surpassé et abandonné ses parents. Elle vivait une relation tendre, fondée sur un soutien et un respect mutuels, ce que ses parents n'avaient jamais connu. Même s'ils n'étaient pas dans la misère, ils disposaient de moyens financiers fort limités – Johanne, quant à elle, gagnait plus d'argent qu'elle ne l'avait jamais espéré. Ses parents étaient tous deux sans emploi – elle adorait son travail et tous considéraient qu'elle avait un bel avenir devant elle. Ses parents étaient vieux, frêles et amers ; leur avenir était limité et sombre – Johanne était jeune, belle et douée et son avenir était plein de promesses.

Le divorce des parents de Johanne avait déclenché en elle d'intenses sentiments de culpabilité parce qu'elle les avait surpassés. Leur situation s'était aggravée alors que celle de Johanne, en comparaison, paraissait meilleure encore. Le sentiment de culpabilité qu'elle éprouvait parce qu'elle les avait abandonnés s'accrut de la même façon. Ses pensées de punition – l'idée qu'elle perdrait son travail et serait forcée de rentrer dans sa ville natale – étaient liées à sa conviction inconsciente que la seule chose pouvant soulager ses parents était qu'elle retourne vivre avec eux.

Heureusement, Johanne n'était pas disposée à faire ce sacrifice. Mais, à cause de son sentiment de culpabilité, elle était tourmentée par des pensées irrationnelles. C'est ainsi qu'elle se punissait de ses crimes imaginaires.

Les pensées de punition

Selon la *Control Mastery Theory*, les inquiétudes irrationnelles peuvent être en fait une façon de nous punir de nos crimes imaginaires.

Nous avons tous été tourmentés à un moment ou un autre par de semblables pensées bizarres, obsessives et déprimantes. Pourquoi ces pensées surgissent-elles dans notre tête à certains moments de notre vie, alors qu'à d'autres moments nous en sommes délivrés ? La plupart du temps, ces pensées surviennent quand tout va extrêmement bien – cela est en fait le signe révélateur que nos inquiétudes peuvent être une façon de nous punir. Comme nous nous jugeons coupables de crimes imaginaires, nous avons l'impression que nous ne *méritons* pas le succès ou le bonheur. Lorsque tout va bien, des processus inconscients entrent en jeu en produisant des pensées de punition.

Une pensée de punition est une idée ou un fantasme déprimants ou effrayants dont le propos inconscient est de créer en nous un malaise. Ce malaise nous permet de fuir le sentiment inconscient de culpabilité que nous ressentirions si nous nous laissions vraiment aller à jouir de notre vie quand souffrent des membres de notre famille. Les deux événements les plus susceptibles de provoquer des pensées de punition sont les proverbiales bonnes et mauvaises nouvelles.

- De bonnes nouvelles à propos de vous-même – succès au travail ou dans vos relations personnelles, chance, héritage substantiel, promotion, hausse de salaire, ou autre réalisation importante. Les pensées de punition surviennent lorsque tout va trop bien parce que l'on se sent inconsciemment coupable de surpasser ou de trahir ceux des membres de notre famille qui ne réussissent pas aussi bien.

- De mauvaises nouvelles à propos de quelqu'un que l'on aime – apprendre ou se faire rappeler qu'un membre de notre famille ou un être qui nous est proche est malheureux, n'a pas de succès, est seul, sans emploi, a recommencé à se droguer, divorce, est incarcéré ou a d'autres problèmes, quels qu'ils soient. Les pensées de punition surviennent lorsque tout va mal pour les autres parce que leur inadaptation socio-affective ou leur malchance agrandit l'écart entre notre bonheur et leur malheur.

Le cas de Michel

Les pensées de punition parviennent à introduire douleur et souffrance dans les vies en apparence les plus exemplaires. À l'âge de vingt-cinq ans, Michel fut nommé directeur de projet dans la compagnie d'informatique pour laquelle il travaillait. Lui et sa petite amie étaient très amoureux l'un de l'autre. Il venait de quitter la maison de ses parents et d'emménager dans son nouvel appartement. Michel voyait grand. Mais son optimisme ne dura pas longtemps.

Il commença à songer à la possibilité d'une guerre nucléaire, persuadé que la région dans laquelle il vivait serait une des premières cibles visées. Des images d'une telle catastrophe l'obsédaient. Avec le temps, ces pensées se dissipèrent, mais il commença à craindre de recevoir un blâme au travail ou d'être congédié. Il se mit à se comparer au génie de la compagnie, l'un des meilleurs et des plus célèbres programmeurs au monde, et se dit qu'il était un employé indésirable. Les bonnes évaluations de ses supérieurs et une importante augmentation de salaire ne contribuèrent en rien à chasser ces idées.

Mais, comme Michel continuait à réussir fort bien dans la compagnie, ses craintes d'être congédié ou critiqué finirent par se dissiper. Il commença alors à s'inquiéter de la possibilité que lui ou son amie aient le sida et se mit à lire de nombreux articles de revue et bouquins traitant du sujet. Le fait que ni lui ni son amie ne faisaient partie des groupes à risque ne contribuait en rien à apaiser ses inquiétudes. Quand elle sut ce qui le tourmentait, son amie prit les arrangements nécessaires pour que tous deux subissent aussitôt un test de dépistage. Les deux tests furent négatifs.

Les choses qui inquiétaient Michel étaient toutes dans le domaine du possible, certaines peu probables, comme la possibilité de contracter le sida, d'autres difficiles à prévoir, comme celle d'une guerre atomique. Mais deux faits nous révèlent que les préoccupations de Michel étaient des pensées de punition : il se mettait à avoir de telles pensées aussitôt qu'une chose agréable lui arrivait, et ne faisait rien pour se débarrasser de ses craintes – malgré ses préoccupations quant à son rendement au travail, Michel ne vérifia pas auprès de ses supérieurs si ses craintes étaient fondées ; en dépit de sa hantise d'une catastrophe nucléaire, il ne fit rien pour promouvoir la paix dans le monde ; et, malgré sa peur du sida, il attendit que son amie l'y contraigne pour subir un test. Si une pensée menaçante survient peu après qu'une bonne chose vous est arrivée, et que vous vous abstenez cependant de faire quoi que ce soit pour vous en défaire, il y a de fortes chances pour qu'il s'agisse d'une pensée de punition.

Pourquoi Michel voulait-il se punir de façon aussi impitoyable ? Pour répondre à cette question, il nous faut remonter à son enfance.

Fils unique, Michel était la seule lueur de joie dans la vie morne de ses parents. Son père vendait des tapis dans un magasin et n'acceptait pas de ne jamais en avoir été nommé gérant. Sa mère passait le plus clair de son temps à nettoyer méticuleusement l'appartement familial et à s'inquiéter pour son fils. Les parents de Michel se querellaient rarement, mais ils ne semblaient pas aimer la vie. Lorsqu'il était à la maison, son père passait son temps à lire et à regarder la télévision. Sa mère faisait des mots croisés ou parlait de façon compulsive à son fils.

Le premier crime imaginaire de Michel était l'abandon de ses parents. Il avait vécu chez eux jusqu'à l'âge de vingt-cinq ans. Il se disait qu'il restait là pour épargner de l'argent, mais, en vérité, il avait inconsciemment l'impression que ses parents seraient encore plus malheureux sans lui. Lorsque Michel avait finalement quitté la maison familiale, il avait eu l'impression qu'il abandonnait égoïstement et cruellement ses parents, et qu'en établissant une relation solide et heureuse avec son amie, il se séparait encore plus de sa famille.

Le second crime imaginaire de Michel était de surpasser ses parents. En ayant tellement de succès sur le plan professionnel, il avait inconsciemment l'impression d'humilier son père qui souffrait de son insuccès et du manque d'estime qu'on lui témoignait au travail. Michel était doublement coupable de ce crime parce qu'il se sentait heureux et plein d'enthousiasme alors que ses parents étaient désormais résignés à leur routine sans joie. Ainsi, chaque fois qu'il se mettait à ressentir optimisme et exaltation, il se sentait également extrêmement coupable. Il calmait son sentiment de culpabilité en s'abrutissant, comme il le disait lui-même, de pensées de punition.

En se punissant avec la pensée d'être congédié, ou pulvérisé dans un holocauste nucléaire, ou de mourir du sida, Michel pouvait inconsciemment avoir l'impression qu'après tout il ne s'en tirait pas beaucoup mieux que ses parents. Il pouvait ainsi payer pour les crimes qu'il avait déjà commis et éviter d'en commettre de nouveaux.

Les pensées autocritiques

L'un des types les plus prédominants de pensées de punition est l'autocritique irrationnelle. Nous savons nous rabaisser d'une foule de manières. Certains d'entre nous se bombardent presque constamment d'auto-accusations : nous nous disons que nous sommes paresseux, stupides, laids, égoïstes, superficiels, méchants, faibles, lâches, trop dépendants, socialement inadaptés, trop gros, trop minces ou trop effrayés par l'intimité. Certains d'entre nous s'attribuent quelques-uns de ces défauts, les plus implacables s'accusant de presque tous. La liste qui suit inclut quelques-unes des critiques que nous utilisons comme pensées de punition.

Paresseux...

Les accusations de paresse, de manque de discipline et de faiblesse de caractère font partie des critiques les plus courantes. Nous nous disons à nous-même : « Tu es incapable de travailler sans t'interrompre sans cesse » ; « Tu es un paresseux et tu ne feras jamais rien de bon » ; « Mais qu'est-ce qui cloche toujours avec toi ? » Ces pensées nous découragent et nous dégoûtent de nous-même. Nous nous sentons diminués. Si nous nous écoutons attentivement, nous pouvons parfois entendre les échos des messages critiques de nos parents ou d'autres figures importantes ayant représenté l'autorité.

Laid…

La pensée d'être physiquement peu attirant est une autre forme de dévalorisation très courante. « Mes seins sont trop gros, j'ai l'air d'une vache. » « Mes seins sont trop petits, j'ai l'air d'un garçon. » « Je suis trop gros. » « Je ne suis ni beau ni riche ; aucune fille ne voudra de moi. » « Personne ne prend au sérieux un homme de petite taille. »

Stupide…

L'idée que nous sommes stupides, ou à tout le moins pas très brillants, est une autre autocritique d'une grande popularité. L'idée clé ici est qu'en raison de notre supposé manque d'intelligence, personne ne voudra de nous comme époux(se), nous serons constamment dans l'embarras et ne vaudrons jamais grand-chose. Comme celui de la séduction, le domaine de l'intelligence se prête fort bien à des comparaisons négatives. « Tout le monde me croit stupide. » « Je n'ai jamais rien d'intelligent à dire. » « Tout le monde a l'air tellement plus brillant et s'exprime tellement mieux que moi. » « Pourquoi une femme s'intéresserait-elle à un homme qui n'a pas de conversation ? »

Égoïste…

Nous nous accusons d'égoïsme chaque fois que nous faisons quelque chose pour nous-même plutôt que pour les autres – quand nous voulons mettre fin à un entretien avec l'une de nos connaissances qui nous ennuie, quand nous n'avons pas envie de recevoir l'oncle Arthur, ou quand nous voulons prendre pour nous-même un peu du temps consacré à nos obligations. Cette auto-accusation est presque toujours l'écho d'une plainte formulée par l'un de nos parents. Bien que nous puissions nous croire stupides ou laids sans que personne ne nous ait jamais dit que nous l'étions, l'idée que nous sommes paresseux ou égoïstes nous vient presque toujours des parents ou d'autres figures représentant l'autorité : « Je ne pense qu'à moi ! » ; « Je crois que je suis incapable d'aimer vraiment qui que ce soit » ; « Je suis un être affreux et personne ne devrait m'aimer ».

Bien entendu, nous ne pensons pas toujours que nous sommes égoïstes juste pour nous punir ; cela peut être aussi une critique constructive. Mais si cette pensée pénible revient régulièrement, si elle semble impliquer que notre comportement fait de nous des gens mauvais et peu dignes d'être aimés, et surtout si elle a tendance à surgir tout de suite après un événement agréable, il s'agit très certainement d'une pensée de punition.

Ce qu'il y a de pire au monde…

Nous avons tous des traits de caractère distinctifs : nous sommes peut-être plus souvent prudents que téméraires, réservés qu'ouverts, émotifs que maîtres de nous. Lorsque nous cherchons à nous punir, nous avons tendance à voir de façon particulièrement négative les tendances que nous favorisons. Une personne directe et ouverte se décrira peut-être comme obsessionnelle-compulsive ; une autre, émotive, comme hystérique ; enfin une troisième, confiante, comme crédule. Et ainsi de suite. Si vous constatez que vous avez l'habitude d'utiliser les versions négatives de semblables qualités, il y a de bonnes chances pour que vous vous soumettiez à des pensées de punition.

Compte tenu du fait que le but inconscient des pensées de punition est de créer en nous un malaise, presque n'importe quel type de critique – quelque irrationnelle qu'elle soit – y parviendra. Au cours d'une crise d'autopunition aiguë, nous pourrons nous reprocher d'être obsédé par le sexe – ou d'être asexué ; d'être trop indépendant – ou trop influencé par les autres.

Voici une belle liste de vingt-huit idées autocritiques que nous pouvons – et nous le faisons fréquemment – utiliser pour nous attaquer nous-même. Cette liste est une adaptation tirée, avec autorisation, de *After the Honeymoon : How Conflict Can Improve Your Relationship*.

1. Tu ne seras pas dépendant(e).
2. Tu ne seras pas égocentrique.
3. Tu ne seras pas jaloux(se).
4. Tu ne seras pas vantard(e).
5. Tu ne seras ni replié(e) sur toi-même ni dissimulateur(trice).
6. Tu ne craindras pas l'intimité.
7. Tu ne seras pas déprimé(e).
8. Tu ne seras pas trop sensible.
9. Tu ne t'inquiéteras pas des choses qui ne dépendent pas de toi.
10. Tu ne te complairas pas à t'apitoyer sur ton sort.
11. Tu ne fuiras pas tes problèmes.
12. Tu n'éviteras pas de prendre des risques.
13. Tu ne te permettras pas de critiquer sans cesse.
14. Tu ne seras pas une mauviette.
15. Tu ne seras pas un gendarme.
16. Tu ne seras pas sur la défensive.
17. Tu ne seras pas rebuté(e) par ta (ton) partenaire.
18. Tu n'auras pas d'attentes irréalistes.
19. Tu n'éviteras pas d'assumer la responsabilité de tes actes.
20. Tu n'auras pas une attitude négative.

21. Tu ne seras pas asexué(e).
22. Tu n'auras pas une conduite légère.
23. Tu ne seras pas un vieux satyre.
24. Tu auras toujours envie de faire l'amour.
25. Tu ne manqueras pas de réaliser ton potentiel.
26. Tu ne seras pas un bourreau de travail.
27. Tu ne réprimeras pas ta colère.
28. Tu n'exprimeras pas de colère, ni ne t'emporteras.

Notez que bon nombre de ces autocritiques sont contradictoires : on peut voir de façon négative n'importe quel trait de comportement. (De tous les livres traitant des problèmes de couple que nous avons lus, celui de Wile est l'un des meilleurs. Nous le recommandons fortement.)

Comme le montre clairement cette liste qui n'en finit pas, certaines pensées de punition se résument en quelque sorte à nous traiter nous-même de tous les noms. Mais nous disposons également de moyens plus complexes pour nous punir.

Comparaisons négatives

Une autre stratégie d'auto-accusation assez répandue consiste à nous comparer aux autres. Nous utilisons fréquemment de semblables comparaisons afin de nous sentir paresseux, bêtes, peu attachants, peu attirants, de souligner notre insuccès ou de nous dévaloriser de toute autre manière.

Vous pouvez utiliser cette stratégie d'autopunition même si vous êtes discipliné, créatif, attirant et brillant. Si vous êtes le stratège numéro deux dans la ligue nationale de football, vous pouvez vous comparer défavorablement avec le numéro un. Et si vous êtes le numéro un, vous pourrez vous comparer à d'anciens champions ou vous reprocher de ne jamais avoir utilisé pleinement votre potentiel.

Voici quelques exemples de comparaisons négatives.

« Il a le même âge que moi et est déjà à la tête d'une entreprise prospère, alors que je ne suis encore qu'un cadre moyen. »

« À mon âge, Mozart avait déjà écrit vingt symphonies. »

« Robert réussit à parcourir un total de 95 kilomètres chaque semaine alors que je parviens à peine à en couvrir 20. »

Les commentaires sarcastiques

Certains d'entre nous ont toujours au bord des lèvres un commentaire sarcastique pour accueillir leurs propres réalisations. Si nous ratons quelque chose, nous nous dirons : « Magnifique, vraiment superbe ! » Par contre, si nous réussissons, nous nous dirons, sur le même ton sarcastique : « Tu te penses bon, pas vrai ? »

Le phénomène de l'imposteur

Un individu qui est compétent et qui a bien réussi, comme Johanne, cadre dans une agence de publicité, peut avoir l'impression qu'on peut découvrir à tout moment qu'il n'est qu'un imposteur. Ce phénomène est très fréquent dans le domaine professionnel, mais il s'étend parfois aussi jusque dans la vie sociale et familiale. Il s'agit d'une forme très répandue d'autopunition parmi les gens qui réussissent. Le livre de Joan Harvey et de Cynthia Katz, *If I'm So Successful !, Why Do I Feel*

Like a Fake ?, est devenu un best-seller parce qu'il a permis à un grand nombre de personnes ayant réussi de découvrir avec soulagement que l'impression secrète qu'elles avaient d'être des fraudeurs était fort répandue[1].

L'idée que vous êtes un imposteur que l'on peut à tout moment démasquer est une pensée de punition convaincante et pénible. Que vous soyez chef d'entreprise, actrice de cinéma célèbre ou chirurgien réputé, vous vous sentez peut-être toujours tendu et anxieux parce que vous avez peur d'être discrédité et rejeté par vos amis et collègues. Ceux qui souffrent de pareilles craintes ne peuvent jamais se laisser aller et jouir de leurs réalisations.

Comme toute pensée de punition, celle d'être un imposteur est un châtiment pour un crime imaginaire. Dans le cas présent, le crime consiste à réussir. Pourquoi serait-ce un crime de réussir ? La réponse varie d'une personne à l'autre, mais il arrive souvent que cela soit dû à notre impression d'avoir surpassé l'un des nôtres. Bon nombre de ceux qui souffrent du phénomène de l'imposteur ont été témoins de l'insuccès ou de l'infortune de l'un des leurs et ont l'impression qu'en réussissant ils l'humilient et l'abandonnent encore plus.

Bien que « l'imposteur » semble très différent du « raté chronique », ils ont beaucoup de traits en commun. Tous deux croient que le succès est un crime et évitent inconsciemment la satisfaction – et la culpabilité – que celui-ci entraîne. Le raté chronique évite le succès en sabotant ses propres réalisations, alors que l'imposteur calme son sentiment de culpabilité en imaginant qu'il ne mérite pas son succès et en craignant à tout moment qu'il ne disparaisse[2].

1. John Harvey avec Cynthia Katz, *If I'm So Successful, Why Do I Feel Like a Fake ?* (New York, St. Martin's Press, 1985).

2. Harvey avec Katz, p. 160-162. « Ils peuvent également se sentir coupables de leur réussite, pensant qu'il y a quelque chose

Le chemin que nous n'avons pas emprunté

Cette stratégie d'autopunition consiste à penser au poste que vous n'avez pas accepté, à la carrière que vous n'avez pas embrassée, à la tâche que vous n'avez pas accomplie, à la personne que vous n'avez pas épousée, au commerce que vous n'avez pas vendu, à l'immeuble que vous n'avez pas acheté, et ainsi de suite. On peut avoir recours à cette stratégie même quand tout va très bien puisqu'il est toujours possible de croire que cela aurait pu être encore mieux, si nous avions fait des choix différents. Et quand tout va *vraiment* mal, nous nous sentirons encore *plus* mal en songeant à toutes les possibilités à côté desquelles nous sommes passés.

Ces doutes ne sont pas tous des pensées de punition. Un homme qui a des remords d'avoir donné une fessée à son fils décidera peut-être de trouver d'autres manières de se faire obéir. Une femme qui s'est mise dans le pétrin pour avoir utilisé avec excès ses cartes de crédit prendra peut-être la décision de ne plus s'en servir, de

de mal à réussir mieux que leur père ou leur mère, leur frère ou leur sœur. Une femme se sentait peut-être coupable d'avoir fréquenté l'université et de poursuivre une carrière professionnelle parce que cette chance n'avait jamais été offerte à sa mère. Ou un homme pourra se sentir coupable de gagner plus d'argent que son père parce que cela implique qu'il a en quelque sorte éclipsé son père au sein de la famille.

« La crainte du succès peut également pénétrer notre vie personnelle. Une femme se sentira peut-être coupable d'avoir une relation de couple heureuse alors que sa mère était malheureuse en ménage. L'homme dont le frère est timide et renfermé s'empêchera peut-être de devenir trop populaire.

« Toute personne peut éviter sa crainte du succès en croyant que sa réussite est due à une mystification plutôt qu'à ses propres capacités. La personne n'est pas consciente de ce processus mental, mais c'est tout comme si elle se disait : “Je n'ai pas vraiment réussi, je ne suis qu'un charlatan qui trompe tout le monde. Mais si c'est ça que je réussis, ça va.” »

payer comptant et de dresser un budget mensuel. Pour faire la distinction entre les pensées de punition liées à ces « chemins que nous n'avons pas empruntés » et les considérations constructives, il faut en examiner les résultats :

- Ces pensées ne vous créent-elles qu'un vain désagrément ?
- Ont-elles trait à des choses relativement sans importance, telles que le fait d'avoir payé un excédent de vingt-cinq sous pour votre dentifrice, ou de vingt dollars pour une paire de pneus ?
- Avez-vous des regrets à propos d'un événement désagréable que vous ne pouviez pas prévoir, comme d'avoir passé vos vacances sous la pluie dans un pays où il n'est pas censé pleuvoir à cette époque de l'année ?
- Ces pensées ont-elles tendance à gâcher des choses auxquelles vous prendriez normalement plaisir ?

Si la réponse à n'importe laquelle de ces questions est affirmative, il y a de fortes chances pour que les pensées en question servent à vous punir.

Sous l'emprise des pensées négatives

Le passé est une mine d'or pour des pensées potentielles de punition. Il existe des gens qui, sous l'emprise de pareilles pensées, sont inconsciemment poussés à passer des heures à fouiller leur passé à la recherche d'expériences déplaisantes.

- Jeanne, jeune agent de voyages séduisante, pense souvent à son passé, se rappelant un long cortège de rejets et de déceptions. Ces pensées la dépriment et la découragent, en plus de la convaincre qu'elle n'a jamais été aimée et ne le sera jamais.

- Marc, célibataire d'âge moyen qui a bien réussi, se rappelle sans cesse toutes les femmes qu'il a déçues et se convainc lui-même qu'il ne mérite pas d'établir une bonne relation.
- Philippe, propriétaire d'une quincaillerie, est obsédé par la propriété qu'il a décidé de ne pas acheter – dont la valeur a quadruplé par la suite – et ne tient pas compte du fait que sa propre entreprise est en pleine croissance.

Tirer des leçons de nos erreurs passées est une démarche très utile, mais qui n'a rien à voir avec le fait de ressasser sans fin nos vieilles erreurs. La récapitulation négative d'anciens malheurs ne réussit qu'à anticiper un échec futur. C'est l'obsession pénible et vaine qui distingue d'un auto-examen fructueux les pensées de punition. Cela est aussi vrai pour ce qui est des blessures que vous avez pu infliger aux autres. Si de pareilles pensées vous poussent à faire amende honorable, ou à changer votre comportement, alors elles sont valables. Si par contre elles constituent un message d'autochâtiment, il s'agit de pensées de punition[1].

1. Stephanie Brown, *Treating the Alcoholic* (New York, John Wiley and Sons, 1985), p. 286-287. Le traitement efficace de l'alcoolisme fournit un bel exemple de la distinction entre le remords en tant qu'autopunition et le remord constructif. Les alcooliques font généralement du mal à beaucoup de gens lorsqu'ils sont activement alcooliques. Il arrive qu'ils mentent à leurs conjoints, à leurs enfants, à leurs collègues, qu'ils les abandonnent et les agressent de maintes façons. Nombreux sont les alcooliques qui oscillent entre le regret dramatique et la dénégation totale du mal qu'ils ont fait. Le très vif sentiment de culpabilité qu'ils ressentent contribue à leur état dépressif, ainsi qu'à leur tendance à recommencer à boire.

Imaginer des dénouements désastreux

Il existe des gens qui sont tourmentés par la perspective d'un désastre imminent, d'un avenir inévitablement sombre. Nous qualifions ce genre d'idées de « fantasmes de dénouements désastreux » et les répartissons entre « catastrophes générales » (imaginer pour tous des dénouements désastreux) et « catastrophes personnelles » (imaginer pour nous et ceux qui nous sont proches des dénouements désastreux).

Les catastrophes générales peuvent inclure des inquiétudes à propos d'une guerre nucléaire, de la pollution de l'air et de la terre, d'un écroulement possible des marchés financiers, de la surpopulation, de l'effet de serre, de la criminalité, et d'un grand nombre d'autres dangers potentiels. Tous ces problèmes représentent des possibilités réelles, et toute personne responsable en sera préoccupée. Mais comme nous l'avons déjà signalé dans le cas de Michel, ces problèmes très réels peuvent servir à satisfaire notre besoin inconscient d'autopunition.

Dans le cadre du programme de guérison des Alcooliques Anonymes, on encourage les alcooliques à dresser la liste des personnes auxquelles ils ont fait du mal. On les exhorte ensuite à faire amende honorable dans la mesure du possible. Voilà l'essentiel des étapes huit et neuf des douze étapes des AA.

Il existe d'excellents livres et articles qui décrivent l'approche des AA. On peut se les procurer chez les AA. Il existe des sections de cet organisme dans les villes principales de tous les pays. Le livre du docteur Brown intéressera tout particulièrement les professionnels de la santé mentale car il met l'accent sur un modèle de guérison axé sur le développement.

Imaginer des catastrophes personnelles

Certaines personnes craignent sans cesse que des choses horribles ne leur arrivent, à eux ou à ceux qui leur sont chers. Les deux types les plus communs de catastrophes personnelles sont :

- Imaginer que vous ou ceux que vous aimez auront le sida, la maladie de Lyme, le cancer, ou quelque autre maladie ou blessure mortelles.
- Imaginer que vous ou l'un de vos proches serez congédiés, que votre entreprise fera faillite, ou que votre gagne-pain vous sera retiré.

Là encore, il n'est question de fantasmes de catastrophes personnelles que dans la mesure où vos inquiétudes sont sans fondement. Si vous êtes un homosexuel sexuellement actif qui vit à New York et ne prend pas de précautions, il est tout à fait raisonnable de vous préoccuper du sida. Si votre médecin vous a découvert une masse au sein, il est tout à fait normal de vous inquiéter du cancer – du moins jusqu'à ce que vous ayez reçu le résultat de la biopsie.

Être obsédé par les souffrances des autres

Certaines personnes se punissent avec des pensées culpabilisantes au sujet de gens moins heureux qu'eux. Patrick, vingt-cinq ans, étudiant à la faculté de droit, semblait tout avoir pour être heureux. Il avait gagné une bourse prestigieuse pour fréquenter une excellente université. Ses parents, fiers de leur fils, se faisaient une joie de lui donner quantité d'argent pour ses dépenses personnelles. Il était rédacteur en chef de la revue de droit et était toujours parmi les premiers de sa classe.

Mais, à mesure que progressaient ses études, Patrick se sentit de plus en plus coupable parce que son camarade de classe, Simon, devait travailler comme garçon de table, le soir, et ne réussissait pas très bien à l'université. Patrick réfléchissait sans fin à l'injustice de la situation : il n'avait lui-même rien d'autre à faire le soir qu'à étudier alors que Simon devait servir des pizzas et des Coca-Cola. Mais, quoique très peiné par ses réflexions, Patrick ne songea jamais à la possibilité de donner un coup de main à Simon. Lorsque l'on compatit réellement aux souffrances des autres, on est généralement poussé à faire des efforts pour les aider.

Comme bien d'autres personnes qui se torturent à penser au triste sort des autres, Patrick se punissait en fait de crimes imaginaires contre sa famille. Ses parents l'avaient préféré à sa sœur qui n'avait pas été très aimée, tout enfant, et était à présent cocaïnomane. En outre, sa mère était malheureuse parce que son mari la négligeait. Patrick se sentait inconsciemment coupable d'avoir obtenu l'amour dont sa sœur avait besoin (voler l'amour des parents) et d'avoir quitté et négligé sa mère malheureuse (abandonner ses parents). S'inquiéter pour les problèmes auxquels faisait face son camarade de classe, tout en ayant d'autres pensées de punition, permettait à Patrick d'échapper au sentiment de culpabilité inconscient qu'il éprouvait à l'égard de sa mère et de sa sœur.

Loin de nous l'intention de dire qu'il est mauvais de se préoccuper du sort des autres. C'est le propre d'un être humain sain et bienveillant que d'éprouver de la compassion pour la souffrance des autres. Cette fois encore, pour faire la distinction entre préoccupation véritable et pensée de punition, il faut observer à quel moment de telles pensées surviennent. Si, à titre d'exemple, vous ne vous préoccupez des souffrances des habitants du tiers-monde *que lorsque tout va bien pour vous*, il est fort possible qu'il s'agisse d'autopunition. Et, si vous ne prenez aucune mesure concrète pour apporter de l'aide à ces gens, vous seriez bien avisé de considérer votre préoccupation comme une punition pour des crimes imaginaires.

Comment reconnaître une pensée de punition

Les questions suivantes peuvent vous aider à faire la différence entre une pensée de punition et une préoccupation légitime. Si vous répondez oui à l'une ou à plusieurs des questions ci-dessous, votre pensée déprimante ou terrifiante n'est peut-être en fait qu'une pensée de punition :

- Vous est-il arrivé, tout récemment, une chose agréable ? Vous a-t-on accordé une promotion, une reconnaissance spéciale ? Avez-vous noué une nouvelle relation ou obtenu récemment un succès, quel qu'il soit ?
- Avez-vous commencé à penser ou à espérer faire une chose que vous n'avez jamais faite auparavant ?
- Avez-vous tout juste découvert qu'un membre de votre famille, un ami proche ou même une connaissance ne va pas très bien quand, au contraire, vous allez fort bien ?
- Cette pensée pénible vous déprime-t-elle, vous immobilise-t-elle plutôt que de vous pousser à une action utile ?

Il serait agréable de penser que le simple fait d'identifier une pensée de punition suffise à la faire disparaître. Malheureusement, il n'en est généralement pas ainsi. Bien que certaines pensées de punition puissent s'évanouir sitôt identifiées, d'autres perdurent. Mais il est toutefois possible que leur emprise sur vous soit considérablement diminuée. Examinons par exemple ce qui peut arriver lorsqu'une personne se rend compte que certaines craintes gênantes sont en fait des pensées de punition.

Le cas de Danièle

Détentrice d'une maîtrise en administration, Danièle avait un bel avenir devant elle et travaillait comme analyste financier pour une jeune société en pleine expansion. Elle était une employée douée, responsable, ambitieuse, et ses employeurs étaient très satisfaits de son travail. Un jour, cependant, au cours d'une réunion du personnel, un collègue de travail critiqua un rapport qu'elle avait préparé. D'autres collègues présents à la réunion furent d'avis que le rapport n'avait pas tenu compte de certaines informations importantes.

Après cette réunion, Danièle se mit à douter de sa compétence :

« Je me suis couverte de ridicule pendant cette réunion. Personne ne me prendra plus au sérieux désormais. »

« Ne sois pas stupide. Ce n'était pas si grave. »

« Ils sont après moi, maintenant. Mes jours sont comptés, ici. »

« C'est faux. Tu viens d'avoir un excellent rapport trimestriel. Tu as fait une erreur, voilà tout. Personne n'est parfait. Il n'y a pas de quoi s'inquiéter. »

Ce dialogue intérieur, pénible, obsessionnel, se poursuivit jusqu'à ce que Danièle se rende à sa séance hebdomadaire de thérapie. Son thérapeute fut en mesure d'identifier comme des pensées de punition ses craintes et, ensemble, ils en retracèrent les origines dans le sentiment de culpabilité qu'éprouvait Danièle parce qu'elle avait surpassé sa mère.

Danièle éprouva un grand soulagement. Plutôt que de ressentir de l'angoisse à propos de son rendement au travail, elle fut capable d'affronter ses véritables sentiments – faits de tristesse pour la vie malheureuse et limitée de sa mère. Le cas de Danièle illustre également ceci : les pensées de punition prennent parfois pour appui un problème mineur, mais réel, en lui accordant des proportions excessives.

Ce ne fut pas la dernière fois que Danièle fut tourmentée par des pensées de punition de ce genre. Mais, avec le temps, elle parvint peu à peu à interrompre son dialogue intérieur obsessionnel et à penser plutôt de façon productive au crime imaginaire pour lequel elle se punissait.

Plus qu'une attitude positive

Bon nombre d'auteurs de livres de psychologie ont compris que des pensées décourageantes et négatives peuvent nous empêcher de réussir, de nouer des relations intimes, de nous réaliser. Il est clair que nos attentes ont un grand rôle à jouer dans notre capacité à atteindre nos buts professionnels, à nous garder en bonne santé, et à nouer et à entretenir des relations satisfaisantes avec les autres.

Un nombre croissant de livres, de bandes enregistrées et de conférenciers nous invitent à « être positif » et à « faire la sourde oreille aux pensées négatives ». Dans la mesure où ils aident les gens à identifier des pensées de punition négatives et autodestructrices, ils peuvent avoir une certaine utilité. Mais nombreux sont ceux de ces programmes qui ne s'attaquent qu'aux symptômes – nos pensées de punition négatives – en ignorant le processus sous-jacent qui leur donne naissance. Le succès de ces programmes se trouvera sérieusement limité s'ils ne nous aident pas à identifier nos crimes imaginaires. Comme c'est notre sentiment de culpabilité inconscient qui nous pousse à nous punir, nous continuerons à être harcelés par des pensées de punition, jusqu'à ce que nous ayons compris les origines de cette culpabilité. Car, après tout, les pensées de punition ne représentent qu'une forme parmi d'autres d'autopunition. Nous pouvons également nous punir par l'intermédiaire de toute une série de comportements d'autodestruction et d'autosabotage.

Pourquoi choisissons-nous de nous punir de tant de manières diverses ? Et comment se fait-il que nous choisissions notre propre mode d'autopunition ? Nous répondrons à ces questions dans le prochain chapitre où nous explorerons deux concepts convaincants et utiles de la *Control Mastery Theory* – les notions d'identification et d'acquiescement.

Chapitre 8

Identification et acquiescement

Un châtiment à la mesure du crime

En grandissant je me suis retrouvée avec l'allure de mon père, sa façon de parler, de se tenir, de marcher, ses opinions – et le mépris qu'avait pour lui ma mère.

Jules FEIFFER

Martine est heureuse en ménage, mais supporte mille maux au travail. Pierre est terriblement malheureux avec sa femme, mais réussit fort bien dans son milieu professionnel. Raphaël est heureux au travail et en ménage, mais il fait toujours en sorte de saboter ses affaires financières. Pour Alice, tout va bien sur les plans amoureux, professionnel et financier, mais elle est incapable de se détendre et de jouir de la vie.

Nous pouvons inconsciemment nous punir d'une foule de manières. Nous pouvons nous tourmenter avec des pensées de punition, choisir parmi un vaste éventail de comportements d'autodestruction ou d'autosabotage. Mais comment se fait-il que chacun de nous reçoive et s'auto-inflige sa propre sentence pour ses crimes imaginaires ? Comment se fait-il que nous choisissions chacun nos formes particulières de punition ?

Nos punitions sont en étroite relation avec nos crimes imaginaires et correspondent à la manière suivant laquelle nous en sommes venus, en premier lieu, à adopter un modèle de comportement négatif. Selon la *Control Mastery Theory*, il existe deux modèles principaux : nous pouvons ou bien nous *identifier* à une mère ou à un père malheureux, ou alors acquiescer à un message parental négatif.

L'identification à une mère ou à un père malheureux

Si nous avons grandi avec l'impression que nous étions responsables des souffrances d'une mère ou d'un père malheureux, nous nous punirons peut-être en nous identifiant à eux :

- Nous prendrons peut-être leurs pires défauts.
- Nous imiterons peut-être justement ces patterns qui les ont rendus malheureux.
- Nous aurons peut-être l'impression que notre destin est le même que le leur, que cela corresponde ou non à la réalité.

Si nous nous identifions à l'un de nos parents malheureux – en adoptant les mêmes patterns que lui et en nous créant le même genre de problèmes –, c'est afin d'éviter de commettre contre lui quelque crime imaginaire. Car nous croyons inconsciemment qu'en adoptant un pattern dysfonctionnel ressemblant ou identique au sien, nous serons délivrés de la pensée culpabilisante de l'avoir surpassé. C'est pourquoi nous nous surprenons maintes et maintes fois à refaire exactement ces mêmes choses qui nous irritaient tellement quand nous les observions chez nos parents. Selon la *Control Mastery Theory*, nous nous punissons en nous identifiant à l'un de nos parents malheureux et en copiant ses patterns négatifs et d'autosabotage.

Nous avons peut-être eu l'impression lorsque nous étions enfants que le comportement de nos parents était absurde. Mais, en devenant critique et méprisant envers eux, nous courons le risque de nous reconnaître coupable du crime imaginaire de trahison. Nous avons plutôt tendance inconsciemment à répéter le même comportement absurde, en réprimant nos impressions critiques et en adoptant le comportement que nous méprisons. Nous évitons ainsi la nécessité de critiquer nos parents : Qui suis-je pour critiquer mon père alcoolique si j'ai moi-même un sérieux problème d'alcool ? Qui suis-je pour critiquer cette mère qui m'agressait verbalement si je suis moi-même tout aussi explosive ?

L'acquiescement à des messages parentaux négatifs

Pour acquiescer à des messages parentaux négatifs, nous adopterons d'autres patterns négatifs :

Il y a à cela plusieurs raisons. En obéissant à ces ordres parentaux implicites – même s'ils vont à l'encontre de nos propres vœux –, nous évitons la culpabilité qui résulterait de notre rébellion. L'obéissance nous permet donc de maintenir nos liens avec nos parents. Nous sommes tout particulièrement susceptibles d'obéir à des messages parentaux négatifs qui nous auront été continuellement répétés. Il est également possible que nous y acquiescions afin d'éviter le crime imaginaire de trahison. Bien que nous souhaitions consciemment montrer que les messages de nos parents sont faux, nous ferons peut-être inconsciemment le contraire :

- Si des messages parentaux négatifs nous donnaient l'impression d'avoir déçu nos parents, il est possible que nous agissions de façon à les décevoir.
- Si nos parents nous accusaient d'être égoïstes, nous agirons peut-être égoïstement.
- S'ils nous accusaient d'être paresseux, nous risquons fort de le devenir.
- S'ils nous accusaient d'être sournois, nous le deviendrons peut-être davantage.
- S'ils nous accusaient d'être irresponsables et égocentriques, nous avons de fortes chances de nous montrer tels.
- S'ils nous accusaient d'être peu attirants, nous nous rendrons peut-être peu attirants.
- S'ils nous traitaient comme si nous ne méritions que peu d'affection ou de récompenses matérielles, une fois devenus adultes nous nous priverons probablement de ces choses.

La première question que se pose le thérapeute de la *Control Mastery Theory*

Lorsque les thérapeutes de la *Control Mastery Theory* reçoivent de nouveaux clients, l'une des premières questions qu'ils se posent est la suivante : « Cette personne souffre-t-elle de s'être identifiée à son père ou à sa mère, d'avoir acquiescé à un message parental – ou des deux à la fois ? Quelque bizarre ou déroutant qu'il puisse sembler de prime abord, souvent, le problème d'un client deviendra dès lors compréhensible. Cette question peut être extrêmement valable pour tout problème psychologique, qu'il s'agisse du vôtre ou de celui des autres. C'est de là que viennent la plupart des convictions menaçantes.

Ceux qui s'identifient

Booker

Dans un livre qui a connu un grand succès, *Black Rage*, les psychiatres William Crier et Price Cobbs rapportent le cas de Booker, étudiant au doctorat en art oratoire, qui entreprit une thérapie parce qu'il faisait face à plusieurs problèmes : son mariage était en péril à cause des nombreuses liaisons qu'il avait entretenues ; il avait perdu au jeu presque tout son argent ; et, en dépit, de sa compétence et de ses capacités intellectuelles impressionnantes, il parlait encore comme un « Noir du Sud rural d'il y a soixante-quinze ans, sans instruction[1] ».

Pourquoi Booker, en dépit de sa formation universitaire, ne parvenait-il toujours pas à s'exprimer dans un anglais correct, tel du moins qu'on peut l'exiger d'un étudiant d'une grande université ? Pourquoi un homme marié à une femme brillante, séduisante et aimante avait-il des liaisons extraconjugales et perdait-il son argent au jeu ?

Au cours de la thérapie, Booker révéla que son père les avait abandonnés, lui et sa mère, pour mener la vie d'un joueur professionnel – il possédait de grosses voitures, courait les femmes et soutirait par la ruse leur argent à ceux qui étaient moins futés que lui. Et, bien qu'il vécût depuis de nombreuses années dans une grande ville du Nord, son père parlait toujours comme

1. W. H. Crier et P. M. Cobbs, *Black Rage* (New York, Basic Books, 1968), p. 114-120.

un Noir sans instruction du Sud. Booker en vint à réaliser que son problème de langage et certains des problèmes qu'il connaissait dans ses rapports personnels « [confirmaient] en quelque sorte, que, quel qu'en soit le prix, il [était] important pour moi d'être le fils de mon père ». Il sacrifiait carrière, mariage et paix d'esprit pour n'être pas différent ni meilleur que son père.

Sarah

Sarah, avocate de trente-deux ans, entreprit une thérapie parce qu'elle avait été incapable de réussir dans sa carrière. Certes, elle était extrêmement intelligente et ambitieuse, et avait réussi à trouver un poste dans l'un des meilleurs cabinets d'avocats ; mais il lui arrivait souvent de remettre au lendemain le travail qu'elle devait accomplir, de commettre de graves erreurs par négligence, et de se présenter en cour sans être préparée adéquatement. En outre, elle avait développé un trac fou et commençait peu à peu à redouter chacune des nombreuses apparitions en cour que requérait son poste. Ayant espéré qu'après quelques années, on lui offrirait de devenir associée, elle se trouvait maintenant menacée de perdre son poste.

Sarah avait également des problèmes conjugaux. Les obligations professionnelles de son mari l'obligeaient à s'absenter souvent. Elle n'acceptait pas ces absences et les lui reprochait âprement, si bien que la vie à deux était devenue impossible, tant pour elle que pour lui. Même si elle n'avait aucune preuve de l'infidélité de son mari, Sarah s'imaginait qu'il avait des aventures chaque fois qu'il s'absentait.

La mère de Sarah avait renoncé à une carrière prometteuse d'avocate pour devenir la femme d'un politicien en vue. Même si elle savait en l'épousant que son travail exigerait de fréquents déplacements, ces absences répétées l'avaient remplie d'amertume et elle s'était souvent plainte à Sarah que la carrière de son mari comptait davantage pour lui que sa famille.

Pendant sa thérapie, Sarah comprit que sa profonde identification à sa mère était à la source de ses problèmes. Elle avait choisi un homme qui ressemblait beaucoup à son père et répétait le pattern dysfonctionnel de leur vie conjugale malheureuse. Elle sabotait son propre succès au travail parce qu'elle se sentait coupable inconsciemment de mener avec succès une carrière d'avocate alors que sa mère avait abandonné la sienne. Cette forte identification inconsciente ruinait littéralement sa vie.

En explorant une à une ces questions au cours de sa thérapie, Sarah régla ses problèmes professionnels et on finit par lui proposer de devenir associée. Par contre, ses problèmes avec son mari ne furent pas aussi aisés à résoudre. Lorsque Sarah cessa de l'attaquer et de l'accuser d'infidélité, il devint clair qu'il ne supportait pas de longs moments d'intimité avec elle. Même si la communication entre eux s'est améliorée de façon marquée, Sarah n'est toujours pas heureuse de leur vie de couple. Son mari refuse de consulter un spécialiste en thérapie conjugale. Sarah songe désormais sérieusement au divorce.

Victor

Victor était un agent de change brillant, compétent et travailleur, qui pourtant ne réussissait pas très bien. Il entreprit une thérapie parce qu'il se trouvait constamment en conflit avec sa femme, ses clients, ses collègues et ses associés. Ses querelles avec sa femme portaient sur le fait qu'il ne tenait jamais parole et critiquait toujours tout. Il manquait aussi aux promesses qu'il faisait à ses associés, s'embarquait dans des affaires malhonnêtes et mettait beaucoup de temps à régler ses dettes. Comme pour irriter encore davantage ses créanciers, Victor portait constamment sur lui une grosse liasse de billets de banque.

Un jour que son thérapeute insistait pour qu'il expliquât pourquoi il payait systématiquement en retard ses notes de thérapie, Victor tira de sa poche une grosse liasse de billets et paya ce qu'il devait. Le thérapeute lui ayant alors demandé pourquoi il se déplaçait avec tout cet argent, Victor se rappela que son père faisait de même. Ce dernier possédait un petit bar de quartier qui était en fait une couverture pour une entreprise de bookmaker de troisième ordre. Il était très critique envers sa femme et ses enfants et adorait jouer les gros bonnets. Victor se rappelait son embarras lorsque son père l'emmenait dans les bars où il faisait étalage de son argent et racontait des histoires exagérées à propos de ses propres réalisations. Il fut très ébranlé de constater qu'il répétait exactement le comportement qu'il détestait le plus chez son père.

Cette découverte fut un point tournant dans sa thérapie. Certes, il était trop tard pour éviter le divorce, mais Victor devint beaucoup plus responsable et scrupuleux dans ses affaires, ce qui lui permit de beaucoup mieux réussir financièrement.

Booker, Sarah et Victor finirent tous trois par comprendre que leurs sérieux problèmes provenaient de ce qu'ils avaient adopté les patterns de comportement dysfonctionnel de leurs parents. Avant de faire cette découverte, ils n'avaient jamais compris leurs patterns négatifs ou leur avaient trouvé une explication quelconque, toujours incorrecte : Booker était complètement dérouté par son incapacité à apprendre à parler un anglais correct ; Sarah avait l'impression que ses problèmes étaient causés par sa paresse et sa jalousie ; Victor reprochait à sa femme et à ses associés d'être trop critiques et intransigeants. Il leur fut très utile de découvrir que la véritable cause de leurs problèmes était de s'être identifiés à l'un de leurs parents qui n'avait connu ni bonheur ni réussite.

Ceux qui acquiescent

Rachel

Rachel était une jeune institutrice jolie et populaire qui avait du mal à entretenir une relation intime avec un homme. Son père lui avait répété sans cesse qu'elle ne devait jamais faire confiance aux hommes parce qu'ils ne voulaient qu'une chose – le sexe – et qu'ils disparaissaient sitôt qu'ils avaient obtenu ce qu'ils recherchaient. Dès qu'elle commençait à avoir des rapports sexuels avec un homme, Rachel devenait tellement jalouse et envahissante que l'homme en question ne tardait pas à prendre la fuite, confirmant la conviction de Rachel : la relation était minée sitôt qu'elle faisait l'amour. Ayant obtenu la seule chose qu'ils recherchaient, les hommes la quittaient.

Laurent

Plutôt que d'aller à l'université, Laurent fit de son hobby, la construction de modèles réduits téléguidés, une entreprise très lucrative de vente par correspondance. Encore au début de la vingtaine, il travaillait quatorze heures par jour, fumait avec excès et avait 15 kilos en trop. Tourmenté par la sensation constante que son entreprise allait s'écrouler, en dépit de toute preuve du contraire, Laurent était tendu et malheureux et finit par se résoudre à entreprendre une thérapie.

Son père, un homme nerveux et travailleur, était

cadre supérieur dans un grand magasin. Sa mère était institutrice et détestait son boulot. Tous deux passaient leur temps à répéter à leur fils que, s'il n'allait pas à l'université, il n'irait pas loin. Ils semblaient ne jamais s'amuser et pouvaient passer plusieurs années sans prendre de vacances. « On ne peut pas tout avoir » et « Le travail d'abord » étaient leurs devises. Mais dans leur cas, les récompenses tant attendues ne vinrent jamais.

Laurent avait pensé échapper à la vie morne de ses parents en construisant la sienne autour de quelque chose qu'il aimait. Mais, parce qu'il avait accepté leurs sombres prédictions, il était incapable de jouir de cette vie. Il acquiesçait à leurs messages en travaillant si fort, en s'inquiétant à tel point que son rêve tournait mal.

Laurent et Rachel font partie des gens qui ressentent inconsciemment le besoin de prouver que les sombres prédictions de leurs parents étaient justes. Se sentant coupables de crimes imaginaires, ils s'employaient à prouver la véracité des choses qu'ils auraient le plus souhaité démentir.

Consciemment, Rachel voulait prouver que les hommes peuvent être dignes de confiance et que les relations amoureuses peuvent être heureuses et durables, mais inconsciemment elle était poussée à prouver que les hommes ne sont que des brutes déloyales et les relations amoureuses sans espoir. Laurent voulait être capable de jouir de la vie qu'il s'était créé grâce à son talent et à son dur labeur, mais il travaillait tellement qu'il ne pouvait jouir ni de son métier ni de ses loisirs.

Au cours de leur thérapie, Laurent et Rachel commencèrent tous deux à voir comment des actes qui pouvaient sembler n'être que des oublis innocents, ou des erreurs dues au hasard, servaient à confirmer, en fait, les messages négatifs de leurs parents. L'un et l'autre furent dès lors en mesure de prendre les moyens de contrer la puissante malédiction de leurs parents :

Rachel put arrêter de se montrer jalouse et envahissante et s'engager dans une relation à long terme ; Laurent put établir un horaire de travail raisonnable et profiter normalement de ses week-ends et de ses vacances.

Le rebelle qui échoue

Certains enfants comprennent dès leur jeune âge que ce sont les problèmes psychologiques de leurs parents qui font qu'ils leur transmettent des messages négatifs. Parce que déjà dans leur enfance ils ne portaient pas foi à ces messages, devenus adultes, ils sont capables de se rebeller avec succès contre eux. Arthur, par exemple, propriétaire d'un atelier de machinerie prospère, se souvient que, lorsqu'il était enfant, son père lui disait : « Tu ne feras jamais rien de ta vie. » Et lui pensait : « Oh si ! Tu verras. » Il obtint effectivement un succès considérable. Malheureusement, la plupart d'entre nous se rendent compte que, même s'ils font de leur mieux pour nier les messages négatifs de leurs parents, ils peuvent être encore profondément influencés par leurs sombres prédictions.

Robert est un réalisateur de trente-sept ans. Il a grandi dans une famille de la classe moyenne dans laquelle père et mère se préoccupaient constamment de questions d'argent. Même s'ils étaient relativement bien nantis, ils vivaient de façon incroyablement modeste, se privant et privant leurs enfants des plus petits plaisirs. Robert reçut de ses parents ce message : « À moins de vivre comme un moine, de travailler comme un forcené et d'être constamment préoccupé par l'argent, tu connaîtras inévitablement la catastrophe financière. » Ou, en d'autres termes : « Tu peux avoir du succès et de l'argent, mais surtout ne t'avise pas d'y prendre plaisir. »

Même lorsqu'il était enfant, Robert reconnaissait l'irrationalité des idées de ses parents à propos de l'argent. Il se jura qu'une fois adulte il ne vivrait jamais comme eux. En dix ans de travail soutenu, Robert tourna une dizaine de films éducatifs qui connurent peu de succès. Il gagnait un bon salaire, mais était incapable de gérer correctement ses finances : des tas de factures demeuraient impayées, ses comptes en banque étaient à découvert et il avait emprunté à plusieurs de ses proches amis de grosses sommes d'argent.

Et puis, un jour, l'un de ses films eut un succès inespéré. Débordant de joie, Robert annonça à sa femme et à ses enfants qu'ils avaient finalement les moyens d'acheter la maison dont ils avaient toujours rêvé. Toute la famille se mit à la recherche de cette maison et, sitôt qu'elle l'eut trouvée, Robert se rendit à la banque afin de prendre des arrangements pour le financement. À la grande consternation de tous, la demande de prêt hypothécaire fut rejetée à cause des problèmes financiers qu'il avait toujours eus. Toute la famille en eut le cœur brisé.

Méditant sur le chagrin qu'il avait causé aux siens, Robert fit le vœu d'affronter et de régler les problèmes financiers qui l'avaient tourmenté toute sa vie. Sa femme étant trop furieuse pour pouvoir le seconder, il demanda à un ami, comptable dans une petite société, de l'aider à établir un budget et un plan de gestion financière. Robert respecta son budget pendant un mois avant de retomber dans ses vieilles habitudes irresponsables. Il décida alors d'entreprendre une thérapie afin de comprendre pourquoi il avait tellement de problèmes sur le plan financier. Il était clair que les tentatives de Robert de se rebeller contre les messages négatifs de ses parents en ce qui avait trait à l'argent étaient contrecarrées par un besoin inconscient de prouver leur véracité.

Robert est semblable à tous les rebelles qui échouent. Ils refusent de suivre le sentier qu'ont tracé pour eux leurs parents – pourtant, rien ne semble fonctionner comme ils l'avaient espéré. Ils sabotent inconsciemment leurs rébellions et finissent par réaliser les sombres prédictions de leurs parents.

S'identifier et acquiescer, une manière convaincante de voir ses problèmes psychologiques

Comme nous l'avons vu, bon nombre de nos problèmes psychologiques proviennent du fait que nous imitons nos parents – identification – ou prouvons qu'ils ont raison – acquiescement. Nous devrions donc, lorsque nous sommes confrontés à un problème, nous poser les questions suivantes :

- Mon problème ressemble-t-il à un problème dont souffraient mes parents ?
- Me place-t-il dans une situation pénible semblable à celle qu'ils ont connue ?
- Ma vie ressemble-t-elle au tableau décourageant qu'ils m'en avaient brossé, explicitement ou implicitement ?

Le fait de découvrir que notre conduite d'échec ressemble à celle de l'un de nos parents peut parfois nous être d'un grand secours lorsqu'il s'agit de la modifier. Cependant, ce n'est très souvent que la première étape d'un long processus de libération. Les gens qui tentent de mettre fin à une conduite d'échec après en avoir découvert l'existence rencontrent deux difficultés principales :

- Ils découvrent qu'ils ne prennent conscience qu'après coup de s'être laissé entraîner par cette conduite.

- Ils se savent pris au piège de cette conduite, mais ils ont l'impression qu'ils ne peuvent tout simplement pas agir autrement.

Éric comprit au cours de sa thérapie qu'il faisait à sa femme des remarques continuelles et trouvait constamment à redire sur tout, comme l'avait fait son père avec sa mère. Même lorsqu'il était enfant, il s'était rendu compte à quel point les rebuffades constantes de son père rendaient difficile la vie conjugale de ses parents. Bien que conscient de ce pattern de comportement négatif, il était tout à fait incapable d'agir autrement. Parfois, il ne se rendait même pas compte de son attitude critique. À d'autres moments, il savait exactement ce qu'il faisait, mais ne pouvait tout simplement pas s'arrêter.

Éric eut recours à deux stratégies principales pour mettre fin à son attitude critique :

- Il utilisa ses séances de thérapie pour explorer des incidents de son enfance et les convictions menaçantes qu'il en avait tirées. Il se rappela que son père les critiquait sans cesse, lui et sa mère, et qu'il en était venu à croire inconsciemment que, si l'on ne critique pas tout le temps les êtres que l'on aime, ils deviennent paresseux et irresponsables et cessent de se préoccuper de vos besoins. Éric comprit qu'il croyait, par ses critiques constantes, montrer à sa femme et à ses enfants qu'il les aimait.
- Il joua à se prendre en flagrant délit. Il gardait dans la poche de sa chemise un petit carnet et se mit à noter chaque incident. Au début, il ne put identifier qu'après coup ses rebuffades. Mais, avec le temps, il apprit à les remarquer plus rapidement. Après plusieurs semaines, il était en mesure de se prendre en flagrant délit, ou même d'anticiper et d'éviter un commentaire critique.

Même si sa femme et ses enfants se plaignaient depuis longtemps de son côté chicanier et grincheux, Éric ne les avait jamais pris au sérieux. Mais, une fois qu'il eut compris qu'en imitant le comportement de son père il infligeait aux siens les mêmes souffrances qu'il avait endurées pendant son enfance, il se résolut à changer. Cette décision amorça un processus qui améliora considérablement ses rapports avec sa femme et ses enfants.

Imiter les mauvais patterns de ses parents

Bon nombre d'entre nous ont souffert à cause de parents négligents, indiscrets, narcissiques, alcooliques ou affligés de problèmes psychologiques plus ou moins graves. Nous nous étions juré que jamais nous ne reproduirions le comportement parental qui nous a fait du mal ou nous a fait honte. Mais c'était une vaine promesse puisqu'il nous arrive maintes fois d'agir exactement comme nous détestions que nos parents le fassent. Les efforts conscients que nous faisons pour éviter de leur ressembler sont entravés par notre conviction inconsciente qu'en les surpassant de quelque façon ou en leur désobéissant nous leur ferons du mal ou les humilierons.

Au-delà de l'identification ou de l'acquiescement

La thèse que soutient ce livre est que bon nombre de problèmes psychologiques communs sont en fait des autopunitions consistant à reproduire les mauvais patterns de nos parents ou à obéir à leurs messages négatifs. Mais il existe un groupe important de problèmes psychologiques qui ne découlent pas d'un châtiment. Ils naissent des efforts irrationnels que nous faisons pour nous protéger de blessures comparables à celles que nous avons reçues dans le passé.

Olivia, secrétaire juridique fort bien rémunérée, entreprit une thérapie parce qu'elle ne supportait que les rapports très superficiels avec les gens. Elle s'habillait de façon austère et se montrait polie mais distante avec ses collègues de travail. Elle passait la majeure partie de son temps libre à lire, à se confectionner des vêtements et à se promener à pied dans la ville. Elle était attirante, mais ses vêtements tristes et sa froideur tenaient à distance les prétendants potentiels. Avec les ans, son isolement était devenu tel qu'elle se sentait déprimée et suicidaire.

Le père d'Olivia, homme froid et égocentrique, était agent immobilier et avait travaillé pour une série d'entreprises véreuses. Lorsqu'il devait se déplacer pour son travail, il emmenait parfois Olivia et l'abandonnait pendant des heures dans la voiture tandis qu'il buvait avec ses copains. La mère d'Olivia était alcoolique. Lorsqu'elle était ivre, elle passait de l'affection débordante à la violence physique. Il lui arrivait souvent de battre Olivia sur les jambes avec un cintre, sous le regard horrifié de ses autres enfants.

Certes, Olivia s'était culpabilisée pour des crimes imaginaires, mais ses principaux problèmes s'enracinaient dans son incapacité de faire confiance et d'être étroitement liée à qui que ce soit. Elle ne craignait pas inconsciemment de faire du mal à quelqu'un ; elle avait peur, au contraire, qu'on ne lui veuille du mal, comme cela avait été le cas dans le passé.

Au cours d'une thérapie qui dura plusieurs années, Olivia en vint à comprendre que tout le monde n'allait pas la maltraiter comme l'avaient fait ses parents. En comprenant peu à peu que son thérapeute était un être bienveillant et qu'il était digne de confiance, elle commença à se rendre compte qu'il existait au monde des gens à qui elle pouvait se fier. Elle put alors s'inscrire à un cours d'informatique où elle se lia d'amitié avec quelques femmes et finalement, à l'âge de trente-six ans, elle commença à sortir avec des hommes.

Comme Olivia, la plupart d'entre nous souffrent d'une combinaison de deux types de convictions menaçantes et inconscientes :

- Crainte de faire du mal aux autres en commettant des crimes imaginaires.
- Crainte que les autres ne nous fassent du mal, ne nous rejettent, ne nous humilient, ne nous exploitent ou ne nous agressent.

Si nos parents nous ont rejetés, humiliés, exploités ou agressés de quelque manière, il n'est pas étonnant que nous craignions que les autres ne fassent de même. Thérapeutes et profanes ont depuis longtemps constaté que cette peur de souffrir, d'être rejeté, humilié ou exploité est à la source de certains de nos problèmes psychologiques les plus sérieux. Selon la *Control Mastery Theory*, cependant – et c'est là l'une de ces contributions les plus importantes –, pour bon nombre d'entre nous, la peur de faire du mal aux autres – en commettant des crimes imaginaires – est finalement beaucoup plus gênante que la peur du contraire[1].

Nous verrons au chapitre suivant comment cette intense préoccupation pour les autres peut nous pousser à nous détourner des choses que nous croyons consciemment désirer le plus au monde – intimité, plaisir et satisfaction sexuelle.

1. Très souvent, la crainte qu'on ne nous fasse du mal et celle de faire du mal aux autres sont entrelacées. Par exemple, le père ou la mère que vous craignez de heurter vous heurtera aussi en retour en vous attaquant, en vous rejetant ou en vous humiliant.

Chapitre 9

La fuite du bonheur

Pourquoi évitons-nous l'intimité, le plaisir, la satisfaction sexuelle ?

> *Les gens tombent parfois malades précisément parce que s'est réalisé l'un de leurs désirs les plus chers. Il semble alors qu'ils ne puissent supporter leur félicité.*
>
> Sigmund FREUD

La plupart d'entre nous ont connu, ne fût-ce que pour une brève période, un amour profond et ont fait l'expérience d'une grande ouverture à l'autre. En fait, généralement, nous recherchons un engagement amoureux parce que nous croyons qu'il nous mènera à une telle intimité. Cependant, atteindre et maintenir une intimité étroite représente un énorme défi.

Près de la moitié des mariages aboutissent à des divorces. Une étude a révélé qu'environ 20 % seulement des couples mariés avaient l'impression d'être parvenus à une relation véritablement intime[1]. Les autres 80 % étaient divisés de la façon suivante :

1. Les catégories d'union – animée, dévitalisée, conflictuelle, passive-sympathique – sont tirées d'un livre fascinant écrit par deux

- Les dévitalisés – couples qui ne s'aimaient plus.
- Les habitués aux confits – couples qui se querellaient constamment.
- Les passifs-sympathiques – couples qui ne s'étaient jamais attendus à ce que la vie conjugale soit particulièrement passionnée ou intime. Les deux conjoints se traitaient comme des colocataires ou des associés, amicaux mais détachés.

Aucune de ces relations n'était vraiment intime. Aucune ne répondait aux besoins profonds d'intimité qu'éprouvaient les deux conjoints.

Certains spécialistes croient que nous attendons trop de nos relations de couple, affirmant que nous ne devrions pas espérer conserver une étroite intimité dans un quotidien où interviennent le travail, les enfants, la maladie, les querelles, les problèmes d'argent, les difficultés sexuelles, la préparation des repas, le règlement des factures, la tâche de sortir les ordures et tous les autres problèmes ingrats de la vie contemporaine[1]. Mais

sociologues, John E. Cuber et Peggy B. Harroff, *Sex and the Significant Americans* (New York, Penguin Books, 1968). Cuber et Harroff ont interviewé 437 « Américains distingués » au sujet de leur vie de couple. Les personnes interrogées étaient des généraux, des juges, des chefs d'entreprises et d'autres personnes ayant brillamment fait carrière, ainsi que leurs époux(es). Même si l'échantillon n'avait pas été constitué au hasard, l'étude a montré que les unions « animées » étaient très minoritaires. Comme les sujets interrogés appartenaient tous aux classes supérieures, il est difficile de savoir si ces résultats s'appliqueraient aussi aux classes inférieures, mais notre hypothèse est que la situation n'est sans doute pas très différente.

1. Nous reconnaissons que l'engouement de la première phase d'une relation ne dure que très rarement. On peut parvenir plutôt à une acceptation réciproque et une ouverture à l'autre qui non seulement perdurent, mais se développent aussi avec les années. Cela requiert un engagement profond de la part des deux partenaires qui doivent (1) être présents et savoir écouter et (2) dévoiler leurs

notre besoin d'intimité est si profond et si persistant que la plupart de ceux qui ne l'ont pas atteinte continuent à la désirer ardemment.

Si vos parents avaient avec vous des rapports étroits, s'ils étaient affectueux, il est possible que vous ayez acquis, par l'observation et l'imitation, les techniques complexes et difficiles qui contribuent à l'intimité, et il devrait vous être plus facile de la conserver dans vos propres relations. Si, par contre, vos parents étaient froids ou hostiles, vous devriez peut-être songer à apprendre par vous-même – ou avec l'aide de livres, d'amis ou d'un conseiller ou thérapeute professionnel – de nouvelles techniques pour atteindre à l'intimité.

Plus que des techniques

Les techniques permettant d'atteindre à l'intimité sont difficiles et complexes, en les étudiant et en étant persévérant on peut arriver à les maîtriser, comme n'importe quelles autres techniques. Il existe un grand nombre d'ouvrages de vulgarisation qui offrent d'excellents conseils pour apprendre à bien communiquer et à bien négocier, conditions essentielles à l'intimité[1].

sentiments les plus profonds. Pour écouter vraiment votre conjoint(e), vous devez mettre de côté votre propre point de vue pendant qu'il (elle) parle, ce qui peut être extrêmement difficile, particulièrement si les paroles de votre conjoint(e) sont critiques ou menaçantes de quelque manière. Et il peut être extrêmement difficile de mettre à nu vos propres sentiments profonds, y compris ceux qui peuvent menacer votre conjoint(e). Mais c'est en grande partie ce qu'il faut faire pour maintenir une relation intime toute une vie. On trouve une bonne étude de ce sujet dans l'ouvrage de M. Scott Peck, *The Road Less Traveled* (New York, Simon and Schuster, 1978). Voir en particulier les p. 85-130.

1. Nous recommandons à ceux qui souhaitent améliorer leurs

Mais si la difficulté de connaître l'intimité pouvait se réduire à un simple manque de techniques, on pourrait mettre sur pied dans les écoles une série de cours destinés aux adultes et, du coup, divorce et malheur conjugal disparaîtraient. Malheureusement, ce n'est pas si simple. Apprendre de telles techniques n'est qu'une partie de la solution. Nos crimes imaginaires, nos convictions menaçantes et notre culpabilité inconsciente nous empêchent de connaître les relations intimes et satisfaisantes auxquelles nous aspirons. Pour la plupart d'entre nous, les principaux obstacles inconscients à l'intimité incluent :

- les convictions que nous avons acquises en observant la relation existant entre nos parents ;
- les convictions que nous avons acquises en fonction des messages négatifs transmis par nos parents ;
- notre culpabilisation inconsciente à propos des crimes imaginaires consistant à voler l'amour de nos parents, à les surpasser, à les abandonner et à les trahir.

Bien que très utile, une formation en communication

techniques en ce domaine les livres suivants : George R. Bach et Peter Wyden, *The Intimate Enemy* (New York, William Morrow, 1969). Excellente introduction au sujet. Ce livre comprend une description extrêmement utile du partenaire qui craint les conflits et les évite à tout prix, et de celui qui explose facilement. Les auteurs recommandent aux couples d'apprendre à se quereller de façon équitable et constructive en évitant les conflits destructeurs et les chamailleries inutiles. Ce livre comprend aussi une bonne section sur les techniques de négociation. Daniel B. Wile, *After the Honeymoon : How Conflict Can Improve Your Relationship* (New York, Wiley, 1988). Dans l'un des livres récents les plus utiles et originaux sur la question des conflits conjugaux, Wile explique une stratégie ingénieuse qui préconise de cultiver les différences entre les partenaires plutôt que d'essayer de les ignorer ou de s'en débarrasser.

et en techniques d'intimité ne suffit nullement pour rétablir dans nos relations des rapports véritablement étroits. À moins que nous n'apprenions simultanément à reconnaître nos convictions et à identifier nos crimes imaginaires pour nous en absoudre, apprendre simplement ces nouvelles techniques conjugales ne nous aidera en rien à atteindre nos objectifs.

Pourquoi sabotons-nous toute occasion d'intimité ?

Maria, chef cuisinier prospère dont nous avons parlé au premier chapitre, n'était attirée que par les hommes qui l'exploitaient et lui étaient infidèles. Le but qu'elle poursuivait inconsciemment en choisissant des partenaires aussi peu convenables était d'éviter de surpasser sa mère qui, elle aussi, avait toujours choisi des hommes qui la faisaient souffrir.

Mike, spécialiste en chirurgie plastique décrit au chapitre 3, avait grandi avec l'impression qu'il était responsable du bonheur de sa mère. Il reportait ce sentiment sur les femmes avec lesquelles il sortait. À cause de son sens exagéré du devoir, toute relation intime le rendait aussitôt claustrophobe.

Jean, l'architecte rencontré au chapitre 4, créait lui-même les problèmes de sa vie conjugale en s'investissant beaucoup trop dans son travail et en ayant des liaisons avec d'autres femmes. Il avait adopté ce pattern d'autosabotage afin d'éviter de surpasser son père qui était un coureur de jupons.

Michelle, l'agent artistique du chapitre 5, critiquait âprement et irrationnellement son mari parce qu'il ressemblait si peu à son père. Elle avait inconsciemment l'impression qu'elle trahirait son père en laissant son mari le déloger pour devenir l'homme le plus important dans sa vie.

Paul, le vendeur de pièces d'ordinateur du chapitre 5, avait vécu avec sa mère, qui l'abreuvait sans cesse d'injures, jusqu'à ce qu'elle meure d'un cancer dont on l'avait rendu responsable. Il avait alors épousé une femme amère et critique qui était une réplique de sa mère parce qu'il éprouvait par rapport à elle un sentiment de trahison.

Lydia, l'informaticienne décrite au chapitre 5, fuyait toute relation intime. L'expérience qu'elle avait vécue avec ses parents brutaux et irresponsables lui avait enseigné que les gens étaient dangereux et indignes de confiance.

Marie, la secrétaire de direction du chapitre 6, s'engagea dans une série de relations amoureuses qui ne lui apportaient ni l'intimité ni l'appui qu'elle cherchait. Elle obéissait aux messages négatifs de son père, selon lesquels elle était si peu désirable qu'elle devrait compter sur la chance pour trouver un homme qui veuille bien d'elle.

Jacques, le menuisier du chapitre 6, avait ruiné ses rapports avec sa femme et son fils à cause de ses accès de colère incontrôlés. Il avait toujours cru que son père lui infligeait des raclées parce qu'il était un mauvais enfant, et il avait par la suite adopté ces aspects du comportement de son père qu'il détestait le plus.

Ces cas illustrent bien la très grande diversité des motivations inconscientes qui peuvent nous pousser à éviter, à miner ou à détruire nos relations intimes. La culpabilité d'avoir surpassé, abandonné l'un de nos parents, ou de s'être montré déloyal envers lui, la crainte de faire du mal à notre partenaire ou celle qu'il ou elle ne nous fasse du mal, de même que le fait de croire en un grand nombre de messages négatifs de nos parents peuvent nous empêcher de connaître des relations intimes et satisfaisantes.

Le souvenir d'expériences négatives

Nos convictions les plus profondes sur ce que sont les relations proviennent des expériences que nous avons connues dès notre plus jeune âge dans notre propre famille. Dans la plupart des cas, pour le meilleur ou pour le pire, le genre de rapports qu'ont nos parents nous fournissent le modèle de base de ce que devraient être des relations à long terme.

Nous aurons beau espérer ardemment et jurer solennellement de ne *jamais* avoir de relation comme celle qu'ont eue nos parents, c'est exactement ce que bon nombre d'entre nous finissent par faire. Il est difficile de nous débarrasser de la conviction que le pattern de nos parents est la réalité et que tout ce qui lui est supérieur n'est que fantasme hollywoodien.

Marie, cette secrétaire de direction qui avait été constamment critiquée injustement par son père, avait également été témoin tout au long de son enfance des querelles, des sarcasmes et des actes de cruauté qui minaient la relation de ses parents. Lorsqu'elle avait été *capable* d'établir une relation avec un homme compréhensif, affectueux et positif, elle s'était mise à douter de son propre bonheur. Elle continuait à attendre les querelles et les manifestations de cruauté.

Nos rapports avec nos parents

Nos propres rapports avec nos parents nous enseignent ce que c'est que d'être proche d'un homme ou d'une femme. À un niveau inconscient, nous nous attendons à ce que *toutes* nos relations avec les hommes soient comme celle que nous avons eue avec notre père, et *toutes* nos relations avec les femmes, comme celle que nous avons eue avec notre mère.

Si nous sommes très liés à nos parents et qu'il existe entre eux une relation affectueuse, intime et durable, nous grandirons dans l'idée que nous sommes dignes d'être aimés et appréciés tant des hommes que des femmes. Nous aurons également l'impression que le mariage peut apporter l'intimité et le bonheur tout en étant durable. Ceux d'entre nous qui ont connu des situations aussi privilégiées ont tendance à nouer aisément des liens intimes, que ce soit avec des amis ou un(e) conjoint(e). Malheureusement, la plupart d'entre nous ont grandi dans des conditions familiales qui étaient loin d'être idéales et nous nous retrouvons avec un mélange de convictions dont certaines nous aident à établir une relation intime, alors que d'autres y font obstacle.

L'histoire de Sandra

Les parents de Sandra s'entendaient très bien. Elle avait des rapports étroits et tendres avec sa mère, mais elle ne s'était jamais sentie proche de son père. Il était représentant de commerce et adorait la pêche. Sandra avait l'impression qu'il était toujours parti, soit en voyage d'affaires, soit à la pêche. Lorsqu'en de rares occasions il remarquait sa présence, il se montrait impatient et critique.

Devenue adulte, Sandra n'eut aucun mal à nouer des amitiés intimes avec des femmes. Mais elle se sentait fortement attirée par des hommes critiques ou peu attentionnés. Elle n'avait pas sitôt quitté un homme parce qu'il la critiquait ou l'ignorait qu'elle se liait avec un autre qui la traitait tout aussi mal.

Sandra croyait inconsciemment qu'elle *devait* être critiquée et rejetée par un homme comme elle l'avait été par son père. Mais elle croyait aussi que, dans une relation à long terme, chaque partenaire devait traiter l'autre de façon convenable, comme l'avaient fait ses parents. Avec l'aide de son thérapeute, Sandra apprit à surmonter sa conviction profonde que les hommes allaient la rabaisser. Elle commença peu à peu à choisir des partenaires moins critiques, plus disposés à l'accepter telle qu'elle était. Et elle finit par être capable d'établir une bonne relation intime.

Même famille, patterns divers

Comme le montre clairement le cas de Sandra, les convictions qui rendent difficile l'intimité dépendent autant de la manière dont nous ont traités nos parents que de celle dont ils se sont traités eux-mêmes. Ainsi deux enfants de la même famille peuvent grandir avec des convictions très différentes à propos du mariage.

Le frère de Sandra, Paul, avait lui aussi eu des rapports étroits avec sa mère. Devenu adulte, il tint pour acquis qu'il était apprécié par les femmes et s'attendait à avoir des relations satisfaisantes avec elles. Il avait également eu une relation difficile avec son père. Même si cela lui occasionna des problèmes avec les figures représentant l'autorité à l'école, puis au travail, cela ne l'empêcha nullement d'établir et d'entretenir une relation intime et satisfaisante avec une femme.

Messages négatifs sur l'intimité

L'enfant ne tire pas des conclusions négatives sur des relations intimes seulement d'après ce qu'il voit, mais aussi à partir de ce qu'on lui dit[1].

Marie avait été critiquée sans pitié par son père qui lui répétait qu'aucun homme ne voudrait jamais d'elle. Elle ne s'attendait donc pas à être bien traitée par un homme. On avait dit à Jacques qu'il méritait les raclées que lui administrait son père. En fulminant et en critiquant les autres, comme l'avait fait ce dernier, il mina sa vie conjugale et ses rapports avec son propre fils. De semblables messages négatifs ont souvent un effet profondément destructeur sur notre capacité de maintenir des relations intimes.

Le père de Lise était agent d'assurances et ne réussissait pas très bien. Sa mère était cruellement déçue de son mari, sur presque tous les plans, et elle le critiquait sans cesse. Il réagissait en passant ses soirées et ses fins de semaines dans les bars et les bowlings – ou en quelque endroit où il puisse échapper aux harcèle-

1. L'analyse transactionnelle, célèbre école de psychothérapie mise sur pied par Éric Berne avec le livre populaire et influent : *Games People Play* (New York, Grove Press, 1964), a beaucoup à dire au sujet des messages négatifs. Dans la théorie de l'analyse transactionnelle, ce que je désigne comme des messages négatifs sont divisés en injonctions et en attributions. Les injonctions sont des messages implicites ou explicites tels que : « Ne sois pas heureux » ; « Ne réussis pas » ; « Ne sois pas sensuel ». Les attributions sont des expressions types que les parents utilisent, telles que : « Tu es en colère depuis le jour de ta naissance » ; « Ton frère est brillant, toi tu travailles fort » ; « Tu es un fauteur de troubles ». Souvent, les attributions peuvent aussi devenir des prophéties qui se réalisent du seul fait d'avoir été énoncées. Pour une autre bonne étude de ces distinctions, voir Claude Steiner, *Scripts People Live* (New York, Grove Press, 1972), p. 71-75.

ments de cette femme colérique. Il avait renoncé peu après leur mariage à tenter de lui plaire.

En outre, la mère de Lise se plaignait avec amertume des exigences sexuelles de son mari, de sa grossièreté et de son insensibilité. « La vie avec ton père est un cauchemar, disait-elle souvent à sa fille, mais j'imagine que c'est tout de même mieux que d'être une vieille fille solitaire. Je divorcerais d'avec ton père sur-le-champ si je croyais pouvoir trouver mieux. Mais les hommes sont tous les mêmes. »

Comme vous l'avez sans doute deviné, les relations intimes de Lise furent un désastre. Elle avait reçu une sorte de double mauvais sort : elle n'ignorait pas à quel point avait été difficile la relation entre ses parents, pourtant sa mère lui avait assuré que tout était encore pire sans un homme.

Chaque fois que Lise s'engageait dans une nouvelle relation, elle ignorait les qualités de son ami et se mettait à lui faire constamment des remarques sur ses exigences sexuelles, sa grossièreté et son insensibilité. Mais, dès qu'une relation prenait fin, elle cherchait désespérément à en nouer une autre.

Le sabotage de l'intimité

Il est bien connu que la peur d'avoir mal est l'une des raisons faisant que les gens fuient l'intimité. En effet, chaque fois que nous nous engageons dans une nouvelle relation, nous prenons le risque d'être rejetés, trahis, abandonnés ou exploités. Ce sont là de terribles expériences. Ceux qui ont subi de semblables mauvais traitements montreront beaucoup de prudence avant de nouer une nouvelle relation. Mais nous n'avons peut-être pas compris qu'un sentiment de culpabilité pour des crimes imaginaires peut tout aussi bien nous empêcher d'accéder à cette intimité que la plupart d'entre nous désirent.

Une culpabilité inconsciente provoquée par *n'importe quel* crime peut nous pousser à saboter notre intimité. Pour atteindre un sentiment de plénitude, nous avons pourtant besoin d'amour et d'un lien étroit avec un autre être. Mais si nous avons inconsciemment l'impression d'avoir commis un grave crime imaginaire, nous croirons peut-être ne pas mériter cette satisfaction. Bien qu'une culpabilisation inconsciente pour tout crime imaginaire puisse nous pousser à nous priver d'intimité, deux crimes imaginaires sont particulièrement susceptibles de troubler nos relations : surpasser ses parents et les abandonner.

Si nous croyons que nos parents n'ont pas vécu une relation intime et tendre, en parvenant nous-mêmes à une telle relation, nous avons l'impression de les surpasser. Le sentiment de culpabilité que nous en éprouvons est une sorte de culpabilisation du survivant – culpabilisation parce que nous connaissons une vie pleine et heureuse quand la vie de nos parents paraissait limitée et triste.

Dans bon nombre d'unions mouvementées, il arrive que l'un des parents malheureux, ou les deux, noue un lien unique avec l'un de ses enfants. Celui-ci sentira alors peut-être que seules son affection et sa dévotion empêchent ce père ou cette mère de sombrer dans un désespoir total. Un garçon pourra avoir l'impression d'être « le petit homme de maman », une fille, « la petite fille de papa ». Le garçon peut aussi avoir un lien spécial avec son père, et la fille avec sa mère.

En grandissant, l'enfant continuera peut-être de croire qu'il faut, pour que tout aille bien, que sa mère ou son père demeure le principal objet de son amour, mais que s'il l'oublie, ou le ou la remplace par une autre personne, il ou elle ne s'en remettra jamais. S'il connaît l'intimité ou s'engage avec quelqu'un d'autre, l'enfant devenu adulte se sentira peut-être coupable d'avoir abandonné son père ou sa mère.

Le cas de Dorothée

Le père de Dorothée était un criminaliste célèbre. Il gagnait beaucoup d'argent, mais travaillait très tard les jours de semaine et consacrait à la recherche juridique presque tous ses week-ends. Il ne s'intéressait que fort peu à sa femme et à ses filles. En ces rares occasions où il se trouvait à la maison, il se montrait très critique envers Dorothée et ne fut jamais un très bon père ni un bon mari.

La mère de Dorothée se trouvait au centre d'une bruyante maisonnée avec quatre filles pleines d'énergie. Bien que fort malheureuse en ménage, elle sauvait les apparences et ne parlait à personne d'autre qu'à Dorothée de son chagrin et de sa déception. Chaque soir, après que les autres filles s'étaient endormies, elle se glissait sans bruit dans la chambre de Dorothée pour s'épancher. « Tu es mon aînée, lui disait-elle. Sans toi, je crois que je ne pourrais pas tenir le coup. »

Après le secondaire, Dorothée poursuivit des études en communication. Chaque soir, elle continuait à avoir ses longs conciliabules avec sa mère. Elle fit un stage dans une station locale de télévision et épousa finalement le directeur adjoint de la station, jeune cadre doué qui réussissait très bien. Peu après son mariage, Dorothée se mit à téléphoner chaque soir à sa mère. Toutes deux se plaignaient de la difficulté d'être mariée à un bourreau de travail.

Elles continuèrent ainsi jusqu'à ce que le mari de Dorothée perde son poste et soit incapable de trouver du travail dans une autre station de télévision. Quelques jours plus tard, on lui offrit un poste et un salaire beaucoup plus élevé, mais dans une ville se trouvant à l'autre bout du pays. Après plusieurs discussions violentes, Dorothée décida qu'elle préférait divorcer plutôt que de l'accompagner, même si on lui promettait à elle aussi un excellent poste. Son mari accepta quand même le poste et elle s'installa chez ses parents. Ce fut la fin de leur relation. Dorothée renonça à son mari et à son indépendance pour éviter de commettre le crime imaginaire d'abandonner sa mère malheureuse.

Comment nous fuyons l'intimité

Si vous avez eu continuellement des problèmes dans vos relations, il pourrait être très utile d'identifier les stratégies inconscientes auxquelles vous avez recours pour fuir l'intimité. Nous sabordons habituellement nos relations intimes en :

- évitant au départ de nouer des relations ;
- choisissant des partenaires peu convenables ;
- nous liant à de bons partenaires, mais en gâchant ensuite cette relation parce que nous avons l'impression que nous ne la méritons pas.

Certaines personnes n'utilisent que l'une de ces stratégies. D'autres utilisent des stratégies différentes à divers moments de leur vie. Il arrive aussi que des individus ayant vécu des situations familiales très semblables aient recours à des stratégies très différentes pour fuir les relations intimes qu'ils croient ne pas mériter.

La mère de François empoisonna la vie de son mari à force de râler et de le critiquer sans relâche. Pour éviter de commettre le crime imaginaire de surpasser son père, François acquit la conviction inconsciente qu'il ne méritait pas un sort meilleur que le sien. Il épousa une femme qui fit de sa vie un calvaire. François devint tellement furieux contre elle que la tendresse et l'intimité qu'ils avaient connues au début de leur relation furent complètement détruites. Sa femme se sentit déçue et dépossédée et devint encore plus critique. François avait inconsciemment choisi une partenaire peu convenable. Il s'était ainsi assuré de ne jamais pouvoir atteindre l'intimité dont il avait grand besoin, mais qu'il croyait ne pas mériter.

La mère de Serge était elle aussi toujours en train de harceler son mari, mais Serge épousa une femme tolérante et positive qui n'était pas portée à critiquer ou à faire des remarques continuelles. Malheureusement, Serge avait développé, comme François, le sentiment inconscient qu'il ne méritait pas une relation affectueuse et intime. Après son mariage, il commença à agir de façon irresponsable – en ne respectant pas ses engagements, en rentrant à des heures indues sans prévenir de son retard et en laissant traîner ses vêtements n'importe où. Sa douce femme si facile à vivre ne tarda pas à se mettre à râler contre lui, tout comme l'avait fait sa mère contre son père. Serge se sentait inconsciemment contraint de ruiner cette relation intime et positive pour éviter de commettre le crime imaginaire de surpasser sa mère.

La compréhension de notre stratégie caractéristique pour éviter l'intimité est une étape importante dans la construction et la sauvegarde de relations intimes heureuses. Si nous avons l'habitude de saboter nos relations en nous montrant irresponsables ou en tourmentant notre partenaire par des critiques et des rebuffades constantes nous pouvons travailler à éviter ce genre de comportements.

Mais l'identification de notre stratégie n'est qu'une partie de la solution. Nous devons également chercher à comprendre les raisons profondes qui nous poussent à fuir l'intimité :

- Le crime imaginaire pour lequel nous nous punissons.
- La conviction menaçante et inconsciente qui nous mène.
- Le pattern de comportement négatif que nous avons adopté après nous être identifiés à notre mère ou à notre père malheureux.
- Le message parental négatif auquel nous avons choisi d'obéir.

Admettons qu'ayant compris que nous avons toujours choisi des partenaires peu convenables nous prenions la résolution de faire désormais de meilleurs choix : à moins de comprendre les raisons qui nous ont toujours poussés à fuir l'intimité, il est possible que nous nous contentions de changer de stratégie. Nous pourrons, par exemple, choisir un partenaire convenable et positif, mais nous laisser aller à des crises de rage qui finiront par l'éloigner. Si nous comprenons également que nous nous sentons coupables d'avoir surpassé notre mère ou notre père grincheux, nous serons mieux en mesure d'éviter de reproduire ses crises de colère. C'est en comprenant à la fois notre stratégie et les motifs nous poussant à fuir l'intimité que nous aurons les meilleures chances de renverser cette conduite d'échec.

Pourquoi fuyons-nous le plaisir ?

Pourquoi fuyons-nous le plaisir ? Voilà le grand paradoxe de la condition humaine. Nous sommes biologiquement programmés pour rechercher le plaisir et éviter douleur et inconfort. Pourtant, bon nombre d'entre nous ne se permettent pas de jouir de leur part des délices et des satisfactions de la vie. Nos enfants, notre conjoint(e), notre travail ne nous apporteront peut-être qu'un maigre plaisir. Nous ne nous donnerons peut-être jamais l'occasion d'apprécier la beauté d'un coucher de soleil, une promenade au bord de l'océan, un matin parfait, un bon film, un quatuor à cordes émouvant.

Il n'est pas toujours irrationnel de fuir le plaisir. La capacité de remettre à plus tard une activité plaisante afin de pouvoir accomplir un travail important est le propre d'un adulte mûr et discipliné. Et éviter des plaisirs potentiellement dangereux – cocaïne, liaisons extraconjugales – est une chose rationnelle et même souhaitable. Mais il arrive que nous fuyions le plaisir pour nous punir.

Éviter de surpasser l'un des membres de notre famille qui n'a eu que peu de plaisir dans la vie, voilà sans doute la raison la plus habituelle d'éviter le plaisir. Il se peut que nous ayons inconsciemment l'impression que nous trahissons les nôtres ou que nous leur faisons du mal en ayant du plaisir alors qu'ils n'en ont pas eu. Nous nous comportons comme si la vie ne pouvait nous apporter qu'une quantité limitée de plaisir, convaincus quelque part que, si nous en prenons pour nous-mêmes, nous en privons les nôtres.

Il se peut également que nous nous privions de plaisir si nous avons été maltraités pendant notre enfance. Si l'on nous a agressés, exploités, négligés ou critiqués sans relâche lorsque nous étions enfants, nous nous jugerons peut-être coupables d'être foncièrement mauvais et nous condamnerons à une vie sans bonheur.

Le danger du plaisir

Si nous avons vu nos parents devenir anxieux, furieux ou incapables de se maîtriser peu après s'être permis de se détendre et de jouir de la vie, il se peut que nous en tirions la conclusion que le plaisir est dangereux pour nos parents et le sera, par conséquent, aussi pour nous. Les parents de Simon gardaient pour les week-ends et les vacances leurs querelles de ménage ; Simon apprit à associer congés et violentes disputes.

Il se peut que l'excitation et la joie de vivre naturelle d'un enfant dérangent des parents anxieux. Chaque fois que Stéphanie s'excitait ou s'enthousiasmait, sa mère nerveuse la mettait en garde : « Ne t'excite pas trop. Quelqu'un va se blesser. » Elle apprit très vite à mettre un frein à son enthousiasme de fillette.

Un enfant peut apprendre à associer plaisir et usage de l'alcool, avec toutes les conséquences que cela entraîne. Après deux verres, le père d'Herbert devenait détendu, affectueux et indulgent. Mais, au bout de cinq verres, il se transformait inévitablement en un tyran hargneux.

La mère de Valérie souffrait de troubles maniaco-dépressifs. Dans ses phases maniaques, elle devenait très agitée et se mettait à faire de merveilleux projets. Mais, par la suite, elle sombrait dans la dépression et oubliait tout. Valérie grandit avec l'idée que planifier des activités agréables ne pouvait mener qu'à la frustration et à la désillusion.

Nous pouvons également apprendre par les mises en garde explicites de nos parents que le plaisir est dangereux. Les parents d'Yvonne, fanatiquement religieux, lui disaient souvent que ceux qui jouissaient des plaisirs terrestres souffriraient dans l'au-delà. Ils grondaient Yvonne chaque fois qu'ils la voyaient jouer ou se détendre. Devenue adulte, Yvonne s'aperçut qu'elle devenait anxieuse chaque fois qu'elle commençait à éprouver du plaisir.

Convictions menaçantes à propos du plaisir

La plupart de nos convictions menaçantes à propos du plaisir sont inconscientes, mais il en existe certaines que nous croyons consciemment vraies. Si vous avez acquis une ou plusieurs convictions énoncées ci-dessous, vous remarquerez peut-être que vous devenez extrêmement nerveux sitôt que les choses vont bien. Cette anxiété est le symptôme d'une culpabilisation et d'une crainte inconscientes. Si elle est suffisamment forte, il est possible que vous sabotiez ou évitiez les situations susceptibles de vous procurer ces impressions agréables.

- *C'est trop beau, ça ne peut pas durer.* À première vue, cette conviction semble être une simple reconnaissance du fait que tout ce qui monte doit nécessairement redescendre à un moment donné. Mais, plutôt que d'être simplement capables de jouir des bons moments avant que ne viennent les mauvais, il se peut que nous nous sentions de plus en plus anxieux à mesure que se prolongent les bons moments. Il est également possible que cette anxiété crée en nous un vif besoin de tout gâcher. Cette conviction menaçante reflète la supposition selon laquelle nous n'avons droit qu'à une quantité restreinte de sensations agréables et que, si nous nous sentons trop bien pendant trop longtemps, nous serons punis.
- *Si je suis trop satisfaite de moi-même, Dieu me punira.* Certains d'entre nous ont acquis l'impression très nette que Dieu punira ceux qui sont contents de

leur vie. Afin d'échapper à Son terrible mécontentement, nous pouvons minimiser l'importance de notre succès, être pessimistes et nous inquiéter de façon compulsive. Nous ne nous permettrons peut-être pas de nous sentir confiants ou fiers, même lorsque ces impressions sont opportunes. Il se peut qu'au contraire nous nous torturions d'autocritiques, que nous ne voyions que le pire dans chaque situation et que nous nous inquiétions sans cesse pour l'avenir.

- *Si je me détends et m'amuse, il arrivera quelque chose de terrible.* Le père de Sébastien était un homme affectueux qui aimait s'amuser, mais sa mère était guindée et tendue. Son père gaspilla dans des tentatives commerciales mal conçues et mal gérées la fortune familiale, tout en continuant de vivre comme s'ils étaient encore riches. Tout cela prit brutalement fin le jour où la banque saisit leurs biens et où la famille se vit forcée de vivre de la charité de la parenté. Son père ne sembla pas affecté outre mesure par la situation, mais, pour Sébastien et sa mère, cette faillite fut une chose extrêmement humiliante. Chaque fois que Sébastien commençait à se détendre et à avoir du plaisir, et surtout lorsqu'il dépensait de l'argent, il se mettait inconsciemment à craindre de ressembler peu à peu à son père.
- *Il est honteux et dangereux de ne pas s'employer sans cesse à faire quelque chose de constructif.* On a enseigné cela à bon nombre d'entre nous lorsque nous étions enfants : « Travaille d'abord, tu joueras ensuite. » ; « Range ta chambre et tu pourras ensuite regarder la télévision ». Cette leçon peut être valable. Par contre, certains d'entre nous n'ont jamais eu par la suite la permission de jouer. Nos parents percevaient la vie comme une suite interminable de tâches à accomplir et nous donnaient l'impression que des choses terribles se produiraient si nous nous permettions de

faire une pause. En conséquence, certains d'entre nous sont obsédés par l'idée de se montrer tout le temps productifs. Nous ne pouvons aller en vacances sans emporter avec nous une pile de documents à étudier. Nous devenons anxieux pendant le week-end si nous n'avons pas emporté un peu de travail à faire à la maison, ou si nous ne nous consacrons pas, à tout le moins, à une longue liste de travaux ménagers.

La dévaluation du plaisir sexuel

La société nous envoie de nombreux messages contradictoires au sujet de la sexualité :

- Les relations sexuelles sont sublimes.
- Les relations sexuelles sont sales.
- Les relations sexuelles sont nécessaires.
- Les relations sexuelles sont honteuses.
- Les relations sexuelles sont romantiques.
- Les relations sexuelles sont un devoir conjugal.
- Les relations sexuelles sont dégoûtantes et bestiales.
- Les femmes sont censées être de bonnes amantes.
- Les femmes doivent être vierges au moment de leur mariage.
- Un homme devrait être toujours prêt à faire l'amour.
- Un homme ne devrait pas s'intéresser à une femme seulement pour les relations sexuelles.
- Une femme qui a eu plusieurs partenaires sexuels est une salope.
- Un homme qui a eu plusieurs partenaires sexuelles est un homme du monde.

Tous ces messages irrationnels, contradictoires ou sexistes peuvent nous pousser à éviter le plaisir sexuel et engendrer un grand nombre de problèmes sexuels. Il est désormais possible d'en résoudre un grand nombre, que ce soit par l'intermédiaire d'une thérapie sexuelle ou par nos efforts personnels. Il existe en outre sur le marché beaucoup de livres excellents qui nous apprennent à surmonter ces problèmes[1].

La contribution de la *Control Mastery Theory* sur la question des problèmes empêchant la satisfaction sexuelle est importante : elle soutient que *notre culpabilité pour des crimes imaginaires peut nous détourner de rencontres occasionnelles et peut même nous empêcher d'atteindre la satisfaction sexuelle.*

Certains d'entre nous ont eu des parents qui semblaient avoir une relation froide et asexuée. D'autres parents ont nettement fait comprendre à leur enfant que les rapports sexuels étaient une activité dégoûtante qui leur répugnait. D'autres encore nous auront donné l'impression qu'ils auraient aimé avoir une vie sexuelle active, mais ne pouvaient obtenir la coopération de leur conjoint(e). Si vous avez eu l'impression que vos parents ne faisaient pas l'amour ou ne prenaient pas plaisir à le faire, vous risquez d'avoir peur de commettre, en ayant une vie sexuelle satisfaisante, les crimes imaginaires de les surpasser et de les trahir. Nous pouvons, en raison de notre culpabilisation inconsciente, nous abstenir de la satisfaction sexuelle dont nos parents furent privés, ou la saboter.

1. L'un des meilleurs livres sur ce sujet est celui de Lonnie Barbach, *For Each Other, Sharing Sexual Intimacy* (New York, New American Library, 1982, 1984). Ce livre ainsi que les autres livres du docteur Barbach comptent parmi ce qui a été écrit de mieux sur les problèmes sexuels et l'enrichissement sexuel.

Asservissement, masochisme et crimes imaginaires

Il existe des adultes pour qui la pensée d'être battus, punis ou dominés pendant une relation sexuelle est une source d'excitation. Certains choisissent d'inclure dans leur répertoire sexuel quelques rituels de punition et de domination. Des pratiques qui, en d'autres circonstances, seraient considérées comme extrêmement déplaisantes ou même répugnantes peuvent être une source de vif plaisir lorsqu'elles relèvent de l'activité sexuelle. La plupart des adultes qui choisissent librement de s'engager dans pareils jeux sexuels n'en éprouvent aucun problème. Ils n'ont pas besoin de ces pratiques pour éprouver un plaisir sexuel et ne s'y livrent que dans un environnement sûr et seulement avec des partenaires en qui ils ont confiance.

Mais il se peut que certains individus aient du mal à éprouver quelque plaisir sexuel que ce soit s'ils ne sont pas attachés, frappés, dominés ou humiliés. D'autres encore auront un besoin si intense de châtiment qu'ils seront poussés à avoir recours aux services de prostituées dominatrices ou à se placer dans des situations potentiellement dangereuses. La *Control Mastery Theory* a largement contribué à la compréhension de ce besoin de punition, ce qui a été très utile pour le traitement d'un grand nombre de clients dont le besoin d'être dominés, frappés ou humiliés pendant les rapports sexuels leur causait de graves problèmes.

Le cas de Ronald

Ronald, vendeur d'automobiles de quarante-cinq ans, entreprit une thérapie parce que, lorsqu'il travaillait fort et faisait monter le chiffre de ses ventes, il était inévitablement envahi par une sensation anormale de fatigue qui le rendait presque incapable de travailler. Le chiffre de ses ventes chutait ensuite de la moitié ou du quart et ce n'est qu'alors qu'il pouvait se remettre à travailler avec énergie.

Ronald ne s'était jamais marié, mais il avait une vie sexuelle active. Il se sentait fortement attiré par des femmes extrêmement dominatrices qui le maltraitaient. Il se rendit compte qu'il ne pouvait être excité sexuellement que lorsque ses partenaires l'attachaient.

Pendant sa thérapie, Ronald se rappela que, lorsqu'il était enfant, sa mère paraissait toujours déprimée, fragile, possessive et qu'elle semblait envier son énergie et son enthousiasme d'enfant. Même quand il était tout petit il lui suffisait de courir dans leur petit appartement pour la voir découragée. Il avait l'impression qu'il l'excédait – qu'en exprimant son exubérance et en exigeant beaucoup d'elle, il lui faisait du mal. Inconsciemment, il ressentait du mépris pour sa mère, à cause de sa faiblesse, et se sentait en même temps coupable de lui faire du mal et de l'accabler.

Ronald se rappelait avoir été excité sexuellement en plusieurs occasions au cours de son enfance lorsque, par jeu, il était maintenu au sol par des femmes. Pendant son adolescence, être attaché par une femme faisait partie de ses fantasmes lorsqu'il se masturbait. Lorsqu'il s'imaginait qu'il était dominé par une femme, il était libéré de la crainte de lui faire mal ou de l'humilier, et pouvait ainsi se sentir fort et excité sexuellement.

Il commença à comprendre qu'en ayant de plus en plus de succès au travail et en éprouvant de ce fait un sentiment de puissance, il croyait inconsciemment que son pouvoir et son succès mettraient en danger et humilieraient sa mère. À un certain moment, le sentiment de culpabilité qu'il ressentait à cause de cette conviction irrationnelle et inconsciente faisait qu'il était envahi par une immense fatigue. Le malaise se prolongeait jusqu'à ce que le chiffre de ses ventes ait chuté suffisamment pour qu'il ne se sente plus aussi dangereusement puissant. Une fois que cela s'était produit, il pouvait se remettre au travail.

Ronald ayant surmonté ses craintes de faire du mal à sa mère (et aux femmes en général) en étant fort et viril, son problème au travail se fit de moins en moins sérieux et il commença à sortir avec des femmes fortes, certes, mais qui ne le rejetaient pas. Bien que toujours préoccupé par la crainte de faire du mal aux femmes avec lesquelles il était lié, il n'avait plus besoin de se rassurer lui-même en trouvant des femmes qui puissent lui faire du mal sur le plan émotionnel[1].

Le cas de Stella

Stella, jolie, un peu rondelette, était photographe pour un journal. Elle entreprit une thérapie après avoir été brièvement mariée à un ancien détenu sadique.

La mère de Stella était une femme autoritaire qui faisait de violentes crises de rage quand elle n'obtenait pas ce qu'elle voulait, ou quand elle était contrariée par quelque méfait, réel ou imaginaire, qu'avait pu commettre son mari, un homme aux manières douces. Avec le temps, leurs relations s'envenimèrent à tel point que le père de Stella en vint à éviter le plus possible d'être à la maison pour ne pas savoir à supporter les injures, les crises de rage et le chantage affectif de sa femme.

1. Des portions de ce cas ont été adaptées du cas de M.R., tiré de Joseph Weiss *et al.*, *Psychoanalytic Process : Theory, Clinical Observation and Empirical Research* (New York, Guilford Press, 1986), p. 81-82.

Stella éprouvait de la colère contre sa mère, mais n'osait la critiquer de peur de provoquer sa rage. Et elle avait du chagrin pour son père avec lequel elle maintenait des rapports très étroits et affectueux. Devenue adulte, Stella finit par haïr sa mère parce qu'elle avait constamment agressé son père doux et aimable.

Tout en travaillant comme photographe, Stella obtint un doctorat en histoire de l'art. Grâce à son travail, elle rencontrait toutes sortes de gens, mais n'était attirée que par des hommes sans instruction, grossiers et dominateurs. Elle découvrit qu'avant ou après les rapports sexuels, elle devenait extrêmement excitée lorsqu'elle était maintenue de force, attachée, qu'elle recevait une fessée ou était humiliée de quelque autre façon. Elle finit par devenir l'esclave sexuelle d'hommes fort peu convenables.

Pendant sa thérapie, Stella commença à comprendre pourquoi. En faisant en sorte d'être maltraitée, elle s'empêchait de faire du mal à son partenaire ou de l'humilier – comme l'avait fait sa mère. Ayant inconsciemment l'impression d'être très forte et que les hommes étaient très fragiles, elle craignait de pouvoir facilement les dominer et les humilier. En jouant le rôle de victime, Stella évitait celui de persécutrice et s'identifiait à son père passif et soumis.

Du châtiment au plaisir

Selon la *Control Mastery Theory*, lorsque quelqu'un ressent un grand besoin d'être humilié, frappé ou attaché pendant les rapports sexuels, le motif sous-jacent est souvent d'éviter de faire du mal à son partenaire. Les gens qui adoptent ce type de rapports sexuels se sentent inconsciemment coupables de crimes imaginaires – ceux qu'ils ont commis dans le passé ou ceux qu'ils sont sur le point de commettre en éprouvant de fortes sensations sexuelles. Ils voient la douleur, l'humiliation ou la contrainte physique comme un châtiment mérité.

Dès que commence le châtiment – qu'il soit réel ou fantasmatique –, leur sentiment de culpabilité décroît et leur plaisir s'intensifie. Il peut donc leur *sembler* que le châtiment provoque un plaisir sexuel. En fait, l'asservissement ou le châtiment ne font que leur rendre la liberté de jouir d'un plaisir sexuel qu'ils connaîtraient normalement s'ils n'étaient pas tourmentés par un sentiment de culpabilité à cause de leurs crimes imaginaires.

En plus de nous aider à faire face à nos craintes de faire du mal à nos partenaires, les fantasmes d'asservissement nous permettent d'affronter la culpabilité inconsciente dont nous souffrons tous à cause de nos moindres pulsions sexuelles. On nous a dépeint les rapports sexuels comme une chose honteuse et sale. Même si, en tant qu'adultes réfléchis, nous rejetons cette interprétation, elle peut garder toute sa force dans notre inconscient.

En nourrissant des fantasmes dans lesquels on se trouve pris de force ou attaché pendant les rapports sexuels, nous atténuons la culpabilité inconsciente et l'anxiété qui s'opposeraient normalement à notre plaisir sexuel. Ces rituels et ces fantasmes nous permettent de penser : « Je ne suis pas responsable. Je ne peux être blâmé(e). Quelqu'un d'autre me force à le faire. Je ne peux pas faire autrement. »

Les limites de l'intimité, du plaisir et de la sexualité

Chacun de nous met des limites à son intimité, à son plaisir et à sa satisfaction sexuelle, et ce, de diverses manières. Certains ont des problèmes avec *n'importe quel* type d'intimité ou de plaisir. D'autres réduisent tellement l'intimité et le plaisir qu'ils ne s'autorisent qu'une modeste part des joies de la vie. Ou alors nous nous privons de certains types d'intimité et de plaisir tout en nous permettant de jouir sans limites des autres.

Il se peut que nous découvrions que nous ne nous permettons que le genre de plaisir et d'intimité que se permettaient nos parents. Le degré de bonheur de nos parents constitue une sorte de plafond que nous ne pouvons pas dépasser dans notre propre vie. Ce n'est qu'en nous absolvant de notre culpabilité inconsciente et irrationnelle et en nous libérant de nos convictions menaçantes que nous pourrons faire sauter ces limites.

Chapitre 10

Secrets de famille

Les enfants de parents « dysfonctionnels »

« Ce qui me rend fou, papa, ce n'est pas tant que tu nous frappes – ça ne me fait rien... vraiment rien... personne ne peut y changer quoi que ce soit, de toute manière – que cette façon que vous avez, toi et maman, de nier le moindre fait que j'évoque à propos de l'histoire de cette famille. »

Pat CONROY, *Le prince des marées*

Bon nombre d'entre nous avons connu au cours de notre enfance des expériences terrifiantes ou bouleversantes. Mais une famille ne doit pas, en raison de ces seuls traumatismes, être considérée comme « dysfonctionnelle ». L'enfant d'une famille dysfonctionnelle subit fréquemment des torts, *en même temps qu'on lui interdit de parler des sentiments et des convictions qui naissent de ces traumatismes*. Des parents doivent être considérés comme dysfonctionnels lorsque entrent en jeu alcoolisme, toxicomanie, obsession sexuelle, passion du jeu, boulimie, comportement criminel, maladie grave – physique ou mentale – ou autres affections graves. Mais que ces facteurs soient présents ou non, si un enfant est agressé physiquement, émotionnellement ou sexuellement, ou gravement négligé, si on ne lui donne pas les soins et la compréhension dont il a besoin pour une croissance psychologique saine, alors le père ou la mère, ou les deux, doit être considéré comme dysfonctionnel.

Les enfants ont une aptitude remarquable à traverser des épreuves et à se remettre des traumatismes de leurs premières années *pourvu qu'il leur soit permis d'en parler avec leurs parents ou avec des figures parentales capables de les aider*. Or, à l'intérieur de la famille dysfonctionnelle, le crime imaginaire de trahison est considéré comme le plus grave : qu'il s'agisse de l'alcoolisme ou de la violence physique de papa, de la maladie mentale de maman ou de ses infidélités sexuelles, on en nie l'existence, ou alors le sujet est tabou, étant sous-entendu que, si la vérité venait au grand jour, la réputation de la famille serait compromise. Pour sauver les apparences, on fait passer en second les besoins de la famille.

Généralement, les enfants ne se rendent pas compte sur le moment que leur famille est dysfonctionnelle. Ils tiennent en effet pour acquis que les choses doivent se passer comme elles se passent chez eux. Ce n'est souvent que bien des années plus tard, lorsque, devenus adultes, ils cherchent à venir à bout de leurs propres problèmes psychologiques, qu'ils se trouvent confrontés au fait que leur mère ou leur père, ou tous deux, ait pu être modérément ou gravement dysfonctionnel(le).

L'ACA

Un enfant d'alcoolique est une personne qui a grandi avec un adulte – que ce soit le père, la mère ou la principale personne qui en avait la garde – dont le pattern dysfonctionnel impliquait un usage abusif de l'alcool. Le mouvement *Adult Children of Alcoholics* ou ACA est, parmi un nombre croissant de groupes de soutien, le plus vaste et le plus influent[1]. Si votre père ou votre mère, ou les deux, buvait avec excès, s'il ou elle était dépendant(e) de l'alcool, vous pourriez tirer profit des idées développées au sein de ce mouvement[2]. Mais, même si l'alcool ne posait pas de problèmes

1. On évalue entre 20 et 40 millions le nombre des enfants d'alcooliques dans la population américaine. Que nous prenions le chiffre le plus élevé ou le plus bas, il n'en demeure pas moins qu'une grosse partie de notre population a souffert des effets d'être élevée dans une famille alcoolique et se trouve plus exposée que d'autres à éprouver des difficultés dans ses relations personnelles, de l'anxiété chronique, un manque d'estime de soi, une incapacité de se détendre et de s'amuser, et plus menacée que d'autres par l'alcoolisme et d'autres toxicomanies. Tout mouvement pouvant opérer un changement significatif dans les vies de tant de personnes dans notre société apportera du même coup un changement important dans la société elle-même. Nous croyons que c'est ce que fera le mouvement des AA.

2. Bien que quelques études aient été réalisées sur les enfants d'alcooliques depuis la fin des années quarante, l'idée de les concevoir comme un groupe affligé d'un ensemble commun de problèmes n'est très répandue que depuis la fin des années soixante-dix. En 1979, le *Newsweek* interviewa le docteur Stephanie Brown et Claudia Black. Cet article fit connaître au public l'idée selon laquelle il existe des problèmes particuliers résultant du fait d'avoir été élevé dans une famille alcoolique. C'est également à peu près à ce moment que le docteur Brown et d'autres chercheurs de l'Université Stanford entreprirent des traitements à long terme sur des enfants d'alcooliques. Dix ans plus tard, le mouvement des ACA est en pleine expansion. Dans une librairie de la petite ville californienne où je vis, on trouve plus d'une douzaine de titres directement en rapport avec le problème des enfants d'alcooliques. On a lancé un magazine national consacré exclusivement au mouvement des ACA – tout cela sur un sujet sur lequel, il y a à peine quelques années, on ne trouvait pas d'information dans les librairies. (Le magazine s'appelle *Changes*, « un magazine pour et sur les individus issus de familles alcooliques », et il est publié six fois par an par le *U.S. Journal of Drug and Alcohol Dependence*, Inc. (1721 Blount Road,

particuliers, ces idées peuvent vous éclairer parce que toutes les familles dysfonctionnelles ont en commun de nombreux éléments.

Liens entre la théorie de l'ACA et la *Control Mastery Theory*

Les concepts de crimes imaginaires, de culpabilisation inconsciente et de conviction inconsciente et menaçante peuvent être très utiles aux enfants de n'importe quelle famille dysfonctionnelle. Ils cadrent fort bien avec les concepts de l'ACA tout en ayant l'avantage de permettre aux enfants d'alcooliques de considérer leurs problèmes sous un angle avantageux[1].

Bien qu'ils aient connu un développement indépendant, il existe en effet entre la *Control Mastery Theory* et l'ACA des analogies frappantes. Le point d'entente le plus fondamental entre les théoriciens est la notion suivant laquelle *les expériences traumatisantes de l'enfance engendrent de fermes convictions irrationnelles qui sont à l'origine de nos problèmes psychologiques les plus pénibles*[2].

suite 1, Pompano Beach, Fla., 33069). Les groupes prolifèrent à un rythme accéléré sous les auspices de Al-Anon et d'autres agences publiques et privées. On offre un grand nombre d'ateliers, tant pour les enfants d'alcooliques que pour les professionnels qui travaillent avec eux, et on n'arrive pas à répondre à la demande.

1. Au mois d'avril 1989 eut lieu une conférence conjointe des mouvements des ACA et de la *Control Mastery Theory*. On peut se procurer les notes de cette conférence auprès de Larry Edmonds, Mount Zion Psychotherapy Research Croup (2420 Sutter Street, San Francisco, California 94115). On doit couvrir les coûts de la photocopie.

2. « Il est d'une importance vitale de reconnaître, dès le début, que les symptômes et les comportements des individus issus de familles alcooliques sont directement liés au fait qu'ils ont grandi

Malheureusement, certains thérapeutes n'accordent pas suffisamment d'attention aux souvenirs de traumatismes d'enfance que leur racontent leurs clients, les croyant imaginaires, ou alors sans grande importance. Pour l'ACA comme pour la *Control Mastery Theory*, ces traumatismes sont à la base de la plupart de nos problèmes psychologiques. Or il est difficile de s'en débarrasser si tout le monde persiste à dire qu'ils ne se sont jamais produits. Lorsque des membres de notre famille, des professionnels et la société en général nient l'existence ou la gravité de nos expériences traumatiques ou en minimisent l'importance, il devient encore plus difficile pour nous de changer les convictions qu'ils ont engendrées.

Autres points d'entente entre la *Control Mastery Theory* et l'ACA :

- Les enfants d'alcooliques – et de tous parents dysfonctionnels – se sentent souvent irrationnellement responsables des problèmes de leurs parents. Ainsi, ils souffrent d'un sentiment de culpabilité pour de nombreux crimes imaginaires.
- Ils se sentent souvent coupables d'avoir surpassé une mère ou un père profondément malheureux parce qu'ils mènent une vie meilleure que la leur.
- Ils se sentent souvent coupables d'avoir abandonné une mère ou un père profondément malheureux.
- Lorsqu'ils choisissent de rompre avec les patterns dysfonctionnels de leurs parents, ils se sentent souvent coupables de trahison.
- Les enfants issus de familles dysfonctionnelles se sentent souvent coupables d'avoir été un fardeau pour

dans un système familial dangereux, dysfonctionnel et alcoolique. » Wayne Kritsberg, *The Adult Children of Alcoholics Syndrome* (Pompano Beach, Fla., Health Communications, 1985), p. 1.

leurs parents. Comme il arrive fréquemment que les conjoints soient tous deux dépassés par les problèmes énormes que crée la dysfonction, ces enfants auront vraisemblablement l'impression que le stress supplémentaire d'avoir à élever un enfant est pour leurs parents un fardeau intolérable.

- Ces enfants se sentent souvent coupables d'être foncièrement mauvais. Les agressions physiques, émotionnelles et sexuelles sont très répandues dans les familles dysfonctionnelles ravagées par une toxicomanie. Et les victimes risquent fort de se croire indignes d'être aimées.

Êtes-vous l'enfant d'une mère ou d'un père dysfonctionnels ?

Compte tenu du fait que les enfants issus de familles dysfonctionnelles auront toujours inconsciemment l'impression d'être responsables des problèmes de leurs parents, qu'il s'agisse d'alcoolisme, de violence, de maladie physique ou psychologique ou encore de la mort prématurée du père ou de la mère, ils peuvent s'infliger un nombre ahurissant d'autopunitions. Ils se tortureront de diverses manières : état dépressif chronique, anxiété ou sentiment de culpabilité. Ils demeureront beaucoup trop concernés par les problèmes familiaux, deviendront eux-mêmes alcooliques ou toxicomanes, ou choisiront des partenaires qui s'adonnent à la boisson ou aux drogues et adopteront toutes sortes de conduites d'échec.

Il vous sera peut-être très difficile de vous identifier comme un enfant de famille dysfonctionnelle car, du coup, il vous faudra reconnaître que votre mère ou votre père étaient affectés de telle sorte que, pendant votre enfance, vous avez été exposé à des expériences dommageables et traumatisantes alors que non seulement vous ne pouviez vous protéger, mais que vous n'étiez pas non plus libre de mettre en cause ces agressions. Tout comme la plupart des parents dysfonctionnels éprouvent des difficultés à affronter le fait qu'ils ont un grave problème, leurs enfants ont du mal à admettre qu'ils ont grandi dans une famille partiellement ou totalement dysfonctionnelle.

Or affronter le fait que votre mère ou votre père ont pu être partiellement ou totalement dysfonctionnels peut constituer la première étape vers la guérison des blessures causées par les expériences traumatisantes de votre enfance. Cela peut vous aider à comprendre cette sensation, qui vous a peut-être tourmenté toute votre vie, d'être différent, effrayé, et de ne rien mériter de bon. En affrontant ces faits pénibles, peut-être amorcerez-vous un long processus grâce auquel vous pourrez vous sentir libre d'avoir une vie pleine et satisfaisante.

Les enfants d'alcooliques

Bien que chaque enfant d'alcoolique soit unique, bon nombre d'entre eux éprouvent les impressions énumérées ci-dessous[1]. À peu près toutes ces caractéristiques sont également communes chez les enfants issus de familles affectées d'autres types de dysfonctions :

- Je me sens toujours responsable de ce qui arrive à mes proches.

1. Cette liste de caractéristiques a été tirée et adaptée du livre de Judith S. Seixas et Geraldine Youcha, *Children of Alcoholism : A Survivors Manual* (New York, Harper and Row, 1986), p. 47-48.

- J'ai du mal à nouer et à maintenir des relations intimes et saines.
- J'éprouve le besoin excessif de dominer les autres.
- J'éprouve le besoin excessif de me maîtriser.
- Je me sens parfois isolé, seul et profondément triste.
- J'ai un grand besoin d'intimité mais, en même temps, je la redoute.
- J'ai peu d'amour-propre.
- Si les gens me voyaient vraiment tel que je suis, ils ne m'aimeraient pas.
- Je m'efforce toujours de ne pas décevoir les autres.
- Je nie ou réprime les sentiments profonds.
- Je redoute tout particulièrement ma colère et celle des autres.
- J'ai du mal à demander ce que je désire et à défendre mes propres besoins.
- Je ne suis pas à l'aise lorsque l'on consomme de l'alcool en ma présence.
- J'ai des problèmes avec les comportements de dépendance (alcool, drogue, nourriture, achats, travail, etc.).
- J'ai tendance à voir les choses en noir et blanc, en termes de tout ou rien.
- Il m'arrive fréquemment de réagir de manière excessive à la critique.

Cette liste inclut un tel éventail de problèmes humains courants que presque chaque lecteur reconnaîtra l'un d'entre eux. Mais, souvent, les enfants d'alcooliques – comme les enfants d'autres familles dysfonctionnelles – découvrent que plusieurs de ces problèmes les affectent sérieusement. Si vous pouvez vous-même en compter un bon nombre, votre famille fut sans doute dysfonctionnelle à bien des égards.

Il est également possible que votre famille ait été affligée d'une dysfonction liée à l'alcool même si ni votre père ni votre mère ne semblaient être alcooliques :

l'un des deux l'était peut-être secrètement ou l'avait été par le passé. On a observé que, dans certaines familles, des patterns de comportement dysfonctionnel qui semblent dus à l'alcoolisme ont été transmis d'un *grand*-parent, même si les parents n'abusaient pas eux-mêmes de l'alcool. Outre les effets directs de l'alcool, ce sont les patterns de rapports dysfonctionnels à l'intérieur de la famille – et en particulier la rigidité et la dénégation – qui sont les plus destructifs pour ses membres, surtout les enfants.

Les types de familles d'alcooliques

Il existe un grand nombre de types de familles d'alcooliques, ainsi qu'un grand nombre d'autres types de familles dysfonctionnelles. Chacune marquera l'enfant d'une manière différente, mais toutes ont des conséquences nuisibles :

- L'alcoolisme peut causer la perte fréquente d'emplois et, bien sûr, de salaires.
- Un père ou une mère alcooliques peuvent fonctionner de façon très satisfaisante (ou au moins adéquate) au travail et limiter au cercle familial leur comportement dysfonctionnel. En fait beaucoup de parents alcooliques sont capables de mener avec succès des carrières prestigieuses de juges, de généraux ou de chefs d'entreprises importantes, pour citer quelques exemples.
- L'alcoolique peut être le père ou la mère, ou tous deux peuvent abuser de l'alcool.
- L'alcoolisme peut avoir été présent dès le début ou s'être développé au cours des ans.
- L'alcoolique boit peut-être encore avec excès.

- L'alcoolique n'a peut-être pas pris un verre depuis de nombreuses années.

En raison de ces différences très marquées, les effets sur l'enfant d'un problème d'alcoolisme peuvent se manifester de façons fort diverses. Le seul fait que vous soyez l'enfant d'un père ou d'une mère alcooliques ne signifie pas pour autant que vous ayez tous les problèmes caractérisant les enfants d'alcooliques. *Mais gare au piège qui consiste à croire que l'alcoolisme dans votre famille était si léger qu'il ne vous a pas affecté(e).* Il se peut que cette conviction ne soit que l'écrasante dénégation de la famille alcoolique transposée dans votre propre pensée.

Inévitablement, le fait d'avoir un père ou une mère alcooliques est une expérience traumatisante. Si tel et votre cas, il est essentiel que vous compreniez comment ce traumatisme a pu vous affecter afin de pouvoir résoudre vos propres problèmes psychologiques.

Le cas de la famille Leroy

André Leroy, directeur régional des ventes dans une vaste firme immobilière, était un homme aimable, toujours prêt à plaisanter. Il était populaire, réussissait bien sur le plan professionnel, et était copain avec la plupart des hommes de son quartier.

Mais André était également un alcoolique. Au cours des dernières années, il s'était mis à boire de façon si compulsive que sa santé commençait à en pâtir. Son médecin le prévint que son foie montrait déjà les premiers signes d'une cirrhose. Comme il buvait de plus en plus, la vie familiale d'André commença de se détériorer. Au cours des dernières années, sa femme, Jeanne, l'avait vu se transformer : alors qu'avant il *aimait* prendre un verre, maintenant il en avait constamment *besoin*.

Heureusement pour André, son vieux patron, qui n'avait jamais abordé avec lui la question de son problème d'alcool, prit sa retraite. Le nouveau gérant, Maurice, était lui-même un alcoolique en voie de guérison. Il annonça à André que, s'il ne cessait pas de boire, il serait congédié. Il l'encouragea en outre à se joindre aux Alcooliques anonymes et à s'engager à s'abstenir de toute boisson alcoolisée. La vie d'André était devenue tellement désorganisée et désordonnée qu'il ne pouvait plus nier son alcoolisme. Il accepta.

Lorsqu'il se rendit pour la première fois, en compagnie de Maurice, à une réunion des Alcooliques anonymes, André se sentait extrêmement nerveux. Mais, une fois arrivé, il fut étonné de s'y sentir très à l'aise. Les gens présents à la réunion n'étaient que des hommes et des femmes dont les situations étaient très semblables à la sienne. André avait toujours cru que les alcooliques étaient d'irrécupérables épaves. En regardant autour de lui, il comprit que les épaves étaient ceux qui n'avaient pas le courage de reconnaître leur problème et de demander de l'aide.

Jeanne Leroy était une épouse et une mère dévouée qui, en plus de s'occuper de ses quatre enfants, trouvait le moyen d'avoir une maison toujours impeccable, d'être à la tête d'une association locale et de s'occuper d'une douzaine de scouts louveteaux. À la naissance de sa fille aînée, Marie, cette femme compétente et perfectionniste avait renoncé à son poste d'infirmière en chef à l'hôpital local. Jeanne avait toujours été gaie et énergique, mais, lorsque le comportement d'André commença à se détériorer, des signes de tension commencèrent à se manifester.

C'est Jeanne qui téléphonait habituellement au patron d'André pour lui dire que son mari était trop malade pour aller travailler quand, en fait, il avait la gueule de bois. Elle l'aidait ainsi à éviter la confrontation même qui eût pu le mener à entreprendre un traitement. C'est encore elle qui maintenait le calme dans la maison, sachant que ce serait l'enfer si André était réveillé alors qu'il avait mal aux cheveux. Jeanne avait renoncé à bon nombre de ses propres besoins pour protéger son mari des conséquences de son propre comportement. Elle avait eu à cette fin un bon entraînement, étant elle-même fille d'un alcoolique. La boisson avait tué son père lorsqu'elle avait dix-neuf ans[1].

Jeanne montrait plus d'une caractéristique du conjoint codépendant. N'ayant pas elle-même de problème d'alcool, elle s'en préoccupait tout autant que son mari, le surveillant anxieusement lors de réunions mondaines, tentant désespérément de lui faire comprendre à demi-mot de ne pas trop boire. Ivre, il prenait tout de même le volant et Jeanne, terrorisée, n'osait rien dire de crainte de susciter sa colère et de le voir conduire encore plus dangereusement. Longtemps, elle évita les discussions sur le problème d'alcool d'André, mais, avec le temps, elle se rendit compte qu'il devenait de plus en plus difficile de fuir une confrontation.

Quand André cessa finalement de boire, Jeanne éprouva autant de mal que lui à vivre la transition. Enfant, elle avait vu sa mère prendre la direction de toutes les activités dans leur famille alcoolique. Elle-même s'était sentie très à l'aise dans ce rôle et se sentit démoralisée lorsque André commença à insister pour

1. Il est frappant de constater avec quelle fréquence les enfants d'alcooliques, qui ne sont pas eux-mêmes alcooliques, épousent des alcooliques. Cela est particulièrement vrai dans le cas des filles de pères alcooliques. Il me semble que ces choix malheureux témoignent, au moins en partie, d'un refus inconscient de surpasser le père ou la mère non alcoolique malheureux et accablé.

participer aux décisions concernant les enfants et le ménage. Elle craignait inconsciemment que tout ne s'écroule si elle lâchait la bride. En outre, sitôt qu'elle osait se détendre et partager les pouvoirs avec son mari qui était maintenant sobre et responsable, elle se sentait coupable de surpasser et de trahir sa propre mère. Pour effectuer elle-même la transition, Jeanne entreprit une thérapie individuelle et se joignit à un groupe de soutien pour les personnes dont l'un des proches est alcoolique.

Le conjoint codépendant

Le comportement de codépendance a été décrit pour la première fois par des chercheurs et des cliniciens qui ont remarqué que les conjoints et les proches des alcooliques développaient habituellement, pour leur faire face, un pattern de comportement distinctif[1]. Paradoxalement, les tentatives du codépendant de sauver l'alcoolique peuvent en fait contribuer à retarder le moment où celui-ci comprendra finalement qu'il lui faut affronter son problème. Ce pattern de comportement a en outre un effet destructeur sur la vie du codépendant.

Le syndrome du codépendant persiste souvent, même lorsque la personne dépendante a cessé de consommer de l'alcool. Ainsi, au cours des dernières années, les cures de désintoxication ont commencé à inclure les conjoints

1. L'idée de la codépendance ayant été développée à l'origine dans le cadre d'une étude clinique portant sur les alcooliques, on désigna alors les codépendants comme « coalcooliques ». À mesure que fut élargi ce champ afin d'y inclure d'autres toxicomanies et, ultérieurement, des comportements compulsifs n'ayant aucun lien avec l'alcool (le jeu, la boulimie, etc.), on commença à utiliser le terme de codépendance. Pour un bon survol de la codépendance, voir Melody Beattie, *Codependant No More* (New York, Harper and Row, 1987), p. 27-28.

non alcooliques ainsi que d'autres membres de la famille proche.

Depuis de nombreuses années déjà, les Alcooliques anonymes ont reconnu ce fait et créé en conséquence l'organisation Al-Anon, qui met sur pied des groupes de soutien pour les membres des familles des alcooliques. La plupart des responsables des cures de désintoxication (qu'il s'agisse d'alcool ou de drogue) prévoient maintenant une thérapie familiale et des groupes de soutien pour les codépendants ; ils peuvent également les adresser à l'Al-Anon.

Problèmes caractéristiques de la famille dysfonctionnelle

La famille Leroy illustre certains problèmes caractéristiques de plusieurs familles dysfonctionnelles :

Dénégation

La caractéristique la plus nocive de la famille dysfonctionnelle est peut-être une écrasante dénégation. André et Jeanne avaient toujours veillé à se comporter comme s'il n'y avait eu absolument aucun problème. Cela était fort troublant pour leurs enfants qui sentaient que quelque chose n'allait pas, mais à qui l'on répétait constamment le contraire. Dans une situation semblable, l'enfant en vient rapidement à croire que c'est *lui* qui a un problème. De toute évidence, *quelque chose* ne va pas puisqu'il se sent triste, effrayé, inquiet et irrité. Comme les parents affirment que, de *leur* côté, tout va bien, il faut bien que ce soit l'enfant qui ait un problème.

Responsabilité exagérée

Lorsque les parents d'une famille dysfonctionnelle nient constamment l'existence d'un problème, l'enfant tiendra peut-être pour acquis qu'il est responsable de tout ce qui ne va pas. Dans certains cas, les parents livrent directement ce message : « Avant ton arrivée, maman et moi étions très heureux » ou : « C'est à cause de toi que papa boit. » Les enfants des familles dysfonctionnelles finissent souvent par avoir la conviction inconsciente qu'ils sont méchants, égoïstes, indignes et responsables des maux et déceptions de tous ceux qui les entourent.

Susceptibilité excessive

Si vous êtes issu d'une famille dysfonctionnelle, il vous est peut-être très difficile d'accepter quelque critique que ce soit, directe ou implicite. Comme vous vous sentez déjà tellement coupable et responsable, à la moindre critique, vous serez peut-être immédiatement sur la défensive – en reconnaissant *toute* imperfection, vous ressentiriez un intolérable sentiment de culpabilité. Cette défense peut être encore plus forte si vous vous identifiez à une mère ou à un père qui ne pouvaient souffrir la moindre critique, fût-elle faite avec la plus grande délicatesse. Afin d'éviter les critiques, l'enfant s'efforcera peut-être – sur certains plans, du moins – d'être tellement parfait que personne ne trouvera l'occasion de le critiquer. Le résultat direct de ces tendances perfectionnistes est que les enfants issus de familles dysfonctionnelles font souvent d'excellents employés.

Brusques changements d'humeur

Bon nombre de parents toxicomanes ou souffrant de maladies mentales sont sujets à de brusques changements d'humeur. Prenons l'exemple du comportement d'André le samedi matin : il se levait tard, déprimé et avec la gueule de bois. Après quelques verres, il devenait aimable et affectueux et il lui arrivait de sortir et d'aller jouer au basket-ball avec les garçons ou de faire de menus travaux dans le jardin. Plus tard, au bout de quelques verres de plus, il pouvait devenir irrité et autoritaire. Ses enfants ne savaient jamais à quoi s'attendre. La nécessité de faire face à ces brusques changements d'humeur fait des enfants de parents dysfonctionnels des êtres extrêmement vigilants et sensibles aux humeurs des autres – à tel point qu'ils deviennent souvent experts dans l'art de deviner les gens. Mais il est également possible qu'ils apprennent à ignorer leurs propres besoins – à tel point qu'ils n'ont plus aucune idée de ce qu'ils veulent.

Incapacité de dépendre des autres ou de leur faire confiance

De nombreux enfants de parents dysfonctionnels grandissent avec la conviction qu'ils ne peuvent tout simplement pas faire confiance aux autres, sur le plan affectif. Par moments, André était un père modèle. L'année où l'équipe de basket-ball de Bruno remporta le championnat, il assista à tous les matches sauf au match final parce qu'il était ivre mort à la maison. Bruno raconta à ses amis que son père souffrait d'une terrible grippe, mais il avait le cœur brisé. Devenus adultes, les personnes comme Bruno auront peut-être beaucoup de mal à faire confiance à leurs partenaires – ou aux personnes qui pourraient le devenir parce qu'elles veulent se préserver sur le plan affectif. En conséquence, elles chercheront peut-être à éviter tout type de dépendance affective – ou, comme Jeanne Leroy, essaieront peut-être de toujours contrôler entièrement leurs relations, ce qui rendra difficile ou impossible le développement d'une relation fondée sur un soutien et un respect mutuels.

Incapacité de sympathiser

Fréquemment, la capacité qu'ont un père ou une mère dysfonctionnels de comprendre leur enfant et de sympathiser avec lui est passablement diminuée. L'enfant grandira peut-être avec l'impression que, même si son père ou sa mère ont su subvenir à ses besoins matériels, ils étaient souvent distants ou émotionnellement absents. Il en viendra peut-être à croire qu'il n'est pas digne d'être aimé et de mériter l'attention d'une autre personne. Il pourra en conclure aussi que les autres ne sont pas compatissants et qu'ils ne feront jamais d'efforts pour le comprendre ou pour répondre à ses besoins. Ces deux convictions seront un obstacle dans le développement de ses relations intimes et heureuses.

Culpabilité envers le père ou la mère dysfonctionnels

Le partenaire d'une personne dysfonctionnelle est parfois tellement dépassé et surchargé qu'un enfant peut facilement penser que ses propres besoins sont tout simplement excessifs. Devenus adultes, bon nombre d'enfants issus de familles dysfonctionnelles se croiront coupables d'avoir été un fardeau pour leurs parents, et coupables de les avoir abandonnés lorsqu'ils quitteront la maison familiale : laisser papa seul avec maman, atteinte de maladie mentale grave, ou laisser maman seule avec papa qui est un alcoolique, peut paraître terriblement cruel.

Risques d'agression accrus

Les parents dysfonctionnels sont beaucoup plus susceptibles que les autres de maltraiter leurs enfants. Une étude démontre en effet que les filles d'alcooliques risquent deux fois plus d'être victimes d'inceste que les autres[1]. D'autre part, dans un tel contexte, les mères courent quatre fois plus de risques de céder à la violence, et les pères dix fois plus que ceux de familles non alcooliques[2].

Rôles au sein de la famille dysfonctionnelle

En raison de l'incertitude et du chaos qui règnent à l'intérieur de la plupart des familles gravement dysfonctionnelles, bon nombre des enfants qui en sont issus adoptent des rôles rigides. Dans la famille Leroy, Jeanne, la mère, jouait le rôle de l'épouse codépendante, la sainte souffrant depuis toujours. La fille aînée, Marie, était l'héroïne de la famille, l'enfant parfaite qui allait réussir et dont toute la famille allait être fière. Sa sœur, Évelyne, était une enfant renfermée. Le frère aîné

1. Claudia Black *in* Rachel, *Family Secrets : Life Stories of Adult Children of Alcoholics* (New York, Harper and Row, 1987).

2. *Ibid.* Bien que bon nombre d'incidents comprenant des agressions physiques ou sexuelles surviennent lorsque le père ou la mère sont sous l'effet de l'alcool, ce comportement ne se limite pas aux seuls alcooliques. Nombreux sont les alcooliques qui mettent fin à ces agressions, alors que, chez d'autres, elles se reproduisent. L'agression physique ou sexuelle doit être considérée en soi comme un grave problème requérant souvent un traitement autre que celui que reçoit déjà le père ou la mère alcoolique.

de Marie, Jean, était le pitre de la famille. Son frère cadet, Bruno, était le mouton noir.

Dans les familles saines, les distributions de rôles sont flexibles et, généralement, on ne les prend pas trop au sérieux. En fait, elles peuvent même aider l'enfant à développer le sens d'une identité propre et valable. Mais, dans de nombreuses familles dysfonctionnelles, ces rôles sont rigides et contraignants et peuvent empêcher l'enfant de s'épanouir pleinement.

Comme presque tous les enfants de la famille Leroy, bon nombre d'enfants d'alcooliques sont des enfants modèles. Contrairement à ce que l'on pourrait imaginer, ce ne sont pas ces enfants qui sont signalés aux autorités scolaires, médicales ou légales[1]. Ils ne sont pas sans savoir que leur famille fait grand cas de son image. Faire mauvaise figure correspond à commettre le crime de trahison. À l'instar de Marie et de Jean Leroy, beaucoup d'enfants de familles dysfonctionnelles sont particulièrement brillants à l'école. Mais, à l'intérieur d'eux-mêmes, ils sont effrayés, confus, accablés et solitaires. Ils sont donc particulièrement susceptibles, devenus adultes, de souffrir de graves problèmes psychologiques.

1. Le docteur Claudia Black fait valoir ce point dans son excellent livre (un best-seller), *It Will Never Happen To Me* (Denver, M.A.C., 1981), p. 15. « En travaillant avec des personnes issues de familles alcooliques, j'ai découvert un phénomène intéressant pendant leur enfance, ces individus particuliers ne correspondaient pas au stéréotype que j'avais été portée à croire représentatif des enfants d'alcooliques. Ils n'avaient pas été nécessairement les enfants qui deviennent des fugueurs, qui remplissent les tribunaux pour enfants, sont asthmatiques ou hyperactifs, qui ne réussissent pas à l'école ou ont une piètre image d'eux-mêmes… La majorité de ces individus indiquèrent au contraire qu'ils avaient fortement tendance à paraître "normaux" et issus de familles américaines "typiques". Ils ne manifestaient pas de comportements problématiques et ne parlaient jamais, ou alors rarement, de l'alcoolisme dans leur famille. »

Le héros

Marie est un bon exemple du héros de la famille. Sa réaction au chaos causé par l'alcoolisme de son père fut de se transformer, dès son jeune âge, en une petite adulte responsable. (C'est généralement l'aîné qui adopte pareil rôle.) Marie fit tout ce qui était en son pouvoir pour alléger le fardeau de sa mère – tant parce qu'elle s'inquiétait pour cette dernière que parce qu'elle reconnaissait que, du moment que son père buvait, sa mère était l'unique adulte digne de confiance dans la famille. Comme dans le cas de Marie, le héros de la famille peut s'identifier aux longues souffrances du conjoint non toxicomane, afin d'éviter de l'abandonner, de le trahir ou de le surpasser. En s'efforçant désespérément d'être l'enfant parfaite – tout comme Jeanne s'efforçait désespérément d'être l'épouse et la mère parfaites –, Marie développa bon nombre des patterns dysfonctionnels de sa mère, y compris une constante anxiété et une tendance à ignorer ses propres besoins. Il arrive souvent que l'enfant-héros développe des compétences qui ne sont pas de son âge. Une fillette de neuf ans, par exemple, préparera le dîner pour toute la famille, ou supervisera les tâches ménagères qu'effectueront ses jeunes frères et sœurs. De tels héros de famille, supergarçons et superfillettes, sont souvent une source de grande fierté pour leurs parents. En outre, le fait d'être si habiles et dignes de confiance leur sera certainement d'une grande utilité plus tard dans leur vie.

Mais l'enfant-héros ne connaîtra peut-être jamais de véritable enfance. Il sait prendre soin des autres, mais ne peut permettre à personne de prendre soin de lui. Parce qu'il a été forcé de grandir trop vite, devenu adulte, il pourra éprouver de réelles difficultés à se montrer spontané et à s'amuser[1].

Le mouton noir

Le mouton noir sert de bouc émissaire à la famille. En s'attirant des ennuis, il détourne l'attention de la famille de ses problèmes majeurs : alcoolisme du père, maladie mentale de la mère, mésentente entre les parents. Il lui arrivera en outre d'imiter le comportement du père ou de la mère malades, alcooliques ou toxicomanes. Cet enfant évitera inconsciemment de surpasser un père ou une mère dont les facultés sont affaiblies.

Il est possible que pareil enfant soit rempli de colère ou asocial. Peut-être sera-t-il un mauvais élève, ou deviendra-t-il délinquant. Certes, les enfants issus de familles dysfonctionnelles – surtout les enfants d'alcooliques – sont plus susceptibles que les autres de devenir toxicomanes. Mais ce sont les moutons noirs qui courent le plus grand risque.

La renfermée

La renfermée est l'enfant invisible. C'est en se retranchant à l'intérieur d'elle-même qu'elle fait face à la douleur et au chaos qui règnent dans sa famille. Elle est sage et tranquille et réussit assez bien à l'école –

1. Pour autant que nous le sachions, les diverses descriptions des rôles au sein des familles alcooliques furent élaborées grâce à l'observation clinique plutôt qu'à partir d'une recherche formelle. Pour cette raison, les catégories de rôles familiaux sont quelque peu différentes d'un spécialiste à l'autre. Le héros de la famille est le plus frappant et peut-être le plus courant des rôles d'enfants dans la famille alcoolique et tous les livres que j'ai consultés y font référence. Les autres catégories ne semblent pas faire l'unanimité.

mais quand même pas au point d'attirer l'attention. La devise de la renfermée est la suivante : « Si tu ne veux pas avoir d'ennuis, ne te détache pas du peloton. » La renfermée évitera d'avoir des opinions marquées et des rapports intenses avec les autres.

Ainsi, la renfermée ne commettra pas le crime d'être un fardeau. Alors qu'en réaction aux tensions familiales, le héros s'efforce d'aider, la renfermée tente de diminuer ces tensions en n'ayant aucune exigence et en restant à l'écart.

Le pitre

Comme le mouton noir, le pitre essaie de réduire les tensions dans sa famille en détournant vers lui-même l'attention portée sur le père ou la mère dysfonctionnels. Il y parvient en plaisantant, en riant, en adoptant des attitudes bizarres et généralement en se ridiculisant. En amusant tout le monde et en détournant l'attention, il s'efforce d'éviter de commettre deux crimes imaginaires : être un fardeau et trahir les siens.

Devenu adulte, le pitre de la famille aura peut-être du mal à se prendre au sérieux, à réussir ou à se concentrer. Dans de nombreux cas, le pitre souffrira d'une vive anxiété et aura peut-être recours à des tranquillisants ou à l'alcool pour se calmer.

La conciliatrice

La conciliatrice de la famille est très sensible aux sentiments des autres. Elle se charge de faire régner la paix et de régler les conflits ouverts. Elle souffre inconsciemment de la conviction menaçante qu'il lui incombe d'éviter les frictions et les problèmes entre les membres de sa famille. Et elle y réussit si bien que, souvent, sa conviction irrationnelle s'en trouve confirmée.

Tout comme dans le cas du héros ; la sollicitude et la générosité de la conciliatrice lui attirent les encouragements de ses parents, de ses professeurs et d'autres figures représentant l'autorité. Devenue adulte, elle ne trouvera de repos qu'après avoir pris soin de tous ses proches. Et elle aura terriblement besoin d'approbation. Elle éprouvera probablement beaucoup de mal à satisfaire ses propres besoins, puisqu'elle choisit toujours de penser d'abord à ceux des autres.

L'enfant d'une famille dysfonctionnelle peut combiner deux ou plusieurs rôles – par exemple le héros et le pitre. Il peut également passer d'un rôle à l'autre. Un tel changement peut survenir graduellement sur une longue période de temps, ou brusquement lorsque la composition de la famille change. Lorsque le héros de la famille quitte la maison pour l'université, il est possible que le mouton noir prenne le rôle du héros et se mette à obtenir de bons résultats. Lorsqu'un mouton noir quitte la famille, le conciliateur commencera peut-être à faire usage de drogues et à s'attirer des ennuis[1].

1. Le mouvement de thérapie familiale a reconnu depuis plusieurs années que les rôles joués par chacun des membres de la famille servent un objectif commun à toute la famille. En 1964, Virginia Satir introduisit le terme de *patient identifié* pour indiquer que l'enfant qui s'attire des ennuis n'est probablement pas la cause des problèmes à l'intérieur de la famille. Les spécialistes en thérapie familiale ont noté que s'ils « guérissaient » le membre « malade » de la famille, un autre membre de la famille commençait souvent à manifester des symptômes. *Conjoint Family Therapy*, éd. rév. (Palo Alto, Calif. Science and Behavior Books, 1967).

L'anormalité

Il n'est pas rare qu'en cours de thérapie les individus issus de familles dysfonctionnelles affirment avec insistance que leur famille n'était pas si terrible, que chaque famille a ses patterns négatifs. En admettant le contraire, ils risquent de commettre le crime imaginaire de trahison. Et ils pourraient également devoir faire face à quantité de souvenirs douloureux.

L'une des contributions les plus importantes du mouvement des ACA est d'affirmer catégoriquement qu'il n'est pas normal de grandir dans une famille dysfonctionnelle. Comme l'écrit Claudia Black, « s'ils ne comprennent pas cela, les enfants d'alcooliques grandissent avec la croyance que le système familial imprévisible, chaotique et destructeur est la norme[1] ».

Secrets de famille

Dans bon nombre de familles dysfonctionnelles, on considère comme un terrible secret, une source de honte, le problème principal de la famille – alcoolisme, toxicomanie, inceste, maladie mentale, adultère ou divorce. Les membres de la famille sont censés se comporter comme s'il n'y avait pas de problème. On sait ou on soupçonne *que papa boit chaque soir, que maman souffre d'une maladie mentale, que papa a une liaison, que papa et maman se méprisent, que le frère s'est suicidé, ou que papa a des relations sexuelles avec Colette*, mais on ne le reconnaît pas. Les enfants ayant de tels secrets de famille grandissent avec l'impression que, d'une manière ou d'une autre, ils sont différents

1. Black, Claudia *in* V., Rachel, *op. cit.*, p. xxvii.

des autres. Bon nombre d'entre nous, qui étions les enfants de parents dysfonctionnels, avons grandi avec un vif sentiment de honte et de confusion.

Dans certaines de ces familles, la dénégation est si forte que bien des gens ne se rendent compte qu'ils sont eux-mêmes issus de familles dysfonctionnelles que par l'entremise d'observateurs extérieurs plus objectifs – en lisant un ouvrage portant sur ce genre de familles, en consultant un thérapeute, en participant à un groupe de soutien ou à une thérapie de groupe. Le fait de discuter ouvertement de leurs secrets dans un groupe réceptif et positif composé de gens issus, comme eux, de familles dysfonctionnelles, a donné à bon nombre d'entre eux l'impression que, pour la première fois de leur vie, on les comprenait.

C'est en partageant nos sentiments avec des gens qui ont connu des expériences semblables aux nôtres que nous pouvons parvenir à soulager l'oppressant sentiment de solitude qui afflige presque inévitablement ceux d'entre nous qui ont grandi avec de tels secrets. Le seul fait de savoir que bon nombre des choses que nous avons senties et auxquelles nous avons cru ne sont que les conséquences naturelles de notre situation familiale – et que des millions d'autres personnes ressentent les mêmes choses – peut être extrêmement libérateur. Nous pourrons, grâce à ce processus de partage, commencer peu à peu à nous défaire de notre profonde conviction que nous devons porter le blâme pour les problèmes de notre famille.

Certes, la participation à un groupe composé de gens issus de familles dysfonctionnelles est une expérience très bénéfique ; mais la lecture de livres portant sur ces problèmes – enfants d'alcooliques, enfants ayant subi l'inceste, les mauvais traitements, le divorce – peut également être extrêmement utile (voir l'Appendice 2, « Lectures recommandées »).

Les agressions sexuelles

Le secret le plus « honteux » de tous est l'agression sexuelle perpétrée contre un enfant. Si vient à être dévoilé le secret de l'alcoolisme, toute la famille sera dans l'embarras et, dans le pire des cas, il y aura perte d'emploi. En revanche, si l'agression sexuelle est dénoncée, l'agresseur risque d'être incarcéré, la victime de subir sarcasmes et humiliation, et la famille d'être à tout jamais désunie. À cause de ce danger, il se peut que l'on use de la contrainte pour empêcher l'enfant agressée de raconter ce qui s'est vraiment passé. Peut-être ira-t-on jusqu'à lui affirmer qu'elle a imaginé ces expériences traumatisantes.

Bon nombre d'enfants qui ont été agressés sexuellement ont refoulé si profondément cette expérience qu'ils en sont devenus tout à fait inconscients. Il sera peut-être utile de vous poser les questions suivantes. Lorsque vous étiez enfant ou adolescent(e), vous a-t-on[1] :

- fait des attouchements sexuels ? vous a-t-on caressé(e), embrassé(e), donné des bains ou tenu(e) de façon telle que vous en ayez ressenti un malaise ?
- fait poser pour des photos à caractère sexuel ou érotique, ou forcé(e) à écouter des propos de même nature ?
- montré des organes sexuels ou du matériel pornographique ?
- fait faire des actes sexuels ?
- fait écouter ou lire des descriptions crues d'expériences sexuelles terribles (viol collectif, etc.) sous prétexte de vouloir les prévenir ?

1. Cette liste d'agressions sexuelles est tirée du livre d'Ellen Bass et de Laura Davis, *The Courage To Heal : A Guide for Women Survivors of Sexual Abuse* (New York, Harper and Row, 1988), p. 21.

- violé(e), pénétré(e), forcé(e) à vous masturber ou à avoir des relations sexuelles par voie orale ?
- poussé(e), par la force ou la séduction, à toute activité à caractère sexuel – que ce soit par votre père ou votre mère, votre gardien(ne), ou l'un de vos frères et sœurs plus âgé ou plus fort ?

Même si vous n'avez pas de souvenirs précis, mais seulement la vague impression d'avoir été agressé(e) lorsque vous étiez enfant, il y a de fortes chances pour que cela soit le cas. Souvent, il faut des mois ou des années de thérapie avant que certaines personnes ne se rappellent brusquement avoir été brutalisées ou agressées sexuellement.

Chez bon nombre de victimes, les agressions sexuelles d'un père ou d'une mère sont devenues leur principal crime imaginaire. Elles ont l'impression de les avoir provoquées, qu'elles auraient dû y mettre fin ou que, d'une manière ou d'une autre, elles les méritaient. Cela est vrai même lorsque les expériences sont horrifiantes ou répugnantes, encore davantage si la victime en a ressenti un plaisir sexuel. Il est facile pour une enfant de supposer que, parce qu'elle a pris plaisir à certains aspects d'un attentat à la pudeur, elle est responsable de ce qu'il se soit produit. Si l'on n'offre pas à l'enfant la possibilité de parler ouvertement de ces expériences, il en assumera le plus souvent la responsabilité. Pire encore, dans certains cas, on lui dira explicitement qu'il a lui-même cherché ou mérité ce qui lui est arrivé.

Les agressions sexuelles donnent naissance à un grand nombre de problèmes : manque d'estime de soi, anxiété, dépression, difficultés sexuelles, difficulté à faire confiance aux autres. Même des incidents en apparence mineurs et isolés impliquant des agressions sexuelles peuvent être profondément traumatisants pour la jeune victime. Comme l'écrivent Ellen Bass et Laura Davis, auteurs d'un guide à l'intention des femmes victimes de violence sexuelle, « un père peut en trente secondes glisser ses doigts dans le slip de sa fillette et, après cela, le monde n'est plus le même[1] ».

Autres patterns de la famille dysfonctionnelle

On commence à peine à reconnaître la gravité et l'étendue du problème de la violence faite aux enfants. En fait, dans certaines familles, on croit fermement qu'il est bénéfique de battre les enfants (ou les épouses). Le proverbe : « Qui aime bien châtie bien » implique que nous manquons à nos devoirs si nous ne battons pas nos enfants.

Les enfants de parents souffrant de maladies mentales graves, états dépressifs chroniques, désordres maniaco-dépressifs et psychose grandissent dans un environnement terrifiant et imprévisible. Ils réalisent que leur père ou leur mère ne se maîtrisent pas et se sentent en grand danger. Ils sont en outre susceptibles de supposer que la maladie de leur père ou de leur mère est due à une chose qu'ils ont faite – ou omis de faire. Si un père ou une mère souffrant de maladie mentale doit être hospitalisé, l'enfant peut croire qu'il est responsable de cette séparation traumatisante.

1. Cf. n. 1, p. 255.

L'importance des amis, des membres de la famille et des groupes de soutien

La *Control Mastery Theory* ainsi que les leaders du mouvement de soutien aux enfants issus de familles dysfonctionnelles partagent la conviction suivante : même dans les meilleures circonstances thérapeutiques, il faut du temps pour changer nos convictions irrationnelles inconscientes. Mais au moins on sait que, même si ces patterns ne peuvent être changés rapidement ou facilement, ils *peuvent* être changés.

Ne vous laissez pas gagner par le découragement si vous ne parvenez pas à venir à bout de ces problèmes en une semaine, un mois ou une année. Et n'hésitez pas à demander de l'aide. L'idée selon laquelle vous devriez être capable de vous en tirer seul sans dépendre de personne fait partie du syndrome des familles dysfonctionnelles.

Si vous avez l'impression que certaines sections de ce livre semblent vous être adressées, demandez à un ami ou à un membre de votre famille de les lire et d'en discuter avec vous. Lorsque vous en avez l'occasion, faites part des expériences et des idées que vous avez eues à la suite de vos lectures – ainsi que des idées que vous avez développées en discutant ou en réfléchissant. Vous découvrirez peut-être que plusieurs personnes de votre entourage font face à des problèmes tout à fait semblables aux vôtres.

La plupart des experts recommandent la combinaison de plusieurs techniques : lecture et réflexion, discussions avec des membres de la famille et des amis, participation à un ou plusieurs groupes officiels de soutien ou de thérapie et, peut-être, thérapie individuelle. Qu'il s'agisse d'un groupe d'auto-assistance ou qu'il soit dirigé par un psychothérapeute, le groupe peut être extrêmement utile en ce qu'il nous montre que nous ne sommes pas seuls. Une thérapie individuelle nous permet de nous concentrer de façon plus intense sur nos propres problèmes.

L'approche la plus appropriée peut varier d'une personne à l'autre, d'une communauté à l'autre. Certaines personnes en travaillant par elles-mêmes font de remarquables progrès. D'autres travaillent plus intensivement avec un conjoint, un ami, un membre de la famille. Beaucoup font leurs découvertes les plus importantes à l'intérieur d'un groupe ou dans le cadre d'une thérapie individuelle.

Mettre fin à la conspiration du silence

La plupart des personnes issues de familles dysfonctionnelles ont été victimes d'une conspiration du silence de la part de leurs parents, des membres de leur parenté, de leurs écoles et de la société en général. Jamais on n'a parlé, ni à l'intérieur ni à l'extérieur de la famille, du fait que le père ou la mère, ou les deux, souffraient d'une toxicomanie ou d'un problème psychologique, ou qu'un ou plusieurs enfants ont été agressés à plusieurs reprises.

La conspiration du silence a plusieurs effets :

- Elle permet au père ou à la mère dysfonctionnels de maintenir leur pattern négatif sans jamais faire face à leur problème.
- Elle contribue à renforcer l'impression qu'a l'enfant que ses sentiments de tristesse, de colère et de crainte sont sans fondements.
- Elle donne aux enfants de familles dysfonctionnelles l'impression qu'ils sont responsables de tous les malheurs qui se sont produits.

Le mouvement des ACA nous adresse à tous – aux enfants d'alcooliques comme aux autres – un message important : nous devons tous cesser de participer à cette conspiration du silence[1]. Toute la question de la dysfonction familiale sort maintenant au grand jour. En tant que société, nous commençons désormais à faire face à la vérité à propos des familles dysfonctionnelles, en particulier celles qui sont tourmentées par des problèmes d'alcoolisme, de toxicomanie et de violence envers les enfants. Nous commençons à reconnaître l'ampleur du problème et à chercher des solutions.

Bien que ce processus puisse être profondément douloureux, il est extrêmement utile à ceux d'entre nous qui sont issus de familles dysfonctionnelles de mettre à nu la dysfonction familiale. Mais ce qui est probablement encore plus important, c'est que cette sensibilisation croissante nous aidera désormais à protéger et à traiter les enfants qui grandissent dans des familles dysfonctionnelles.

1. Le mouvement des ACA prend des mesures pour que l'on parle ouvertement dans les écoles du problème de l'alcoolisme parental. La National Association for Children of Alcoholics a institué le National Elementary School Education Project, qui fournit à *toutes les écoles primaires américaines* le matériel nécessaire aux conseillers pédagogiques. Ces ressources comprennent des affiches mettant en vedette des héros de bandes dessinées exprimant des messages tels que : « Si ta maman et ton papa boivent trop, tu n'es pas seul. Il existe des millions d'enfants qui ont des parents alcooliques » ; « Tout ce que tu ressens est normal. Si ton papa ou ta maman sont des alcooliques, il est normal que tu sois triste ou effrayé » ; « Hulk dit qu'on peut aimer son papa et sa maman et demander quand même de l'aide. » En haut de chaque affiche, on lit ceci : CERTAINS PAPAS ET CERTAINES MAMANS BOIVENT BEAUCOUP TROP... ET ÇA FAIT MAL. Il ne faut pas s'en étonner, l'organisation qui est le fer de lance de cet effort est composée surtout de gens issus de familles alcooliques ou qui travaillent avec des enfants d'alcooliques. Gerry Myers, « National Elementary School Education Project », *The NACoA Network*, vol. 4, nº 2 (été/automne 1987). Publié par la National Association for the Children of Alcoholics, 31706 Coast Highway, suite 201, South Laguna, Calif.

Chapitre 11

La psychothérapie selon la *Control Mastery Theory*

L'importance d'une mise à l'épreuve

> *Si [...] l'analyste est capable de voir dans le comportement de son patient la reconstitution d'une situation subie passivement pendant l'enfance, il se demandera immédiatement comment ses parents l'ont traité et si son comportement ne révèle pas l'histoire de l'enfant totalement dépendant, laquelle remonte si loin dans le passé que le patient ne peut la raconter avec des mots, mais seulement par un comportement inconscient.*
>
> Alice MILLER

Si vous entrepreniez une thérapie individuelle, vous rencontreriez probablement un thérapeute au moins une fois par semaine pendant quelques mois ou quelques années[1]. C'est vous qui parleriez la plupart du temps.

1. On a pratiqué la psychothérapie de diverses manières : thérapies corporelles, cri primal, psychodrames, art-thérapie, musicothérapie, etc. Il n'en reste pas moins qu'aujourd'hui le plus gros de la psychothérapie et de l'assistance psychosociologique aux États-Unis consiste en des réunions régulières entre un thérapeute

Il écouterait attentivement, poserait des questions tout en vous encourageant à fournir quelques détails supplémentaires. De temps à autre, il proposerait des commentaires interprétatifs.

Il est difficile de comprendre comment, en ne faisant qu'écouter, poser des questions et interpréter, votre thérapeute peut vous aider à vaincre de pénibles sentiments et à changer un comportement qui vous a sans doute nui pendant de nombreuses années. Or c'est précisément ce qui se produit dans le cas de thérapies réussies. Après plus de vingt années d'étude, les chercheurs de la *Control Mastery Theory* ont élaboré quelques idées fort intéressantes sur le fonctionnement de ce processus.

Notre plan inconscient de santé psychologique

Les chercheurs travaillant dans le cadre de la *Control Mastery Theory* en sont venus à la conclusion suivante : *lorsqu'un client entreprend une psychothérapie, il a déjà en tête un plan inconscient pour maîtriser ses problèmes psychologiques.* En étudiant les notes relatives à des centaines de séances de thérapie, ces chercheurs ont découvert que chaque client semble disposer d'un plan inconscient pour venir à bout de ses convictions intimes gênantes[1]. Entre autres choses, notre plan inconscient *se propose d'utiliser nos relations les plus intimes que ce soit avec un thérapeute, un conjoint, un mentor, un ami – pour nous libérer de nos convictions inconscientes menaçantes.*

et un client, au cours desquelles le client parle et le thérapeute commente ce qu'il a dit.

1. Pour en savoir davantage sur la manière dont ces chercheurs ont formulé chaque plan de clients – et pour des conseils pour formuler votre propre plan –, voir le chapitre 12.

Découvrir l'existence de ce plan peut être extrêmement utile – aussi bien aux individus souffrant de problèmes psychologiques qu'à leurs amis, aux membres de leur famille et à leur thérapeute. Il est encourageant pour nous, en tant qu'individus, d'être assurés d'avoir en nous-mêmes un sens aigu de ce dont nous avons besoin pour résoudre nos problèmes. Quant aux amis et aux membres de la famille, ils peuvent ainsi savoir quel est le meilleur type de soutien à apporter à un être cher. Enfin, ce plan inconscient peut être utile aux thérapeutes parce qu'il suggère que leur rôle est de tenter de le comprendre et d'agir ensuite de manière à le soutenir. Comme chaque plan est unique, le thérapeute doit élaborer une approche appropriée à chaque client.

Notre plan inconscient pour maîtriser nos problèmes psychologiques comprend :

- les buts que nous aimerions atteindre (par exemple : devenir plus indépendants et moins impulsifs) ;
- les convictions inconscientes (y compris les crimes imaginaires) qui nous empêchent d'atteindre nos buts ;
- les idées qui pourraient nous aider à surmonter nos obstacles intérieurs (le fait, par exemple, que l'on se sente irrationnellement coupables d'être indépendants) ;
- la manière dont nous aimerions qu'un ami, un membre de la famille ou un thérapeute répondent aux demandes, aux exigences et aux provocations que nous comptons inconsciemment leur exprimer.

Les véritables objectifs d'un client

Il existe parfois un grand écart entre les buts conscients et déclarés d'un client et ses buts inconscients. Du reste, certains clients ont une idée remarquablement claire de ce qui les retient, d'autres pas. Leur plan conscient peut être fort différent de leur plan inconscient. Lorsque les deux sont en conflit, le thérapeute doit orienter ses actions en fonction du plan inconscient du client.

Lorsqu'elle entreprit sa thérapie, Véronique demanda à son thérapeute de l'aider à apprendre à vivre avec l'homme froid, distant et indifférent qu'elle avait épousé. Après un certain nombre de séances, il devint clair aux yeux du thérapeute que la véritable mission de Véronique consistait à vaincre sa conviction qu'elle devait rester avec cet homme alors qu'elle comprenait fort bien qu'il n'avait aucunement l'intention de changer. Elle raconta que sa mère, pour sa part, était restée toute sa vie avec son mari insensible, ce qui l'avait rendue malheureuse et amère. Véronique avait inconsciemment l'impression qu'en quittant cet époux qui ne lui convenait pas et en rencontrant un homme chaleureux et stimulant, elle commettrait le crime de surpasser sa mère. Pendant sa thérapie, Véronique fut en mesure de quitter son mari et de trouver un partenaire plus aimant.

Le secret d'une psychothérapie efficace

Après avoir étudié le travail de dizaines de thérapeutes pendant une période de vingt ans, les chercheurs de la *Control Mastery Theory* ont découvert que, quelle que soit leur formation, les thérapeutes, lorsqu'ils travaillent efficacement, ont tous ceci en commun qu'ils agissent de façon à soutenir le plan inconscient de leur client pour une meilleure santé psychologique.

Daniel était directeur d'un club de tennis réputé. Il entreprit une thérapie parce qu'il ne savait plus s'il voulait épouser sa petite amie, Catherine. Il déclara à son thérapeute, le docteur H., qu'il avait besoin d'aide pour surmonter sa peur de l'intimité, expliquant qu'il avait déjà beaucoup fait souffrir Catherine, étant dans l'incapacité de prendre une décision. Catherine était convaincue qu'ils allaient être heureux ensemble si seulement Daniel réussissait à surmonter ses hésitations. À plusieurs reprises, celui-ci lui avait annoncé qu'il comptait annuler leur mariage une fois pour toutes. Chaque fois, elle avait réagi par une crise de nerfs et des menaces de suicide.

Daniel avait perdu son père à l'âge de dix ans. Sa mère ne s'était jamais remise de cette perte tragique. Daniel ayant manifesté dès l'enfance son intérêt pour le sport, sa mère, elle-même excellente joueuse de tennis, avait commencé très tôt à lui en enseigner les rudiments. Elle lui avait confié que, dès sa naissance, elle avait rêvé de le voir devenir champion de tennis. Elle avait géré sa carrière et l'avait encouragé à chaque étape. Daniel avait remporté son premier championnat d'État alors qu'il terminait l'école secondaire.

Tout au long de son enfance et de son adolescence, la mère de Daniel avait pris toutes les décisions à sa place – depuis les vêtements qu'il devait porter jusqu'aux filles qu'il pouvait fréquenter. S'il exprimait le moindre désaccord, elle se montrait si vexée et blessée qu'il s'empressait aussitôt d'acquiescer.

D'après son histoire et la description de ses problèmes actuels, il apparaissait évident que Daniel se sentait coupable des crimes imaginaires d'abandon et de trahison. Il craignait qu'en faisant ses propres choix et en agissant de façon indépendante, il ne fît du mal à sa mère ou à quelqu'un d'autre (Catherine, par exemple). Le docteur H. en déduisit que Daniel, selon son plan inconscient, attendait de son thérapeute qu'il l'aide à se défaire du sentiment de culpabilité dont il souffrait. Se sentant moins coupable, Daniel pourrait alors choisir librement de quitter Catherine ou de rester avec elle.

Le docteur H. décida que l'une des façons de calmer le sentiment de culpabilité de Daniel était d'exprimer son scepticisme quant à sa conviction de se montrer cruel envers Catherine en ne l'épousant pas. Évidemment, Daniel en fut grandement soulagé : l'attitude de son thérapeute contredisait sa conviction menaçante qu'il était cruel et dangereux de ne pas répondre aux attentes de Catherine. Avec le temps, il fut en mesure de se montrer plus honnête et assuré dans l'expression de ses besoins et sentiments.

À plusieurs reprises, Daniel demanda conseil au docteur H. Soupçonnant qu'il espérait inconsciemment être encouragé à prendre ses *propres* décisions, celui-ci se contentait de répéter à son client que c'était à *lui* que revenait la tâche de prendre ses décisions. Certes, Daniel se plaignit que son thérapeute refuse de l'aider, mais le choix du docteur H. de ne pas lui donner de directives fut très utile. En réfutant la conviction menaçante de Daniel selon laquelle les figures représentant l'autorité ne voulaient pas lui permettre d'être indépendant, il lui permit d'avoir un comportement beaucoup plus décidé et assuré.

L'une des convictions de Daniel était que le fait de prendre ses propres décisions et d'affirmer ses propres besoins était cruel et dangereux, surtout si cela risquait de décevoir une femme. Son thérapeute réussit à l'aider à surmonter cette conviction, tant par ses interprétations que par son comportement.

La recherche dans le cadre de la *Control Mastery Theory* soutient très solidement l'idée que, comme

Daniel, la plupart des clients souhaitent inconsciemment que le thérapeute leur démontre *en parole et en fait* que leurs convictions menaçantes inconscientes sont fausses.

Et qu'en est-il des thérapeutes ?

Bien que sa compréhension du plan de Daniel ait permis à son thérapeute de traiter avec succès son client, bon nombre de thérapeutes d'expérience, même ceux qui n'ont jamais entendu parler de la *Control Mastery Theory*, auraient pu, eux aussi, lui être d'un grand secours. Ils auraient compris qu'ils ne devaient pas encourager Daniel à céder aux menaces de suicide de sa petite amie. Et nombreux sont les thérapeutes qui se font une règle de ne jamais donner de conseils. Tant que son thérapeute ne se rangeait pas à l'avis de Catherine, qui souhaitait que son ami s'engage davantage, et tant qu'il ne prenait pas ses décisions à sa place, l'encourageant au contraire à faire ses propres choix, Daniel réaliserait de grands progrès dans sa thérapie.

Si le thérapeute agit en accord avec le plan inconscient de son client, il aidera ce dernier. Heureusement, plusieurs des attitudes et comportements les plus répandus parmi les thérapeutes sont utiles à un vaste éventail de clients. C'est pourquoi la plupart des thérapeutes sont capables d'aider la majorité de leurs clients, même s'il arrive fréquemment qu'ils aient des conceptions largement différentes de leur rôle[1].

1. K. Howard *et al.*, « The Dose-Effect Relationship in Psychotherapy », *American Psychologist*, vol. 41, n° 2, 1986, p. 159. « On s'entend de plus en plus à reconnaître dans la littérature spécialisée que le traitement psychothérapeutique est généralement salutaire pour les patients. »

Considérons le docteur A., psychanalyste classique expérimentée, dont la formation lui a enseigné à écouter attentivement ses clients, ne parlant que pour se livrer avec modération à des interprétations et ce, seulement après mûre réflexion. Ce comportement attentif, cette retenue constitueront une expérience positive pour plusieurs de ses clients. Le seul fait d'être écouté avec attention et respect heure après heure, jour après jour, semaine après semaine, peut donner à un client le sentiment d'être important et digne d'intérêt, surtout s'il a la conviction inconsciente de ne mériter ni attention ni respect[1].

Beaucoup de thérapeutes expérimentés, à l'instar des professeurs et des parents expérimentés, perçoivent souvent de façon intuitive les besoins particuliers de leurs clients et agissent en conséquence. Même sans une connaissance claire du plan inconscient de son client, un thérapeute peut faire un travail excellent, voire exceptionnel. Mais s'il incorpore dans sa pratique la notion du plan inconscient du client, nous croyons qu'il deviendra encore plus efficace.

Contrairement à d'autres écoles de psychanalyse, la *Control Mastery Theory* soutient qu'il n'est pas nécessaire que le thérapeute force le client à travailler sur ses problèmes, ou essaie de briser ses défenses. Le client ne fera tomber ses défenses que lorsqu'il se sen-

1. La psychanalyse traditionnelle est généralement menée à raison de trois à cinq séances par semaine pendant une période de trois à six ans. Le client est généralement étendu sur un divan et l'analyste est assis derrière lui. Évidemment, la psychanalyse réclame beaucoup de temps et d'argent et seule une fraction minime des clients en psychothérapie sont aujourd'hui en analyse. Cependant la compréhension psychanalytique des problèmes psychologiques demeure le point de vue le plus largement accepté parmi les psychothérapeutes américains.

tira en sécurité – et pas avant[1]. Nombreux sont les clients en thérapie dont les buts et les aspirations sont contrariés par leurs craintes inconscientes de faire du mal aux autres, ou de se faire du mal à eux-mêmes. Plutôt que de pousser le client, le thérapeute doit s'efforcer de comprendre la nature de ces dangers et de faire en sorte que la situation paraisse plus sécurisante, de façon que le client puisse rassembler le courage nécessaire pour mettre ses craintes à l'épreuve. Le thérapeute qui rend encore plus menaçante la situation de thérapie peut, en fait, compromettre les progrès de son client[2]. Selon la *Control Mastery Theory*, il revient donc au thérapeute de créer une atmosphère dans laquelle le client puisse se sentir en sécurité.

Pour y réussir, le thérapeute doit comprendre les préoccupations inconscientes du client. Si celui-ci a été

1. Selon de nombreuses études menées par les chercheurs de la *Control Mastery Theory*, un client ne progressera que lorsqu'il se sentira en sécurité pour le faire. Voir George Suberschatz, « Testing Pathogenic Beliefs », *in* Joseph Weiss *et al.*, *The Psychoanalytic Process : Theory, Clinical Observation and Empirical Research* (New York, Guilford Press, 1986), p. 256-266. Voir aussi George Silberschatz et al., « Testing Pathogenic Beliefs Versus Seeking Transference Gratifications », p. 267-276. La première de ces études fournit la preuve que lorsque le thérapeute réussit le test d'un client, lui permettant ainsi de se sentir plus en sécurité, le client fait immédiatement des progrès mesurables sur plusieurs échelles. La seconde étude prouve que ce n'est pas la frustration des désirs infantiles qui fait progresser le patient, mais bien plutôt la réfutation de ses convictions menaçantes.

2. Évidemment, il y a des moments dans la thérapie où le thérapeute peut protéger le client en l'affrontant. Par exemple, si un client annonce au thérapeute qu'il se propose de faire une chose dangereuse, autodestructrice ou illégale, il arrive souvent qu'il soit rassuré si son thérapeute manifeste fermement son opposition à ce plan d'action. Cela est particulièrement vrai dans le cas où les parents du client ne s'opposaient pas vivement à un comportement autodestructeur.

étouffé par une mère exigeante et importune, le thérapeute sera peut-être bien avisé de maintenir une attitude professionnelle froide et distante afin que le client ne redoute pas d'être envahi. Mais si ses parents étaient froids et distants et ne lui accordaient que peu d'attention et de soins, le thérapeute devra peut-être alors se montrer plus chaleureux, plus ouvert, et s'engager plus activement dans la discussion thérapeutique. Il n'existe pas de méthode qui puisse convenir à tous. Le concept de plan de la *Control Mastery Theory* peut donc être d'un grand secours au thérapeute. Alors qu'un thérapeute peut, par intuition, adopter une approche qui apporte une aide considérable au client, le fait de comprendre le plan de ce dernier donnera à son travail plus de consistance et de précision.

La thérapie comme guerre

Au tout début de ma formation, j'entendis l'un de mes professeurs faire ce commentaire : « Le névrosé ne veut pas guérir. Il ne veut que devenir un meilleur névrosé. » C'est là une opinion commune parmi les psychothérapeutes, avec laquelle la *Control Mastery Theory* est en désaccord total. De telles suppositions impliquent que le thérapeute doit être constamment aux aguets pour empêcher que le client ne renverse le processus de thérapie. Elles impliquent également que la thérapie est une guerre, que le thérapeute doit prendre soin de se protéger contre les tentatives du client de l'ébranler subtilement et de l'attaquer. Si le client fait des progrès, le thérapeute gagne. Si en revanche il ne progresse pas, c'est lui qui gagne parce qu'il résiste au changement positif et parvient à créer chez le thérapeute un sentiment de frustration et d'impuissance. L'idée inhérente à cet antagonisme est que le client préfère provoquer un malaise chez le thérapeute plutôt que de faire des progrès sur le plan psychologique.

Selon la *Control Mastery Theory*, tous les clients désirent vraiment guérir consciemment et inconsciemment. Cette perception est positive, mais elle ne repose pas sur un optimisme naïf. Au contraire, elle est fondée sur plusieurs années de recherche[1].

C'est un avantage énorme pour le thérapeute travaillant dans le cadre de la *Control Mastery Theory* de ne pas se croire en guerre avec son client. Certes, il y a des moments où la thérapie est une lutte pénible. Mais, comme le client désire sincèrement guérir et que le thérapeute le souhaite également, tous deux finissent par combattre dans le même camp.

Les clients souhaitent-ils vraiment guérir ?

Il n'est pas difficile de comprendre pourquoi certains thérapeutes croient que certains clients ne veulent pas guérir. Ceux-ci, en effet, font souvent des choses qui frustrent leur thérapeute. Certains lui demanderont des suggestions qu'ils déprécieront aussitôt ou qu'ils rejetteront. Ils se plaindront de la situation qu'ils vivent tout en ne prenant aucune mesure pour l'améliorer. Ils accuseront le thérapeute de ne pas se soucier suffisamment d'eux et repousseront pourtant toute manifestation de sollicitude. Parfois, ces clients semblent s'accrocher à

1. Malheureusement, cependant, tous les clients ne peuvent pas être guéris par une thérapie adéquate. Il arrive parfois qu'un lien ait été à tel point traumatisé pendant son enfance que, même avec l'aide d'un thérapeute sensible et compétent, il demeure incapable de vaincre ses convictions menaçantes inconscientes.

leur malheur comme s'il était leur possession la plus chère.

Nous avons tous, à un moment donné, tenté d'aider un ami ou un membre de la famille aux prises avec un problème psychologique et été frustrés dans nos efforts par le refus apparent de cette personne de se débarrasser de son problème. À un moment donné, nous nous sommes sans doute dit que cette personne souhaitait vraiment être malheureuse.

Selon la *Control Mastery Theory*, même s'il peut *parfois sembler en être ainsi, personne ne souhaite vraiment être malheureux*. Les gens coincés dans de semblables patterns, qui vont à l'encontre du but recherché, sont menés par des convictions menaçantes, lesquelles les poussent à croire qu'il est dangereux d'être heureux ou de faire des choses susceptibles de les rendre heureux. Ils croient avoir commis des crimes imaginaires et, par conséquent, ne pas mériter de jouir des bons côtés de la vie. Ou alors ils croient inconsciemment qu'en se débarrassant de leurs problèmes, ils s'attireront ou attireront aux autres de terribles malheurs.

Mise à l'épreuve du thérapeute

Selon la *Control Mastery Theory*, les clients tentent souvent intentionnellement de provoquer leur thérapeute. Le client met à l'épreuve le thérapeute pour déterminer si ses propres convictions menaçantes sont vraies. Ainsi, dans la *Control Mastery Theory*, le mot « mise à l'épreuve » a une signification toute particulière.

Daniel, le propriétaire du club de tennis, mettait à l'épreuve son thérapeute en lui demandant fréquemment conseil. Mais il ne tenait pas vraiment à ces conseils – si le docteur H. avait accédé à ses requêtes en lui disant ce qu'il devait faire, il aurait confirmé la conviction menaçante de Daniel selon laquelle il faisait du mal aux autres en prenant ses propres décisions. En refusant de donner des conseils, le docteur H. contribua à contredire les prédictions de son client. À la longue, cela aida Daniel à se libérer de ses convictions inconscientes.

Tests de transfert

L'un des types de tests que le client fait passer à son thérapeute est désigné du nom de « test de transfert ». Dans un test de transfert, le client provoque le thérapeute pour que celui-ci le traite de façon négative comme l'ont fait ses parents[1]. Si son père ou sa mère étaient critiques ou s'ils étaient sévères, il invite le thérapeute à l'être aussi ; s'ils lui faisaient des avances sexuelles, il provoquera le thérapeute pour qu'il en fasse autant. Et ainsi de suite. Pour réussir ces tests, le thérapeute doit refuser ces provocations.

Dans un pareil cas, le client ne veut pas vraiment être critiqué ni contrôlé par son thérapeute, ni avoir des relations sexuelles avec lui, même s'il semble le souhaiter. Ce qu'il désire inconsciemment, c'est que le thérapeute lui prouve qu'il ne le critiquera pas, ni ne le rejettera, ni ne l'exploitera sexuellement – même si l'occasion lui en est offerte. Il peut de la sorte surmonter ses convictions de mériter ces offenses. Si le thérapeute

1. La plupart des clients ont reçu de leurs parents une combinaison de bons et de mauvais traitements. Les bons traitements ne créent pas de problèmes psychologiques parce qu'ils n'incitent pas l'enfant à acquérir des convictions menaçantes inconscientes. Comme le but principal du client en thérapie est de se libérer de ces convictions, il invite le thérapeute à reproduire les mauvais traitements qu'il a reçus, non pas les bons.

réagit *effectivement* en le critiquant, en le rejetant, en le contrôlant ou en acceptant ses avances sexuelles, les convictions menaçantes inconscientes du client se trouvent confirmées. Ses symptômes s'aggravent et la thérapie, plutôt que de l'aider, lui fera peut-être beaucoup de tort. Voilà une raison importante pour laquelle il est tellement nuisible que des thérapeutes aient des rapports sexuels avec leurs clients, même ceux qui tentent activement de les séduire.

Un test de transfert est une tentative du client de répondre à trois questions :

- « Allez-vous me traumatiser comme l'ont fait mes parents, ou serai-je capable d'avoir avec vous une expérience nouvelle et plus positive ? »
- « Suis-je vraiment une mauvaise personne, un criminel imaginaire qui n'est pas digne d'être bien traité ? »
- « Les gens sont-ils tous aussi "absents", injurieux ou peu dignes de confiance que mes parents ? »

Le cas de Mark

Marc était un jeune diplômé de l'Université, brillant et compétent, qui avait du mal à conserver son emploi de serveur. Après plusieurs mois de thérapie avec le docteur L., au cours desquels il réalisa de notables progrès, il commença à se présenter en retard à ses séances de thérapie, à ne plus les payer régulièrement comme il l'avait fait jusque-là et il semblait incapable de comprendre ce que lui disait le docteur L.

Les parents de Marc lui répétaient toujours, lorsqu'il était enfant, qu'il était bête et irresponsable, et il en était venu inconsciemment à les croire. En outre, il croyait inconsciemment que ses parents – et d'autres figures représentant l'autorité – ne voulaient pas qu'il change, ayant besoin de le critiquer pour se sentir mieux dans leur peau.

Au cours de la première année de thérapie, le docteur L. ne comprit pas les convictions menaçantes de Marc. Elle lui affirma que son comportement irresponsable était une forme d'hostilité indirecte à son égard. Marc considéra cette réponse comme une critique. Il devint encore plus anxieux et déprimé et se mit à avoir encore plus de difficultés au travail. Il en était inconsciemment venu à la conclusion que sa conviction menaçante inconsciente se révélait exacte : sa thérapeute, comme ses parents, voulait faire de lui un raté irresponsable afin d'avoir toujours quelqu'un à critiquer. Il en résulta que Marc continua à croire qu'en se montrant compétent, il commettrait le crime imaginaire de trahison. Le docteur L. avait échoué au test de transfert de Marc.

Mais, Marc ne faisant plus de progrès, sa thérapeute s'en inquiéta et consulta un de ses supérieurs qui lui conseilla de ne pas interpréter comme de l'hostilité les actes de Marc, mais de lui faire plutôt remarquer qu'il faisait tout pour lui fournir les prétextes de se montrer critique envers lui – Marc croyant inconsciemment qu'à l'instar des autres figures représentant l'autorité, sa thérapeute *voudrait* le critiquer. Ayant accepté cette interprétation, Marc se remit à faire des progrès. Son découragement se dissipa et on finit par lui offrir un meilleur poste. Le docteur L. avait réussi son test en aidant son client à apprendre qu'après tout, ce n'était pas vraiment un crime que d'être compétent et de réussir.

De la passivité à l'action

Pour de nombreux thérapeutes, l'aspect le plus difficile de leur travail est d'endurer ces moments où un client agit de façon hostile, critique ou culpabilisante. Très souvent, ce type de comportement est un exemple du second type de test, celui que l'on appelle « passage de l'état passif à l'état actif ». Le client imite alors le comportement de ses parents et traite la thérapeute comme il l'a lui-même été pendant son enfance. Il inflige *activement* à la thérapeute – ou à un ami ou à toute personne lui offrant son aide – les offenses qu'il a subies passivement lorsqu'il était enfant. Si on l'a critiqué, il sera critique à l'égard de la thérapeute ; si on l'a accusé d'égoïsme et de froideur, il accusera la thérapeute de l'être ; si son père ou sa mère étaient déprimés, désespérés, inconsolables, il copiera ce comportement ; s'ils se mettaient dans des colères terribles, il en fera autant ; si enfin ils le rendaient responsable de leurs propres problèmes, il rendra la thérapeute responsable des siens.

En faisant passer ce second test à sa thérapeute, le client tente de répondre à la question suivante : si je la traite comme on m'a traité, supposera-t-elle qu'il y a en elle quelque chose qui cloche, tout comme *moi* je l'ai supposé ? Pour réussir ce test, la thérapeute doit être capable d'endurer le traitement traumatisant que lui administre le client sans pourtant en être traumatisée.

Si le client se montre critique, la thérapeute doit éviter d'être sur la défensive ou de se répandre en excuses. S'il la rejette, elle ne doit pas se montrer blessée. S'il la menace, elle ne doit pas avoir l'air effrayé. Si, enfin, il tente de la culpabiliser, elle doit éviter de se sentir trop responsable.

Si la thérapeute est capable de réussir ce test, son exemple donnera de la force au client qui se dira alors inconsciemment ceci : « Si ma thérapeute ne se sent pas responsable des mauvais traitements que je lui inflige, peut-être ne dois-je pas me sentir responsable des mauvais traitements dont j'ai moi-même souffert lorsque j'étais enfant. »

Donc, une fois que la thérapeute – ou l'ami ou le membre de la famille – a réussi ce test, le client peut l'utiliser comme une sorte de modèle à imiter – un modèle qui ne souffre pas d'un sentiment irrationnel de culpabilité. Dès lors, les convictions inconscientes menaçantes du client commencent à avoir moins d'emprise sur lui, ce qui peut éventuellement l'aider à s'absoudre de ses crimes imaginaires.

Le cas de Monique

Monique était un agent d'assurances de trente-neuf ans. Elle entreprit une thérapie parce qu'elle souffrait d'états dépressifs, n'aimait pas son travail, était incapable de nouer des amitiés durables, tant avec des hommes qu'avec des femmes, et se sentait profondément découragée.

Lorsque son thérapeute, le docteur D., lui conseilla de chercher un autre emploi, Monique répliqua qu'elle était trop déprimée. Elle se plaignait des heures durant, implorant l'aide de son thérapeute. Mais, chaque fois qu'il lui faisait une suggestion ou proposait une interprétation, elle manifestait dans ses réponses un étonnement incrédule, comme pour dire : « C'est pour *cela* que je paie soixante-quinze dollars l'heure ? » Elle l'accusait fréquemment de ne pas se soucier d'elle et de ne s'intéresser qu'à l'argent. Le docteur D. commença à redouter les séances avec elle.

Le père de Monique était propriétaire d'une manufacture textile ; c'était un bourreau de travail qui n'était que rarement à la maison. À onze ans, elle le vit quitter sa mère pour une autre femme beaucoup plus attrayante. La mère de Monique était une femme malheureuse, exigeante, sarcastique qui semblait s'attendre à ce que sa fille compense l'absence de son mari. Chaque jour, quand Monique rentrait de l'école, sa mère l'accueillait avec empressement à la porte de la maison, mais se montrait sitôt après désappointée, comme si Monique n'avait pas été suffisamment démonstrative ni divertissante, et elle retombait rapidement dans son état dépressif habituel. Monique avait toujours l'impression de décevoir sa mère et se sentait donc responsable de sa tristesse.

En dépit des difficultés qu'il éprouvait à travailler avec Monique, son thérapeute ne se laissa pas atteindre dans sa compétence et son intégrité par ses fausses accusations, ses efforts pour le culpabiliser, ses sarcasmes et ses critiques. Il ne se sentit pas non plus responsable du fait que Monique était malheureuse. Il se rendait compte qu'elle le traitait comme on l'avait traitée. En fait, cela lui servit pour se faire une idée étonnamment juste de l'enfance de sa cliente, bien avant que celle-ci n'ait été capable d'en parler.

Le docteur D. avait réussi le test de Monique. En conséquence, celle-ci commença à se sentir moins coupable d'avoir trahi et abandonné sa mère. Alors qu'au tout début, elle avait affirmé à son thérapeute que sa mère était « la meilleure mère que puisse avoir une fille », à mesure que progressait la thérapie, elle commença à se rappeler que leur relation avait été fort pénible, sa mère s'étant toujours montrée déçue par sa fille, l'abreuvant de sarcasmes et d'accusations injustes, la rejetant et la rabaissant de mille manières.

Certes, la thérapie de Monique fut longue et difficile – tant pour elle que pour le docteur D. –, mais, avec le temps, elle finit par comprendre qu'elle n'était pas vraiment responsable de la tristesse de sa mère. En conséquence, son état dépressif se dissipa en grande partie, elle cessa de saboter ses amitiés et trouva finalement un emploi qui lui plaisait.

Parce que le docteur D. s'était rendu compte que le comportement en apparence injurieux de Monique était en fait un test, il fut en mesure de comprendre de quelle manière elle avait besoin qu'il réagisse. Et c'est en grande partie parce qu'elle prit peu à peu conscience de son besoin de traiter les autres comme elle avait été traitée que Monique prit conscience des situations dans lesquelles elle répétait les patterns négatifs du comportement de sa mère, et apprit progressivement à les maîtriser.

Une arme à double tranchant

Pour la thérapeute, le test du passage de l'état passif à l'état actif peut être une arme à double tranchant. D'une part, il expose la thérapeute aux expériences traumatisantes subies par le client au cours de son enfance, ce qui peut être difficile et douloureux – cela est spécialement vrai dans le cas d'un client ayant eu des parents particulièrement colériques, critiques, culpabilisants ou cruels.

D'autre part, pareil test peut donner à la thérapeute l'occasion de comprendre ce qu'a ressenti et ressent encore son client, non seulement sur le plan intellectuel, mais aussi sur le plan viscéral. Comme l'écrit Alice Miller, « la manière dont le client traite l'analyste offre des indices quant à la manière dont l'ont traité ses parents lorsqu'il était enfant – mépris, railleries, désapprobation, séduction, ou conduites susceptibles de lui inspirer un sentiment de culpabilité, de la honte, de la frayeur[1] ». Ces indices peuvent permettre à la thérapeute de se faire une idée beaucoup plus précise de ce

1. Alice Miller, *Thou Shalt Not Be Aware : Society's Betrayal of the Child* (New York, Farrar, Straus and Giroux, 1984), p. 12.

à quoi ressemblaient le père et la mère du client, particulièrement lorsque celui-ci n'a que peu de souvenirs conscients de son enfance, ou qu'il a idéalisé ses parents au point de ne se rappeler que les bons moments.

Un poteau indicateur pour les thérapeutes

Souvent la réaction à un test réussi ou raté est immédiate. Si le thérapeute a réussi le test, le client devient immédiatement moins anxieux, ses pensées sont plus claires, il se montre plus démonstratif, semble être davantage en possession de ses moyens et il y a plus de chances pour qu'il se rappelle des faits importants de son enfance[1]. Par contre, dans le cas contraire, il deviendra encore plus anxieux, aura du mal à mettre de l'ordre dans ses idées et à se souvenir des événements marquants de son enfance, semblera perdre ses moyens et se sentira plus désespéré face à l'avenir.

En observant attentivement la réaction du client, le thérapeute peut donc généralement savoir s'il a réussi un test. S'il a échoué, il pourra avoir une attitude différente la prochaine fois que le test lui sera présenté. Plusieurs tests sont répétés sous diverses formes à mesure que le client travaille à démontrer que ses convictions menaçantes sont sans fondement. Même si le thérapeute échoue une première fois, une autre chance lui sera généralement donnée.

Tous les thérapeutes doivent prendre des décisions difficiles en cours de thérapie : faut-il garder le silence,

1. Parfois, lorsqu'un thérapeute réussit un test, le client se sentira assez à l'aise pour lui faire passer des tests plus difficiles. Un client qui a tendance à se plaindre de son thérapeute se mettra peut-être à se plaindre encore davantage si le thérapeute est capable de réussir ce test initial.

poser une question, donner un conseil, céder aux requêtes du client ? La thérapeute consciente du processus du test est capable, en notant soigneusement les réactions de son client, de déterminer si elle doit poursuivre dans la voie qu'elle a choisie ou changer de tactique.

Compréhension et interprétations

Les clients en thérapie progressent de deux manières. L'une est la mise à l'épreuve. La seconde consiste à pénétrer et à comprendre leur propre psychologie.

Si un thérapeute réussit le test d'un client, même par inadvertance, l'état de celui-ci s'améliorera. Ses convictions menaçantes inconscientes seront mises en doute et, du moins, partiellement réfutées. Cela peut se produire sans que le client le comprenne consciemment. En effet, selon la *Control Mastery Theory*, il peut y avoir progrès *même si le client et le thérapeute sont tout à fait dans le noir quant à ce qui se passe vraiment*. Cela ne signifie pas pour autant que la compréhension soit inutile.

Elle nous est en effet très utile dès lors qu'elle nous permet de poursuivre notre propre travail thérapeutique sans thérapie, en dehors de la thérapie ou après avoir terminé une thérapie. Elle nous fournit une structure d'idées auxquelles nous pouvons nous référer lorsque nous sommes confus, incapables de nous maîtriser ou dépassés. Bien qu'il nous soit parfois possible de résoudre nos principaux problèmes psychologiques sans en comprendre leurs causes, la tâche est presque toujours plus aisée quand nous les comprenons. La compréhension de nos convictions menaçantes est donc un outil extraordinaire pour surmonter nos difficultés psychologiques.

Interprétations nuisibles

Les interprétations qui sont compatibles avec le plan inconscient d'un client peuvent lui être d'une grande utilité. En revanche, celles qui vont à l'encontre de ce plan peuvent être *nuisibles*[1]. Ces interprétations peuvent stopper ou renverser les progrès du client en renforçant ses convictions inconscientes destructrices.

En outre, certaines interprétations ne sont presque jamais utiles et peuvent même faire du mal au client, parce qu'elles ont tendance à renforcer des convictions menaçantes répandues et vont donc presque toujours à l'encontre de son plan.

Supposons qu'une cliente affirme se rappeler avoir été agressée sexuellement lorsqu'elle était enfant et que son thérapeute réagisse en lui disant que, selon toute vraisemblance, cette agression ne s'est jamais produite, qu'elle ne l'a que *désirée*. Le thérapeute n'aura pas accordé d'importance à une partie importante de l'expérience de sa cliente. En outre, si celle-ci se sent déjà

1. Certains thérapeutes se rendront peut-être compte en lisant ce livre qu'ils ont fait certaines des recommandations nuisibles dont nous parlons, sans toutefois qu'il en résulte un dommage évident. En fait, il arrive qu'un client tire un bénéfice d'une interprétation qui sera généralement nuisible pour la plupart des gens. Cela dépend largement de la place qu'occupe l'interprétation dans le plan inconscient du client. Parfois, par exemple, le processus d'interprétation peut être plus important que le contenu. Si les parents d'un client n'arrivaient jamais à se décider sur quoi que ce soit et que le client travaille à être plus déterminé, le seul fait que le thérapeute lui impose une interprétation et la maintienne peut être utile, même si l'interprétation est incorrecte. L'effet de toute interprétation sur un client est déterminé par un tissu complexe de facteurs qui dépassent les limites de ce livre Pour une analyse plus en profondeur, voir Joseph Weiss *et al., The Psychoanalytic Process : Theory, Clinical Observation and Empirical Research* (New York, Guilford Press, 1986), p. 84-116.

irrationnellement responsable de cette agression, elle ne s'en sentira que plus responsable. La même chose survient lorsque l'on affirme à un client qu'il importe peu qu'un événement traumatisant soit survenu ou non, puisque la seule chose qui compte est sa propre perception de cet événement. Lorsqu'on n'accorde pas à un douloureux souvenir d'enfance l'importance qui lui revient, ou lorsqu'on le taxe de fantasme, on fait du tort au client.

Imaginons maintenant qu'une cliente soit excessivement polie et réservée et que son thérapeute réagisse en lui disant qu'elle fait semblant d'être coopérante et agréable, étant en réalité remplie de rage et d'instincts meurtriers. Cette interprétation pourra renforcer la conviction irrationnelle qu'a la cliente d'être littéralement une bombe à retardement. Les gens qui évitent à tout prix la confrontation ont généralement l'impression qu'il est terriblement dangereux d'exprimer de la colère. Ils craignent généralement que leur colère ne fasse beaucoup de mal aux autres ; ils ont peur de perdre le contrôle d'eux-mêmes et de devenir fous, d'être brutalement attaqués ou abandonnés au moindre signe de colère par ceux qu'ils aiment. Par conséquent, leur laisser supposer qu'ils sont des barils de poudre ambulants ne sert absolument à rien. Ces clients ont, au contraire, besoin qu'on les aide à comprendre que leurs craintes sont irrationnelles ou grandement exagérées, que, bien que la colère soit une émotion pénible, il est possible d'apprendre à l'exprimer d'une façon constructive, que le seul fait d'éprouver des sentiments de colère ne constitue pas un crime.

Supposons, cette fois, qu'un client se dise vivement préoccupé par la santé ou le bonheur de son père ou de sa mère, et que son thérapeute réagisse en lui disant qu'il souhaite inconsciemment que son père ou sa mère soient malades ou malheureux, voire qu'il souhaite inconsciemment les tuer. Certes, il est vrai que chacun de nous nourrit certains sentiments de colère envers ses parents, mais, lorsqu'un client exprime de semblables préoccupations, elles sont presque toujours réelles. Ce genre de client a, de façon caractéristique, des parents déprimés, solitaires, incompétents ou qui se traitent mal mutuellement – bref, des parents qui lui donnent de bonnes raisons de s'inquiéter. Ces clients souffrent généralement d'un sentiment de culpabilité du survivant ou d'un sentiment de culpabilité lié à la séparation d'avec les parents. Ils ont l'impression d'avoir déjà été cruels envers leurs parents en réussissant ou en devenant tout simplement heureux ou indépendants. Si on leur affirme qu'ils souhaitent secrètement le malheur ou la mort de leurs parents, leur sentiment de culpabilité n'en deviendra sans doute que plus intense.

Posons comme hypothèse qu'une cliente ait l'habitude d'exprimer de la colère envers les hommes et se sente toujours en compétition avec eux et que son thérapeute réagisse en lui disant qu'elle souffre de *l'envie du pénis* – parce qu'elle a l'impression que les organes génitaux d'une femme sont de quelque manière inférieurs à ceux d'un homme. En plus d'être tout à fait erronée, pareille affirmation est presque toujours nuisible. De telles interprétations sexistes impliquent que de semblables pensées chez une femme sont pathologiques, alors qu'elles sont perçues chez un homme comme des signes d'assurance et de saine ambition.

Essayons enfin d'imaginer qu'un client soit gravement déprimé et que son thérapeute réagisse en lui disant qu'en vérité, il se complaît dans son malheur parce que cela lui permet de se laisser sombrer, de ne rien faire de son propre chef et d'attirer l'attention sans avoir à faire le moindre effort tout en tirant un plaisir masochiste de ses souffrances. Selon la *Control Mastery Theory*, les gens ne sont *pas* malheureux par paresse ou parce qu'ils sont animés de désirs masochistes inconscients. Ils sont malheureux parce que leurs convictions inconscientes les empêchent d'être heureux.

Mises à l'épreuve dans la vie quotidienne

Nos efforts pour réfuter nos convictions menaçantes inconscientes ne se limitent pas au cadre de la psychothérapie. Nous pouvons mettre à l'épreuve les figures les plus significatives dans notre vie – conjoints, parents, professeurs, supérieurs, entraîneurs et mentors. Nous sommes particulièrement susceptibles de faire usage de tests dans les relations où nous nous sentons le plus en sécurité.

Pour mettre à l'épreuve nos conjoints, amis ou supérieurs, nous pouvons avoir recours aux deux types de tests : transfert et passage de l'état passif à l'état actif. Dans le premier cas, nous nous comporterons de façon à inciter ces personnes à nous critiquer, à nous humilier, à nous manipuler ou à nous rejeter tout comme l'ont fait nos parents. Toutefois, nous espérons secrètement qu'elles ne le feront pas, nous aidant ainsi à nous libérer de notre sentiment irrationnel de culpabilité pour nos crimes imaginaires.

Dans le deuxième cas, nous pouvons nous montrer critiques, colériques, culpabilisants, déprimés, distants, ou alors nous répéterons *tout autre* comportement parental dont nous nous sommes sentis responsables ou coupables lorsque nous étions enfants. Nous espérons que les personnes que nous mettons ainsi à l'épreuve ne se sentiront pas coupables ou mal à l'aise en raison de notre comportement – comme nous nous sentions nous-mêmes lorsque nos parents avaient avec nous ce genre de comportements. Si *eux* ne réagissent pas en s'adressant des reproches, cela nous aidera à cesser de nous en prendre à nous-mêmes pour les mauvais traitements que nous avons subis pendant l'enfance.

Ainsi, certaines de nos conduites qui semblent aller à l'encontre des buts que nous poursuivons peuvent en réalité avoir deux objectifs inconscients :

- elles peuvent servir de châtiments pour nos crimes imaginaires ;
- elles peuvent nous fournir le moyen de mettre à l'épreuve nos convictions menaçantes.

Nous tenterons parfois inconsciemment de saboter notre propre succès, notre intimité ou notre bonheur, tout en espérant en même temps, inconsciemment, qu'un conjoint, un ami, un collègue de travail, un membre de la famille ou un thérapeute ne nous permettra pas de le faire.

Le cas de Marie

Marie, cette secrétaire de direction qui pendant longtemps avait été attirée par des hommes qui la maltraitaient parce que son père l'avait critiquée sans relâche (chapitre 6), finit par rencontrer Olivier, un homme très aimant et tolérant. La thérapie de Marie se poursuivait depuis un certain temps et elle commençait à se sentir beaucoup mieux dans sa peau. Au cours des années, elle avait rencontré des hommes de plus en plus convenables. Alors qu'elle fréquentait Olivier depuis plusieurs mois et que tout allait très bien entre eux, elle se sentit suffisamment en sécurité pour lui donner une foule de prétextes pour qu'il la critique.

Elle commença à se montrer irritable et déprimée. Mais plutôt que de réagir par la critique, comme l'avait fait son père, Olivier la choyait et la dorlotait. Elle se mit à commettre toutes sortes d'erreurs de négligence, mais, plutôt que de la critiquer, son ami lui faisait remarquer que ses gaffes étaient mineures – ce qui était en effet toujours le cas – et l'encourageait à ne pas s'en inquiéter. Le comportement respectueux et compatissant d'Olivier était tout à fait à l'opposé de celui du père de Marie et de ses précédents amis.

Un jour, étant tombée en panne d'essence loin de toute station-service, elle téléphona à Olivier pour qu'il lui vienne en aide. En ayant négligé de s'arrêter pour prendre de l'essence, Marie avait tenté inconsciemment d'inciter son ami à la critiquer. Mais il arriva promptement et se montra affectueux et aimable. Olivier avait réussi le test de Marie et il l'avait aidée à chasser son sentiment d'être mauvaise et d'avoir mérité les rebuffades qu'on lui avait fait subir dans son enfance. Lorsque Marie comprit qu'Olivier n'allait pas se mettre en colère contre elle, elle se mit à sangloter éperdument. Quel malheur d'avoir dû subir pendant toutes ces années les humiliations que lui infligeait son père ! Quelle tristesse d'avoir perdu une autre dizaine d'années à courir après des hommes qui étaient aussi critiques ! Quelle chance elle avait d'avoir enfin trouvé un homme vraiment tendre et compatissant !

Voyant qu'Olivier était capable de passer tous les tests, Marie commença à se sentir mieux dans sa peau et à se montrer beaucoup plus optimiste quant à l'avenir. Elle s'entendait beaucoup mieux avec ses autres amis. Après quelque temps, elle se rendit compte qu'elle n'était plus poussée inconsciemment à commettre les petites erreurs destinées à provoquer Olivier pour mettre à l'épreuve sa conviction qu'elle méritait d'être critiquée et maltraitée.

Au travail, Marie mit à l'épreuve de la même manière son patron. Elle accomplissait de façon très efficace la plupart de ses devoirs de secrétaire de direction : elle avait toujours un excellent moral, réglait avec compétence des problèmes complexes d'horaire et se montrait disposée à faire des heures supplémentaires lorsque cela était nécessaire. Cependant, elle négligeait toujours de s'acquitter de quelques petites tâches importantes. Elle omettait de remplir ses feuilles de présence, ne remplissait pas certains formulaires, oubliait fréquemment plusieurs petites obligations. En conséquence, son patron était toujours frustré et irrité contre elle. Cependant, comme il reconnaissait la valeur de Marie, il ne lui reprochait pas ces petites erreurs, mais son ressentiment croissait de jour en jour. Il lui arrivait à l'occasion de se montrer trop critique à propos de choses qui n'avaient aucun lien avec ces omissions.

Si Olivier avait été capable de réussir le test de Marie, ce ne fut pas le cas de son patron. Il aurait fallu qu'il insiste pour qu'elle fasse ces petites choses qu'elle omettait toujours de faire, tout en lui disant à quel point il appréciait son travail. L'attitude cassante de son patron à son égard lui confirmait qu'elle méritait d'être critiquée.

Pendant sa thérapie, Marie en vint à reconnaître qu'elle mettait à l'épreuve son patron. Mais elle comprit aussi que le seul fait de chercher à le provoquer ne signifiait pas pour autant qu'elle était une méchante personne méritant d'être rabaissée. Ce n'est qu'à ce moment qu'elle fut en mesure de mettre un terme à ces petites provocations qui avaient irrité son patron. Une fois qu'elle se fut mise à accomplir aussi correctement que ses autres fonctions les petites tâches qu'il jugeait importantes, il lui donna toujours d'excellentes évaluations de rendement et devint chaleureux et positif.

Les tests difficiles

Si nous sommes tout à fait convaincus de la véracité de nos convictions menaçantes inconscientes, les tests que nous imposerons aux autres seront peut-être pratiquement impossibles à réussir. Ou alors peut-être continuerons-nous à mal choisir les personnes à mettre à l'épreuve. Si tel est le cas, il nous sera sans doute difficile de réaliser des progrès sans l'aide d'un thérapeute.

Selon la *Control Mastery Theory*, le thérapeute idéal est *un professionnel qualifié pour réussir les tests les plus difficiles*. Le cadre thérapeutique est structuré de manière à rendre beaucoup plus facile pour le thérapeute que pour des patrons, des partenaires, des amis et des membres de la famille, la tâche de réussir des tests : le thérapeute ne se sent pas personnellement atteint s'il ne s'attire pas l'affection ou l'approbation du client, ce qui le rend beaucoup moins vulnérable à la critique et aux menaces de rejet.

Les cas de Viviane et de Normand

Viviane, urbaniste de trente-deux ans, et Normand, trente-six ans, greffier de la cour municipale, eurent le coup de foudre l'un pour l'autre et vécurent une année de bonheur conjugal. Et puis le comportement de Viviane se transforma. Elle se mit à critiquer Normand, à être désagréable avec lui et à se comporter de façon déraisonnable.

Le père de Viviane, éminent médecin, se faisait mener par le bout du nez et injurier par sa femme, également extrêmement critique et autoritaire à l'égard de ses enfants. Viviane reproduisait le comportement qu'elle avait détesté chez sa mère.

Dans la famille où il avait grandi, Normand avait

appris la politesse et la maîtrise de soi. Il supporta les injures de Viviane sans s'emporter et sans lui rendre la monnaie de sa pièce. Il était patient et tolérant envers elle – de la même façon qu'Olivier l'était avec Marie. Mais, avec le temps, Normand devint de plus en plus déprimé et renfermé. Alors qu'Olivier avait réussi le test de Marie, Normand échoua à celui de Viviane.

Ironiquement, c'est à l'instigation de Viviane que Normand entreprit une psychothérapie. Ayant commencé à explorer ses propres sentiments, il se rendit compte que les attaques injustifiées de son amie le mettaient en colère – mais qu'il se forçait à réprimer sa colère. Son thérapeute l'encouragea à se défendre.

Lorsque Normand commença à affronter Viviane et à insister pour qu'elle cesse d'être autoritaire et critique, elle se montra d'abord encore plus détestable. Elle injuria le thérapeute de Normand et essaya de convaincre ce dernier d'interrompre sa thérapie. Normand demeura inflexible et annonça à Viviane qu'ayant vu clair dans leur situation, il n'était plus disposé à supporter ses critiques constantes : si elle était incapable de renoncer à ce comportement destructeur, il avait l'intention de divorcer.

Viviane fut forcée d'admettre qu'elle avait adopté le pattern de comportement négatif et nuisible de sa mère. Cela lui permit peu à peu de diminuer ses attaques. Le découragement de Normand commença à se dissiper tranquillement. Ils devinrent tous deux plus chaleureux et affectueux. Leur relation s'améliora énormément.

Viviane se sentait coupable d'avoir surpassé sa mère et était en train de gâcher sa vie conjugale, tout comme l'avait fait sa mère. Elle avait également été traumatisée par l'autoritarisme et les agressions verbales de sa mère et infligeait à Normand le même traitement – avec l'espoir inconscient qu'il allait l'affronter et ne pas se laisser abattre comme elle l'avait fait dans son enfance.

Viviane présentait à son mari un test de passage de l'état passif à l'état actif. S'il réussissait, elle serait moins coupable d'être la méchante fille que sa mère l'accusait d'être et pourrait se permettre de mériter une vie conjugale heureuse.

Jusqu'à ce qu'il commence sa thérapie, Normand avait maintes fois échoué au test de Viviane et elle avait continué de jouer la méchante fille. Par la suite, elle tira grand profit du refus de son mari d'accepter ses accusations colériques, et de sa décision de lui tenir tête : son sentiment de culpabilité s'apaisa. Elle comprit qu'à l'instar de sa mère malheureuse elle s'était employée à saboter sa vie conjugale. Même si Viviane avait causé beaucoup de dommages pendant toutes ces années où elle avait pu laisser libre cours à son comportement destructeur, sa relation avec Normand s'améliora peu à peu et ils sont désormais beaucoup plus heureux qu'auparavant.

Nous aimerions pouvoir dire que la plupart des tests quotidiens produisent des résultats positifs. Malheureusement, il n'en est rien. Nos convictions menaçantes inconscientes ne sont que trop souvent confirmées par nos expériences d'adultes, et nous finissons par nous sentir encore plus coupables de nos crimes imaginaires. Nous choisissons souvent de nous lier à des partenaires ou à des figures représentant l'autorité qui connaissent bon nombre des difficultés dont souffraient nos propres parents. Nous le faisons en partie par loyauté familiale – nous avons l'impression de ne pas mériter une vie meilleure que celle qu'ont connue nos parents. Mais il y a également derrière ce choix une saine motivation : nous cherchons à surmonter le traumatisme que nous avons subi pendant l'enfance. Peut-être nous lierons-nous à une personne très semblable à notre père ou à notre mère, et peut-être tenterons-nous par la suite qu'elle nous traite mieux que nos parents ne l'ont fait, croyant inconsciemment que, si nous y parvenons, nous aurons plus de facilité à réfuter nos convictions menaçantes inconscientes.

Mettre un terme à l'autodestruction

Il arrive fréquemment que des clients entreprennent une thérapie parce qu'ils se voient répéter maintes fois des patterns de comportement autodestructeurs. Ils sabotent leur succès au travail, s'engagent dans des relations pénibles et sans issue, souffrent d'anxiété irrationnelle ou d'états dépressifs. Quel que soit notre pattern spécifique, son trait le plus frappant est qu'il se répète inlassablement en dépit de tous nos efforts pour en interrompre le cycle négatif.

Nous répétons nos comportements négatifs pour deux raisons. La première, et la plus importante, est le thème principal de ce livre : pour nous punir de nos crimes imaginaires. Mais, comme nous l'avons vu dans ce chapitre, nous le faisons aussi pour une autre raison plus positive : nous espérons réfuter nos convictions menaçantes.

Nous décrirons dans le prochain chapitre les différentes manières dont vous pouvez commencer à comprendre votre propre plan inconscient de santé psychologique.

Chapitre 12

S'absoudre de ses crimes imaginaires

Trouver sa propre voie vers la santé psychologique

> *J'avais besoin d'abord de me renouveler, de trouver une nouvelle façon de sonder le fond de moi-même. J'avais perdu près de trente-sept ans à croire en l'image que je m'étais faite de moi-même. Je m'étais piégé moi-même en croyant, à la lettre, à la définition que mes parents avaient formulée de moi. Ils m'avaient déjà défini, déchiffré, comme s'il s'était agi d'un mystérieux hiéroglyphe, et j'avais passé ma vie à tenter de correspondre à cet être illusoire qu'ils avaient inventé. Ils avaient réussi à faire de moi l'exact reflet de ce dont ils avaient besoin à cette époque.*
>
> Pat CONROY, *Le prince des marées*

En lisant les premiers chapitres de ce livre, il est fort possible que vous ayez compris certaines choses à propos de votre propre vie. Les éléments clés de la *Control Mastery Theory* – convictions menaçantes inconscientes, crimes imaginaires, identification et acquiescement – vous ont peut-être déjà aidé à comprendre vos patterns psychologiques. Pour certains de nos lecteurs, cela sera suffisant. D'autres souhaiteront peut-être poursuivre le processus d'auto-exploration en effectuant les exercices compris dans ce dernier chapitre.

Lorsque les chercheurs travaillant dans le cadre de la *Control Mastery Theory* étudient un client en thérapie, ils préparent un document écrit détaillé qui donne les grandes lignes du plan inconscient de ce client pour sa croissance psychologique : il s'agit de la « formulation du plan[1] ».

Si vous désirez formuler votre propre plan de santé psychologique, il vous faudra examiner et, si désiré, écrire – les quatre éléments qui le constituent : vos *buts*, vos *obstacles*, vos *tests* et vos *idées*.

- *Buts* – ce que vous aimeriez le plus accomplir dans la vie. Vous pouvez avoir des buts à long terme et d'autres à court terme. Par exemple, une personne qui, à long terme, désire devenir cadre supérieur souhaitera peut-être, à court terme, apprendre à être à l'aise et à bien se tirer d'affaire lors d'une entrevue pour un emploi. Une personne visant, à long terme, à approfondir le lien qui l'unit à son conjoint et à réduire les conflits qui les opposent souhaitera peut-être, à court terme, apprendre à l'écouter sans l'accuser et sans être sur la défensive.
- *Obstacles* – ce sont les barrières qui bloquent la voie menant à la réalisation de vos buts. Il s'agit des

1. La technique de formulation du plan fut développée à l'origine par le docteur Joe Caston, et elle est décrite dans son article : « Reliability of Diagnosis of Patient's Unconscious Plan » *in* Joseph Weiss *et al., The Psychoanalytic Process : Theory, Clinical Observation and Empirical Research* (New York, Guilford Press, 1986), p. 241. Le développement de la formulation du plan a été une formidable découverte dans la recherche en psychothérapie. Elle permet aux chercheurs d'évaluer les interventions du psychothérapeute et de déterminer si elles appuient ou contrecarrent les buts véritables du patient.

dangers que vous redoutez inconsciemment, tant pour vous que pour les autres, dès lors que vous vous permettez de poursuivre vos buts les plus importants.

- *Tests* – dans le sens où l'entend la *Control Mastery Theory*, ce sont les comportements visant à réfuter vos convictions menaçantes inconscientes par une interaction avec les autres. Si les autres échouent à votre test, vous garderez ces convictions. Mais s'ils réussissent, vous serez peu à peu en mesure d'accepter le fait que vos convictions menaçantes étaient fausses.
- *Idées* – toutes interprétations et explications qui peuvent vous aider à vous absoudre de vos crimes imaginaires ou à vaincre vos convictions menaçantes inconscientes : compréhension des liens existant entre votre comportement présent et vos expériences d'enfant, compréhension de votre identification à votre père ou à votre mère, ou aux deux, compréhension enfin des manières dont vous avez acquiescé aux messages négatifs de votre père ou de votre mère.

Une fois que le thérapeute travaillant dans le cadre de la *Control Mastery Theory* a compris ces quatre éléments du plan de son client, il lui est possible de faire des interventions plus utiles. De même, plus vous approfondirez ces quatre éléments, plus vous serez capable d'éclaircir vos pensées, vos sentiments et vos comportements les plus gênants. Au fur et à mesure que vous comprendrez ce qui se passe en vous, il vous sera de plus en plus facile d'éviter d'être pris au piège de vos patterns habituels d'autopunition et d'échec. Mais, avant de nous engager dans les diverses étapes de l'élaboration de votre propre plan, voyons-en d'abord un exemple.

Le plan inconscient d'Henri

Revenons au cas d'Henri, le cadre supérieur d'une compagnie de produits chimiques dont nous avons parlé au chapitre 2, qui sabotait son propre succès au travail en oubliant d'accomplir des tâches essentielles chaque fois qu'on songeait à lui accorder une promotion. Henri avait inconsciemment l'impression qu'en accédant à un poste supérieur il allait surpasser son père. Il se sentait également inconsciemment coupable envers ses frères d'avoir volé l'amour des parents à leur détriment. En outre, il provoquait sans cesse de vaines querelles entre lui et sa petite amie en se montrant beaucoup trop critique et dominateur. Pendant sa thérapie, Henri fut étonné et attristé de découvrir qu'il traitait sa petite amie exactement comme son père avait traité sa mère.

Quels étaient les éléments du plan inconscient d'Henri ?

À long terme :

- Être capable d'avoir une vie professionnelle pleine et satisfaisante ;
- Se marier et fonder une famille.

À court terme :

- Mettre fin à ses inexplicables oublis et autres conduites d'échec au travail ;
- Cesser de provoquer d'absurdes querelles entre lui et sa petite amie.

Obstacles à vaincre :

- Il croyait qu'en réussissant comme cadre supérieur, il se rendrait coupable de trahison envers les siens – tous des cols bleus.
- Il croyait qu'en obtenant une promotion il se rendrait coupable de surpasser son père et ses frères.
- Il se sentait coupable d'avoir volé l'amour de sa mère à ses frères dont il était manifestement le chouchou.
- Il croyait que s'il permettait que sa relation avec sa petite amie s'affermisse, il se rendrait coupable de l'abandon de sa mère, dont le bonheur dépendait tellement du lien étroit qu'elle avait avec son fils.
- Il croyait qu'en ayant une relation intime, affectueuse et paisible avec sa petite amie, alors que la relation entre ses parents était tendue et conflictuelle, il les surpasserait.

Tests :

- De temps à autre, il parlait à son père de ses réussites professionnelles pour voir si ce dernier allait se montrer humilié ou vindicatif.
- Il parlait fréquemment à ses amis de ses réussites pour voir si cela les rendrait jaloux ou furieux.
- Au cours de ses séances de thérapie, il se vantait de ses prouesses sexuelles ou sportives pour voir si son thérapeute se montrerait jaloux ou critique.

Idées :

- Il finit par comprendre que bon nombre de ses problèmes étaient fondés sur sa conviction que son succès provoquerait le malheur des siens. Cette conviction était elle-même fondée sur une expérience *réelle* – son père et ses frères l'ayant en effet fréquemment puni, rejeté et attaqué en raison de ses succès. Mais malgré tout, après tant de temps, il n'allait pas leur faire de mal par le simple fait de réussir.

- Il se rendit compte peu à peu des liens qui existaient entre ses négligences au travail et son désir d'éviter de surpasser son père et ses frères.
- Il s'aperçut que sa conduite d'échec – tant au travail que dans une relation personnelle – provenait en grande partie de ce qu'il imitait le comportement de son père. En s'efforçant d'éviter de surpasser son père, il reproduisait les patterns de comportement négatifs de celui-ci.
- Il comprit qu'étant le fils préféré de sa mère il se sentait responsable de son bonheur. Il avait l'impression qu'en réussissant à établir un lien étroit avec sa petite amie il allait détruire celui qu'il avait avec sa mère.
- Il comprit peu à peu qu'il avait l'impression qu'en ayant une bonne relation avec sa petite amie il surpasserait ses parents qui semblaient si malheureux ensemble.

Ce n'est qu'un début

L'exercice de formuler un plan n'est pas destiné à produire des résultats immédiats. Vous ne devriez pas vous inquiéter si vous êtes dans l'incapacité d'identifier immédiatement chaque détail de votre plan de santé psychologique. Le processus qui nous permet de devenir conscients de faits jusqu'alors inconscients est complexe et réclame du temps. Les interprétations et explications solides ne nous viennent ni rapidement ni aisément.

En effet, cet exercice devrait être considéré comme faisant partie intégrante d'un processus plus étendu qui se poursuivra pendant plusieurs années. Mais, même si votre première formulation d'un plan semble provisoire ou incomplète, peut-être sera-t-elle tout de même fort utile pour vous orienter vers des réflexions plus poussées.

Formulation d'un plan

Sur quatre feuilles blanches, écrivez les titres suivants : *Buts, Obstacles, Tests* et *Idées*. En lisant l'exercice qui suit, faites un premier brouillon de votre plan de santé psychologique.

Buts

Nous avons dans la vie des buts essentiels semblables : besoin d'intimité ; besoin de nourriture ; besoin de prendre soin de nos enfants ; besoin de sécurité financière ; besoin de nous exprimer de façon satisfaisante.

Certains de nos objectifs ne nous causent aucune difficulté. Même si nous savons qu'il nous faudra beaucoup de temps pour les atteindre, nous nous sentons tout à fait capables d'y parvenir. Mais, pour la plupart d'entre nous, il existe des buts qui demeurent hors d'atteinte. Nous avons beau essayer, il semble que, dans certains domaines, nous ne soyons pas capables de nous prendre en main.

Pour les fins de cet exercice, dressez la liste de *vos objectifs les plus problématiques*. Ce sont les buts que vous semblez poussé à saboter. Incluez aussi bien les buts touchant des comportements que des sentiments. Les objectifs de comportement peuvent inclure des comportements que vous aimeriez être capable d'avoir (par exemple vous concentrer très fort sur vos études de droit) et d'autres auxquels vous aimeriez mettre fin (boulimie). Peut-être y a-t-il des sentiments que vous aimeriez commencer à éprouver (joie) et d'autres que vous aimeriez cesser de ressentir (anxiété chronique).

Exemples d'objectifs au niveau du comportement :

- Je veux être capable de fréquenter des partenaires convenables.
- Je veux être capable de finir mon travail à temps.
- Je veux être capable de cesser de crier après mes enfants.
- Je veux être capable de cesser de saboter mon succès au travail.
- Je veux être capable de dire « non » à ma mère sans me sentir coupable.
- Je veux me sentir libre de choisir et de poursuivre une carrière bien remplie et excitante.
- Je veux être capable d'être moins mêlé(e) aux affaires de mes parents.

Exemples d'objectifs au niveau des sentiments :

- Je veux être capable de me sentir proche de ma femme.
- Je veux être capable de supporter qu'on me rejette sans en être anéanti(e).
- Je veux être capable de me sentir confiant(e) et sûr(e) de moi.
- Je veux être capable de me sentir moins vulnérable et moins dépendant(e) du secours et du soutien des autres.
- Je veux être capable de prendre plaisir à faire l'amour avec mon partenaire.

- Je veux être capable de surmonter mon état dépressif chronique.
- Je veux être capable de me soucier moins de ce que pensent mes parents.
- Je veux être capable de cesser de m'inquiéter constamment.

Divisez votre section entre « objectifs au niveau du comportement » et « objectifs au niveau des sentiments ». Notez les objectifs qui vous semblent actuellement les plus importants.

Obstacles

Vos obstacles sont les convictions menaçantes qui vous empêchent d'atteindre vos buts.

Exemples de convictions menaçantes :

- Si je me fâche, tout le monde va me rejeter.
- Si les choses vont trop bien, je serai punie.
- Si je me détends, il m'arrivera quelque chose de terrible.
- Si je me rapproche d'un homme, il finira par me rejeter.
- Si je fais confiance à une femme, elle me trahira inévitablement.
- Si je fais part de mes vrais désirs à mes amis ou à des membres de ma famille, je m'exposerai à leur refus, à leur châtiment ou à leur colère.
- Si je fais l'amour avec une femme, elle finira par se montrer blessée et amère.
- Si les choses semblent aller trop bien, c'est que la catastrophe n'est pas loin.

Exemples de convictions menaçantes provenant de crimes imaginaires :

- Si je deviens démocrate, je trahirai mon père républicain.
- Si je ne dîne pas trois fois par semaine avec ma famille, j'abandonnerai ma mère malheureuse.
- Si j'essaie de nouer une relation intime, je ne connaîtrai que douleur et rejet parce que je ne suis pas digne d'être aimé, étant foncièrement mauvais.
- Si je réussissais à conserver mon poids idéal, je me rendrais coupable de surpasser et d'humilier ma mère et ma sœur qui ont des kilos en trop.

Souvenez-vous que vous pouvez vous sentir coupable d'un certain crime envers un membre de votre famille, et envers un autre, d'un crime différent. Songez à chacun des crimes suivants et voyez s'ils s'appliquent à vous : surpasser les siens, être un fardeau, voler l'amour des parents, abandonner ses parents, trahir ses parents, être foncièrement mauvais.

(Ce ne sont pas là les seuls crimes imaginaires possibles. Créez vos propres catégories si vous en découvrez d'autres qui vous semblent importants.) Efforcez-vous de formuler les convictions qui proviennent de vos crimes imaginaires de la même manière que celles que nous vous avons présentées. Par exemple : « Si je poursuis ou réalise [objectif], alors… [issue négative]. »

Prenez quelques minutes pour dresser la liste de vos convictions menaçantes les plus importantes dans la section désignée sous le titre « Obstacles ».

Tests

Comme nous l'avons vu dans le dernier chapitre, les tests sont des expérimentations au cours desquelles nous mettons à l'épreuve nos convictions menaçantes – y compris notre conviction d'être *vraiment* coupables de crimes imaginaires.

Exemple d'un test de transfert :

Marie, la secrétaire de direction dont nous avons parlé dans le chapitre précédent, se lia à Olivier, homme aimable et tolérant. Au bout de quelques mois, elle se mit à commettre fréquemment de petites erreurs potentiellement irritantes et à se montrer d'humeur changeante. Ce comportement était une manière inconsciente d'inciter Olivier à la critiquer comme l'avait fait son père lorsqu'elle était enfant. En résistant à ces provocations mineures, Olivier aida Marie à vaincre la conviction inconsciente qu'elle méritait des mauvais traitements.

Marie mit également à l'épreuve son patron en négligeant de s'acquitter de petites tâches néanmoins importantes. Alors qu'Olivier avait réussi le test de Marie en refusant de se laisser provoquer, son patron échoua en se montrant irrité par l'irresponsabilité de Marie. Une fois qu'elle eut réalisé qu'elle mettait son patron à l'épreuve, elle fut en mesure de mettre fin à sa conduite d'échec.

Exemple d'un test du passage de la passivité à l'action :

Félix rentrait toujours en retard de son travail. Il promettait d'être à la maison pour dîner à 18 heures, mais arrivait toujours, en fait, avec une heure ou plus de retard. C'était exactement ainsi que s'était comporté son père lorsque Félix était enfant : Félix et sa mère en avaient éprouvé un sentiment de colère et d'impuissance. Christiane, sa femme, elle aussi frustrée et furieuse, demanda conseil à sa propre mère. Ensemble, elles décidèrent que Christiane devait fixer une heure pour le dîner et puis commencer à manger, que Félix soit rentré ou non. Christiane cessa donc d'attendre que Félix arrive à la maison. Le dîner était servi à 18 heures précises. Félix rouspéta bien un peu, mais il ne fut pas long à arriver à temps.

En ne se laissant pas envahir par un sentiment de colère impuissante, Christiane avait réussi le test de Félix. Elle l'aida ainsi à vaincre sa conviction inconsciente qu'il était voué à reproduire la relation conflictuelle de ses parents.

Demandez-vous si vous pouvez identifier une relation – avec votre conjoint(e), vos amis, vos enfants, vos parents, votre patron – dans laquelle vous mettez à l'épreuve l'autre personne. Prenez quelques minutes pour dresser la liste de ces relations et noter la nature de vos tests.

À présent, pour chaque personne que vous avez inscrite sur votre liste, posez-vous les questions suivantes :

- Est-ce que j'incite cette personne à me traiter comme l'ont fait ma mère ou mon père ?
- Est-ce que je traite cette personne comme mon père ou ma mère m'ont traité(e) ?
- Quelle conviction menaçante inconsciente, quel crime imaginaire suis-je en train de tenter de vaincre ?
- Cette personne a-t-elle l'habitude de réussir ou de rater mes tests ?
- Qu'est-ce que je ressens lorsque cette personne réussit ? Qu'est-ce que je ressens lorsqu'elle échoue ?

- Quels sont les membres de ma famille, les amis, les associés qui me mettent à l'épreuve ? Est-ce que j'ai l'habitude de réussir ou de rater leurs tests ?

Inscrivez vos réponses

Idées

Dans cette section, vous dresserez la liste de toutes les idées et perceptions qui peuvent vous aider à surmonter vos problèmes psychologiques. Certaines de ces idées peuvent renfermer des éléments qui vous permettront de comprendre vos convictions menaçantes ou vos crimes imaginaires.

Cette partie de votre plan sera peut-être la plus longue. Vous voudrez peut-être y ajouter des idées nouvelles que vous apporteront le temps et la réflexion. Pour vous aider à organiser votre matériel, nous avons créé les subdivisions suivantes :

- Les origines de vos convictions menaçantes.
- Les origines de vos crimes imaginaires.
- Votre identification à vos parents.
- Votre acquiescement à des messages parentaux négatifs.
- Vos pensées de punition.

Les origines de vos convictions menaçantes. Dressez la liste de toutes les expériences importantes de perte, d'agression, de manque d'amour et d'attention dont vous pouvez vous rappeler : morts, séparations, maladies, alcoolisme, toxicomanie, agressions sexuelles ou autres traumatismes ou négligences. Essayez ensuite de comprendre de quelle manière ces incidents ont pu contribuer à donner forme à vos convictions inconscientes. Par exemple :

- Lorsque papa se soûlait, son humeur et son comportement devenaient tout à fait imprévisibles. Chaque fois que je commençais à croire que les choses allaient bien, il se soûlait de nouveau. Voilà comment j'en suis venu à croire que, si je me détendais, il allait sûrement arriver quelque chose de terrible.
- Mon frère aîné a commencé à me faire des caresses intimes lorsque j'avais neuf ans. Lorsque j'ai tenté d'en avertir mes parents, ils n'ont pas voulu me croire. Cela a duré jusqu'à ce que mon frère quitte la maison ; j'avais alors quatorze ans. Je me sentais coupable, agressée, remplie de rage. J'en suis venue à croire que je ne pouvais pas empêcher les gens de m'agresser sexuellement, parce que mes parents s'étaient comportés comme si je n'en avais pas le droit.
- L'avion de papa s'est écrasé après que j'eus refusé de l'embrasser. J'ai ainsi appris que la colère est meurtrière.
- Comme mes parents m'ont toujours préféré à ma sœur, lorsqu'elle est devenue toxicomane, je me suis cru responsable de son terrible destin.
- Mon père, homme affable et décontracté, a dilapidé la fortune de la famille et a rendu ma mère très malheureuse. Voilà pourquoi je crois inconsciemment que, chaque fois que je me sens heureux et détendu, je cours après la catastrophe.

Notez maintenant toute expérience semblable.

Les origines de vos crimes imaginaires. Passez en revue les épreuves et les buts inaccomplis de chacun des membres de votre famille. Demandez-vous ensuite de quel crime imaginaire vous pourriez vous sentir coupable envers chacun d'eux, et quelle idée menaçante en a résulté dans votre esprit. Essayez d'identifier les expériences qui ont pu vous amener à vous juger coupable de chacun de ces crimes. Par exemple :

- Mon père, apparemment, n'avait pas de succès, alors je me suis empêché d'en avoir pour éviter de le surpasser.
- Ma mère semblait très malheureuse, sauf lorsqu'elle me dictait ma conduite. En conséquence, j'ai toujours eu peur de prendre mes propres décisions et, encore aujourd'hui, je la consulte, elle ou une personne lui ressemblant, avant de faire quoi que ce soit. En devenant indépendante, je commettrais le crime imaginaire de l'abandonner.
- Mes parents ne pouvaient tolérer la critique. En conséquence, je me rends compte que, si j'ai la moindre pensée critique à leur égard, je me sens coupable de trahison.

Notez à présent les buts inaccomplis des membres de votre famille.

Votre identification à vos parents. Songez aux pensées, aux sentiments ou aux comportements qui vous posent actuellement un problème. Votre problème est-il semblable à celui d'un membre de votre famille ? Si tel est le cas, demandez-vous si vos pensées, vos sentiments ou vos comportements sont le résultat de votre identification à cette personne. Par exemple :

- Je suis très critique à l'égard de mon fils, tout comme l'était mon père envers moi.
- Je suis obsédée par mon poids, tout comme l'étaient ma mère et ma sœur.

- Je ne parviens jamais à payer à temps mes factures, tout comme le faisait mon père.

Notez maintenant votre identification à un membre de votre famille.

Votre acquiescement à des messages parentaux négatifs. Examinez vos problèmes de comportement actuels et demandez-vous si vous êtes en train de vous conformer à un message parental négatif. Êtes-vous en train de prouver que les perceptions négatives que vos parents avaient de vous, ou de la vie en général, étaient justes ? Dressez la liste de tous les messages négatifs qu'ont pu vous transmettre vos parents et les membres de votre famille. Prenez soin d'inclure aussi bien les messages négatifs implicites que ceux qui étaient explicites. (Peut-être vous sera-t-il utile de consulter à cet effet la liste des messages négatifs les plus courants se trouvant à la fin du chapitre 6.)

Par exemple :

- Mon père m'a dit qu'aucun homme ne voudrait de moi, aussi me suis-je toujours arrangée pour que les hommes qui m'intéressaient me rejettent.
- Ma mère m'a enseigné à ne jamais faire confiance à quiconque ne faisant pas partie de la famille. Je ne me sens à l'aise qu'avec les membres de ma famille.
- Ma mère travaillait tout le temps et ne s'accordait jamais une minute de repos. Même malade, elle ne gardait jamais le lit, elle n'allait jamais chez le médecin. Voilà comment j'ai appris à ne pas me reposer et à ne pas prendre soin de moi-même.
- Aux funérailles de ma mère, ma tante m'a dit que ma mère s'était tuée à essayer de répondre à mes besoins. Voilà pourquoi même aujourd'hui, vingt ans

plus tard, je ne peux me résoudre à demander à qui que ce soit de faire quelque chose pour moi.

Notez maintenant votre acquiescement.

Vos pensées de punition. Êtes-vous tourmenté par de pénibles pensées obsessionnelles ? Si ces pensées surgissent quand tout va bien, après que vous avez atteint un but important (promotion, publication d'un livre), quand vous projetez de poursuivre un de vos objectifs, ou quand vous avez l'impression d'avoir blessé ou déçu quelqu'un, il est bien possible qu'il s'agisse de pensées de punition. Par exemple :

- Après ma récente promotion, j'ai été obsédé par la pensée que je ne pourrais m'acquitter de mes nouvelles tâches.
- Après avoir refusé de sortir avec un homme aimable, certes, mais quelque peu dépressif et ennuyeux, je me suis dit que j'étais une mauvaise personne, que j'avais fait du mal à beaucoup de gens dans ma vie.
- Après avoir déménagé dans une nouvelle ville, j'ai connu une brève période de bonheur où je me sentais plein d'énergie, et puis je me suis mis à penser sans arrêt au sida et au cancer, même si je me sentais bien et malgré le fait que les tests étaient négatifs.
- Après avoir signé le contrat pour écrire ce livre, je me suis mis à craindre que tous mes amis et collègues me renient, que l'ami qui devait l'écrire avec moi ne décide soudain que j'étais stupide et inculte et qu'il ne mette fin à notre amitié de vingt ans, qu'enfin personne, de toute façon, ne trouve le livre intéressant. Prenez quelques minutes pour dresser la liste de toute pensée pénible ou obsessionnelle dont vous pouvez vous souvenir.

Un plan très complexe

Il est possible que votre plan soit beaucoup plus complexe que les exemples de cas que nous avons cités tout au long de ce livre. En présentant ces cas, nous les avons fréquemment simplifiés afin d'illustrer un point en particulier.

Nous sommes tous des individus complexes étroitement liés à notre famille et à nos amis. Il est fort possible que vous vous sentiez coupable de plusieurs crimes imaginaires différents. Par exemple, vous vous sentirez peut-être coupable d'avoir été un fardeau, puis d'avoir abandonné votre mère, d'avoir surpassé votre père, volé l'amour de vos parents au détriment de vos frères et sœurs. Peut-être êtes-vous engagé à la fois dans un processus d'identification (en reproduisant les conduites d'échec de votre père ou de votre mère) et dans un processus d'acquiescement (en vous conformant à des messages ou à des traitements parentaux négatifs).

Une fois établi votre plan personnel, vous devriez disposer d'un tableau plus complet des problèmes sur lesquels vous êtes en train de travailler, des convictions qui sous-tendent ces problèmes, et des expériences qui vous ont mené à ces convictions.

La création de ce document sera valable en soi. Mais la formulation du plan peut également vous être utile d'autres manières. Lorsque vous avez un problème ou que vous ressentez des sentiments que vous ne comprenez pas, il pourrait vous être utile de relire ce que vous avez écrit. Tout comme une thérapeute travaillant dans le cadre de la *Control Mastery Theory* peut revoir mentalement le plan d'un client lorsque l'absence de progrès de celui-ci la laisse perplexe, vous pouvez revoir le vôtre lorsque vos sentiments et vos comportements vous paraissent confus, ou semblent aller à l'encontre des buts que vous recherchez.

Nous vous suggérons de répéter de temps à autre cet exercice. Vous découvrirez probablement que vous pouvez élaborer un plan de plus en plus riche et utile.

Le processus continu d'auto-assistance psychologique

Il existe un grand nombre de manières de poursuivre le travail que vous avez entrepris en accomplissant cet exercice. Peut-être souhaiterez-vous faire connaître votre plan à votre conjoint(e), un membre de votre famille, un(e) ami(e), ou encore à votre thérapeute, si vous êtes en cours de thérapie. Peut-être enfin, si ce n'est déjà fait, devriez-vous songer à entreprendre une thérapie afin de progresser plus rapidement.

La thérapie peut être un moyen particulièrement utile de vous libérer des convictions inconscientes qui vous imposent des contraintes. Pour ceux d'entre nous qui ont souffert de graves traumatismes pendant leur enfance, il se peut qu'une thérapie individuelle ou de groupe soit indispensable au processus de compréhension.

Mais, même pour ceux d'entre nous dont les problèmes sont moins sérieux, la psychothérapie offre deux avantages importants : les commentaires et l'interprétation de votre thérapeute peuvent vous fournir des éclaircissements qui se rapportent beaucoup plus à votre situation particulière que celles présentées dans n'importe quel livre ; et la thérapie peut, en outre, constituer un cadre sûr pour les processus de mises à l'épreuve décrits au chapitre 11. La réfutation de vos convictions menaçantes par de telles mises à l'épreuve est sans doute le moyen le plus efficace d'affaiblir leur emprise.

Si vous souffrez de problèmes psychologiques débilitants ou accablants, vous seriez bien avisé de consulter un psychothérapeute. Mais, même si vos problèmes sont relativement mineurs, la thérapie peut être extrêmement utile. Il existe de nombreuses voies vers la connaissance de soi, mais l'aide d'un psychothérapeute sensible, ayant reçu une bonne formation, est l'une des meilleures façons de vous libérer des contraintes inutiles qui vous empêchent de vivre pleinement et d'être heureux.

Certaines personnes entreprennent une psychothérapie non pas pour surmonter quelque problème pressant, mais pour enrichir leur vie. La plupart des psychothérapeutes sont enchantés de travailler avec de tels clients. Dans le meilleur des cas, la psychothérapie combine le processus de résolution des problèmes à celui d'enrichissement et de découverte car, au bout du compte, cela revient au même.

À la recherche d'un thérapeute

La meilleure façon de trouver un bon thérapeute est de demander conseil aux gens que vous connaissez. Si vous avez des amis thérapeutes, demandez-leur de vous en conseiller quelques-uns Si vous connaissez des personnes qui ont suivi ou suivent une thérapie, demandez-leur de vous parler de leur expérience. Et demandez-leur si elles ne voient pas d'objection à ce que vous consultiez leur thérapeute. Si c'était le cas, vous pourriez quand même demander à leur thérapeute de vous recommander un de ses collègues.

Votre médecin connaît peut-être un bon thérapeute.

Les départements de psychologie des universités, les départements de psychiatrie des facultés de médecine, les associations sociales de psychologues, de psychiatres, de conseillers conjugaux et de spécialistes en thérapie familiale peuvent tous vous adresser à des thérapeutes. Les pages jaunes de votre annuaire téléphonique peuvent également vous fournir un aperçu des ressources disponibles.

Psychologues, conseillers conjugaux, spécialistes en thérapie familiale, travailleurs sociaux, psychiatres, psychanalystes et autres conseillers offrent tous des thérapies aussi bien dans le cadre d'une pratique privée que dans celui d'une clinique. Chaque école produit d'excellents thérapeutes et rien ne porte à croire que l'une soit meilleure que l'autre. Choisissez le thérapeute qui vous convient, quelle que soit sa formation.

Avoir foi en ses propres réactions

Quels que soient la personne ou l'organisme qui vous ont recommandé un thérapeute, il est important que vous fassiez votre propre évaluation et preniez votre propre décision. Après avoir rencontré le thérapeute, posez-vous les questions suivantes :

- Vous sentez-vous en sécurité en sa présence ? Ce thérapeute est-il le genre de personne à qui vous pourriez confier vos pensées les plus profondes, vos fantasmes et vos craintes ? Ou semble-t-il plutôt irrespectueux, peu digne de confiance, médiocre, impatient, critique ou porté à s'ériger en juge ? Les gens sont capables d'évoluer sur le plan psychologique lorsqu'ils se sentent en sécurité, et non pas lorsqu'ils sont tendus et effrayés.

- Vous sentez-vous compris ? La thérapeute semble-t-elle écouter vraiment les détails de votre situation et être sérieusement disposée à vous comprendre ? Ou semble-t-elle prête à appliquer une théorie (y compris la *Control Mastery Theory*) avant même de vous avoir compris, vous et votre situation ? Semble-t-elle capable de se mettre à votre place ? Une thérapeute qui ne comprend pas votre situation ne vous sera vraisemblablement pas d'un grand secours.
- Après avoir rencontré le thérapeute, vous sentez-vous au moins un peu mieux ? Vous sentez-vous un peu moins anxieux, moins coupable, moins déprimé, plus confiant ou plus lucide ? Si vous avez constamment souffert d'états dépressifs ou de découragement profond, ou si vous avez du mal à faire confiance aux gens, il vous faudra peut-être mettre longtemps à l'épreuve le thérapeute avant de savoir s'il peut vous aider. Mais vous devriez bientôt entrevoir quelques lueurs d'espoir, même si vos convictions menaçantes vous poussent à vous méfier de cet espoir.

Il peut parfois être particulièrement utile que votre thérapeute incarne certaines des qualités que vous aimeriez vous-même acquérir. Si vous êtes dépressive, vous tirerez grand profit d'un thérapeute gai et animé. Si vous êtes anxieuse, vous préférerez peut-être un thérapeute décontracté et confiant.

Si vous avez l'impression que les idées et les éclaircissements que fournit ce livre peuvent vous être particulièrement utiles, discutez-en avec votre futur thérapeute. Bien qu'il soit possible d'obtenir une aide importante d'un thérapeute qui ne comprend pas le rôle essentiel d'une culpabilisation irrationnelle dans les problèmes de ses clients, c'est de toute évidence un avantage que d'en avoir un qui en soit conscient.

Choisir un thérapeute

Nous vous suggérons la méthode suivante pour choisir un thérapeute : utilisez les ressources dont nous avons parlé dans les pages précédentes pour trouver le nom d'un éventuel thérapeute. Téléphonez-lui et prenez rendez-vous pour trois séances. Pendant ces séances, essayez de voir si ce thérapeute peut vous aider. Si vous vous sentez à l'aise, peut-être voudrez-vous lui faire part de votre plan et des idées que vous a fournies ce livre.

Trois séances devraient suffire pour vous faire une idée de la façon de travailler du thérapeute, pour déterminer si vous vous sentez à l'aise avec lui et s'il peut vous aider. Si, au bout de ces séances, votre impression n'est pas positive, n'y retournez plus. Téléphonez-lui, tout simplement, et annulez les séances suivantes. Ne craignez pas de l'offenser ; il arrive très fréquemment que les nouveaux patients agissent ainsi. Essayez quelqu'un d'autre. Continuez de la même manière, jusqu'à ce que vous trouviez quelqu'un en qui vous avez confiance.

Une autre bonne méthode pour choisir un thérapeute consiste à prendre un premier rendez-vous avec deux, trois ou quatre thérapeutes différents. Rendez-leur visite une ou deux fois avant de prendre une décision. Cette méthode vous permettra de savoir quelles sont les approches de plusieurs thérapeutes avant de faire votre choix.

Groupes de thérapie

Vous pouvez également poursuivre votre processus d'exploration psychologique en vous joignant à un groupe de soutien ou à un groupe de thérapie. Ironiquement, lorsqu'il s'agit de trouver pareil groupe, le fait d'être enfant ou conjoint(e) d'alcoolique, victime d'inceste ou d'être issu de toute autre catégorie de familles dysfonctionnelles est en quelque sorte un avantage. Comme nous l'avons mentionné au chapitre 10, des groupes de soutien ont été mis sur pied dans diverses communautés par des gens qui ont vécu ce genre d'expériences. Bon nombre de ces groupes sont dirigés par des bénévoles et ne réclament aucune cotisation. Dans certaines communautés, on trouve même des groupes de soutien destinés aux gens issus de divers types de familles dysfonctionnelles. Ceux qui vivent dans les grandes villes seront capables de trouver des groupes de psychothérapie dirigés par des thérapeutes professionnels.

Tenir un journal

Certaines personnes aiment à tenir un journal. Si tel est votre cas, ou si vous aimeriez commencer à le faire, vous disposerez sans doute ainsi d'un excellent moyen d'incorporer et de développer les idées que vous aura suggérées la lecture de ce livre. Tenir un journal est une chose très personnelle, mais voici tout de même quelques suggestions pour commencer.

- Cherchez des exemples de conduites d'échec dans votre vie quotidienne et essayez de découvrir les convictions menaçantes inconscientes ou les crimes imaginaires qui les sous-tendent.
- Soyez à l'affût des pensées de punition dans votre vie quotidienne. Lorsque de semblables pensées vous viennent à l'esprit, notez-les dans votre cahier.

- Posez-vous la question suivante : de quelle façon est-ce que je me punis habituellement pour mes crimes imaginaires ?
- Rassemblez des renseignements sur les membres de votre famille afin de brosser le tableau le plus juste possible de votre enfance. Essayez de trouver des liens entre les expériences de votre enfance et les problèmes, mais aussi les forces, que vous avez aujourd'hui.
- Utilisez les notes de votre journal pour mettre à jour la formulation de votre plan.

Tenir un journal est une excellente façon de développer les idées qui vous sont venues pendant votre exercice de planification ; cela peut en outre produire des renseignements qui vous aideront et rendre la formulation de votre plan plus juste et plus complète.

L'utilisation des romans et des films

Une autre manière de mener plus avant le processus de découverte de soi-même consiste à lire des romans et à regarder des films qui illustrent les principes décrits dans *La culpabilité*. Les principes à la base de nos motivations les plus profondes ont souvent été compris intuitivement par les romanciers et les dramaturges. C'est précisément cette compréhension qui fait que les actes de ces personnages fictifs semblent si vrais.

L'intrigue des romans suivants illustre certains principes importants de la *Control Mastery Theory*. Les trois premiers ont été portés à l'écran et sont désormais disponibles sur vidéocassettes. Tous ces livres peuvent être commandés dans toute bonne librairie : *Prizzi's Honor*, de Richard Condon, *Le choix de Sophie*, de

William Styron, *Ordinary People*, de Judith Guest, et *Le prince des marées*, de Pat Conroy.

En outre, on trouvera dans l'Appendice II, « Lectures recommandées », une longue liste d'ouvrages professionnels et populaires de psychologie.

Et maintenant ?...

Nous avons appris à penser à nos problèmes surtout en termes autocritiques et auto-accusateurs. Dans les livres de psychologie, en particulier, on nous a dit que nos problèmes provenaient d'une colère inconsciente, d'une sexualité réprimée, de notre refus de renoncer aux plaisirs égoïstes de l'enfance. Certes, nous sommes tous de temps à autre égoïstes, nous ressentons tous de la colère, des pulsions sexuelles, mais ce ne sont pas là les causes de la plupart de nos problèmes psychologiques. Nos problèmes sont le plus souvent causés par une honte, des craintes, une culpabilisation inconscientes.

Bien qu'il soit important de découvrir à quels moments nous nous montrons hostiles, peu généreux ou séducteurs, cela ne suffira pas généralement pour que nous mettions fin à ce comportement. Notre agressivité naturelle, notre intérêt personnel et notre sexualité ne nous créent généralement pas de problèmes sérieux *sauf lorsque ces motivations sont dénaturées par nos convictions irrationnelles inconscientes*. Il est donc essentiel que nous comprenions les convictions qui sous-tendent ces comportements. Parmi ces convictions, la plus répandue est celle de croire que le *simple fait* de se montrer égoïste, colérique ou d'avoir des désirs sexuels est un crime en soi.

Nous espérons que ce livre vous a aidé – et continuera de vous aider – à vous comprendre et à comprendre vos problèmes psychologiques dans une perspective nouvelle, positive et fructueuse.

- Plutôt que de penser que nos problèmes ne sont dus qu'à nos désirs égoïstes, nous pouvons commencer à reconnaître le sentiment de culpabilité que nous ressentons à vouloir des choses pour nous-mêmes, à posséder des choses que d'autres n'ont pas, à vouloir mener notre propre vie, ainsi que nos craintes irrationnelles de faire du mal aux autres.
- Plutôt que de nous inquiéter des effets de notre colère, nous pouvons commencer à examiner le sentiment de culpabilité que nous ressentons en *ayant* des sentiments de colère, nos craintes que nos sentiments de colère puissent faire mal, notre peur d'être rejeté à la moindre manifestation de colère.
- Plutôt que de nous concentrer sur nos désirs sexuels inconscients envers nos parents, nous pouvons commencer à examiner le malaise que nous ressentons face au caractère sexuel de l'attention que nous portent notre mère ou notre père, le sentiment de culpabilité que nous ressentons en connaissant un plaisir sexuel que notre père ou notre mère n'ont pas connu, les craintes inconscientes qui nous font croire qu'en extériorisant des émotions sexuelles nous pouvons mettre les autres en péril.

Peut-être craignez-vous que cet examen des côtés sombres de votre enfance ne vous encourage à vous « apitoyer sur votre sort ». Rassurez-vous, il n'en est rien. L'idée selon laquelle vous préférez vous apitoyer sur vous-même plutôt que d'aller de l'avant n'est que l'écho d'une accusation parentale. L'examen de la douleur que vous avez connue, enfant, peut en fait être très libérateur.

Lorsque nous nous penchons sur l'histoire de notre enfance, nous trouvons deux types de douleur. Il y a d'abord celle à laquelle nous avons l'habitude de penser – la douleur causée par le rejet, les mauvais traitements, la pauvreté, un décès, la négligence ou l'incompréhension. Pour bon nombre d'entre nous, pareille souffrance a joué un rôle essentiel dans notre vie. Mais il existe un autre genre de douleur à laquelle nous n'avons *pas* l'habitude de penser : celle que nous ressentons face aux souffrances de nos parents, de nos frères et sœurs, même lorsqu'ils se sont eux-mêmes inconsciemment infligé ces souffrances. C'est cette douleur qui donne le plus souvent naissance aux crimes imaginaires.

Nous arrivons à la fin du voyage. Nous avons tenté dans ces pages de vous présenter un certain nombre de concepts nouveaux et complexes à la fine pointe de la recherche actuelle en psychothérapie. Nous espérons que ces idées vous offriront, comme à nous, une compréhension accrue de la profondeur, de la complexité et des mystères de l'esprit humain. Il est, en effet, ironique de constater que l'un des plus grands paradoxes du cœur humain réside dans le fait qu'un si grand nombre de nos patterns destructeurs naissent de notre altruisme et de notre compassion.

Nous espérons aussi que nos idées dureront, qu'elles deviendront partie intégrante de votre façon de réfléchir à vos problèmes psychologiques et qu'elles deviendront finalement des outils psychologiques précieux. Nous serions plus que satisfaits d'avoir contribué de quelque manière à vous aider dans ce long parcours que nous devons tous faire si nous voulons nous libérer de nos convictions menaçantes et nous absoudre de nos crimes imaginaires.

Appendice 1

À l'intention des professionnels de la santé

Ma recherche d'une science de la psychothérapie

Lewis ENGEL

À l'origine, je voulais être physicien et non pas psychologue. Je rêvais d'être l'un de ces scientifiques qui s'efforcent de découvrir les lois fondamentales de l'univers. Mais je me rendis compte en cours de route que les gens m'intéressaient beaucoup plus que les particules élémentaires. Je décidai donc de devenir un scientifique qui travaillerait directement avec les gens en mettant à profit les résultats de la recherche, afin de soulager la souffrance humaine. Je me tournai vers l'étude de la psychologie dans l'espoir d'appliquer aux problèmes humains les connaissances de l'esprit. Mais, après avoir changé de champ, je découvris qu'en fait de science la psychologie clinique était très différente de la physique : elle ne me paraissait pas très scientifique.

Il existait plus d'une centaine d'écoles différentes de psychothérapie sur le seul territoire des États-Unis. Chaque école possédait sa propre explication du comportement humain et avait développé un jargon qui n'était intelligible que pour ses adeptes. Dans bon nombre de cas, les adeptes d'une école n'avaient aucun contact avec ceux des autres écoles.

J'appris que, dans la plupart des cas, ces écoles avaient été fondées par un clinicien doué qui se trouvait être en même temps un leader brillant et doté de charisme. L'homme ou la femme qui avait fondé une école (Sigmund Freud, Carl Jung, Éric Berne, Melanie Klein, Karen Homey, etc.) avait développé des idées importantes sur le comportement humain. Chacun avait apporté une contribution importante au domaine de la psychothérapie. Malheureusement, leurs adeptes traitaient ces innovateurs comme s'il s'agissait d'autant de saints séculiers. Leurs œuvres étaient considérées comme des révélations divines, leur enseignement cité comme un croyant citerait la Bible – comme le suprême arbitre dans le règlement de questions de théorie ou de technique.

J'étudiai plusieurs systèmes de psychothérapie – analyses freudienne, jungienne, transactionnelle, gestaltiste, programmation neurolinguistique et autres. Chacun me fut très utile, en certaines occasions, pour comprendre certains types de clients. Mais, en d'autres circonstances, aucun ne me servit. En outre, pour accroître la confusion, ces différents systèmes suggéraient souvent des manières contradictoires d'aborder un client. Et je ne disposais d'aucun moyen objectif de choisir entre tous.

J'éprouvais une grande frustration lorsque les adeptes d'une école faisaient des déclarations dogmatiques à propos de certains clients ou de la psychothérapie en général. Lorsque je leur demandais à quoi tenait leur assurance de ne pas être dans l'erreur, ils se comportaient souvent comme si la vérité avait été évidente. Ou alors ils me renvoyaient à des articles ou à des livres écrits par le fondateur ou par un membre de leur école. Ces travaux se résumaient généralement à l'élaboration de leurs propres théories, soutenue par un matériel secondaire. Même si, à l'occasion, ces livres et articles donnaient à penser, à mes yeux, ils ne prouvaient rien du tout.

Depuis mon tout premier cours de psychologie, j'étais bien conscient du fait que, si chacun à l'intérieur d'un groupe s'attend à ce que les choses soient d'une certaine manière, elles lui apparaîtront comme telles, quoi qu'il en soit. Je ne pouvais donc jamais être complètement sûr que les loyaux disciples de ces différents maîtres ne soient pas tout simplement bernés. Surtout que, dans l'autre école à quelques pas de là, tout le monde croyait exactement le contraire.

En fouillant dans divers travaux de recherche, je me sentis encore plus découragé : presque toutes les études que je lisais étaient soit sans portée générale, soit sans valeur aucune[1]. Certaines revues de psychanalyse et de psychothérapie semblaient s'appuyer en grande partie sur des études de cas, accompagnées d'explications sur ce que le thérapeute croyait être en train de faire. Une documentation aussi secondaire me semblait insuffisante pour établir des principes généraux. Dans d'autres revues, je parcourus des articles soigneusement construits et fondés sur des données statistiques solides, mais, le plus souvent, les phénomènes étudiés me paraissaient terriblement éloignés des combats quotidiens que je menais avec des clients anxieux, déprimés et malheureux.

Ce manque d'une base scientifique rigoureuse pour mon travail quotidien m'était très pénible. Il m'arrivait

1. L. C. Morrow Bradley et R. Elliot, « Utilization of Psychotherapy Research by Practicing Psychotherapists », *American Psychologist*, vol. 41, n° 2, 1986, p. 188. « À la quasi-unanimité, les chercheurs en psychothérapie ont affirmé (a) que la recherche en psychothérapie devrait livrer une information utile aux thérapeutes praticiens ; (b) que cette recherche jusqu'à présent ne l'a pas fait et (c) qu'il faudra remédier à ce problème. »

souvent de penser qu'en devenant psychothérapeute j'avais tourné le dos à la science. Je me rendis compte que bon nombre de mes collègues pensaient de même : ils ne se percevaient pas eux-mêmes comme des scientifiques et ne considéraient pas non plus la psychologie comme une science. Ils croyaient jouer un rôle social, un peu comme des sorciers, des chamans et autres guérisseurs qui ont prodigué des soins aux leurs depuis le début de l'histoire.

Peu après la fin de ma formation, je renonçai à lire des revues spécialisées (à l'instar de bon nombre de mes collègues[1]). Ce fut une erreur de ma part car, durant les vingt années qui suivirent l'obtention de mon doctorat, il y eut de nombreux développements stimulants dans la recherche sur la psychothérapie. Mais j'étais alors découragé et convaincu que la psychologie demeurerait toujours une vague confédération de groupes dissidents. Je croyais que je ne trouverais jamais le type de tradition de recherche existant en médecine, en biologie, en physique et en chimie, où les différends théoriques peuvent être abordés et éventuellement résolus grâce à des études objectives et impartiales.

Face à un problème thérapeutique, je me hasardais à l'hypothèse qui semblait la meilleure. Si le client ne faisait pas de progrès, je changeais tout simplement d'approche. À la fin, ou bien je trouvais la bonne approche, ou alors le client se décourageait et abandonnait la thérapie. Même si je croyais être un bon thérapeute, capable d'aider la plupart de mes clients, je trouvais extrêmement pénible de ne pouvoir offrir autre chose

1. L. H. Cohen *et al.*, « Use of Psychotherapy Research by Professionnal Psychologists », *American Psychologist*, vol. 41, n° 2 (1986), p. 198. « Les psychologues cliniciens ne sont pas des lecteurs assidus de la littérature portant sur la recherche. »

que mon expérience, mon intuition et une méthode d'essais et d'erreurs thérapeutiques.

Dès que je découvris la *Control Mastery Theory*, je me sentis stimulé comme jamais je ne l'avais été depuis que j'avais pris la décision de devenir psychologue. La *Control Mastery Theory* me fournissait un excellent moyen de comprendre mes propres problèmes et ceux de mes clients. Dès que je commençai à appliquer ses principes, je devins beaucoup plus efficace en tant que psychothérapeute, traitant des types de clients que je n'avais jamais réussi à traiter auparavant. Je découvris aussi que je pouvais aider bien davantage mes autres clients.

Deuxièmement, les chercheurs qui avaient développé la *Control Mastery Theory* étaient beaucoup plus que des chercheurs doués. Ils s'étaient très sérieusement consacrés à l'examen scientifique des principes et des techniques psychothérapeutiques. J'avais finalement trouvé un groupe de professionnels qui partageaient ma conviction que la psychothérapie était une science aussi bien qu'un art, et qui avaient élaboré une approche efficace pour l'étudier. En fait, ils disposaient d'un vaste programme de recherche qui se développait rapidement en incluant de nombreuses recherches en cours.

Je commençai à assister aux discussions et aux conférences du Mount Zion Psychotherapy Research Group, le groupe travaillant à expérimenter et à développer plus avant la *Control Mastery Theory*. J'y trouvai une liberté peu commune, une absence de dogmatisme, une ouverture intellectuelle frappante. À la différence de certaines autres écoles, non seulement celle-ci permettait divers points de vue, mais elle les encourageait. Jamais ces discussions n'étaient tranchées par des déclarations telles que : « Freud a dit telle ou telle chose en 1927 dans son article sur le masochisme – cela prouve donc que j'ai raison et que vous avez tort. » En fait, s'il se trouvait devant deux points de vue incompatibles, le groupe désignait souvent un groupe formel d'étude qui s'efforçait de régler objectivement la question.

Le Mount Zion Psychotherapy Research Group fut fondé en 1972 par Harold Sampson et Joseph Weiss. Il a servi depuis à coordonner la recherche du mouvement de la *Control Mastery Theory* et a réalisé de nombreuses découvertes importantes dans la résolution de certains des problèmes difficiles auxquels font face les chercheurs en psychothérapie. L'objectif du groupe est « d'accroître l'efficacité de la psychothérapie en découvrant les principes fondamentaux suivant lesquels le psychothérapeute aide le client à progresser[1] ». C'est la raison pour laquelle le groupe ne s'est jamais limité à l'examen des thérapies effectuées dans le cadre de la *Control Mastery Theory*, mais a plutôt développé des concepts et des consignes qui peuvent être appliqués à l'étude d'un grand nombre de thérapies et de clients différents. En fait, la majorité des études menées par le groupe ont concerné des thérapeutes qui ne connaissaient pas l'existence de la *Control Mastery Theory*.

Mais pourquoi d'autres chercheurs en psychothérapie n'avaient-ils pas, des années auparavant, élaboré en corpus cohérent les connaissances objectives qu'ils avaient acquises dans le domaine de la psychothérapie ? Certes, les chercheurs en psychothérapie sont intelligents et leur démarche est scientifique. Mais ils se heurtent à d'énormes problèmes que ne connaissent pas les physiciens ou les chercheurs en médecine.

Comment assemble-t-on un groupe de sujets d'étude ? Prenez l'exemple de trois individus souffrant d'une

1. George Silberschatz *et al.*, « Research on the Process of Change in Psychotherapy : The Approach of the Mount Zion Psychotherapy Research Group ». *International Psychotherapy Programs*, sous la direction de L. Beutier et M. Crago (Washington, D.C., American Psychological Association Press). (Sous presse.)

grave dépression : l'un vient de perdre sa femme, l'autre se sent peut-être coupable d'avoir réussi et d'avoir surpassé sa mère ou son père, l'autre encore vient peut-être de se voir refuser une promotion importante. Ces sujets sont-ils liés ? Devraient-ils recevoir le même traitement ?

Comment s'assurer que chaque client reçoit le même traitement ? Dans la conduite de leurs thérapies, les thérapeutes ont généralement recours à une combinaison de considérations théoriques, d'expérience de vie, de caractéristiques personnelles (chaleur, ouverture) et de bon sens. Comment peut-on standardiser cette méthode sans se retrouver avec quelque chose qui ne ressemble pas à la psychothérapie telle qu'elle est pratiquée dans le monde réel ?

Comment écarter ses partis pris théoriques de ses résultats de recherche ? La plupart des chercheurs en psychothérapie ont leurs propres théories quant aux règles de fonctionnement de la psychothérapie. Après tout, il est essentiel de disposer d'une théorie quelconque si l'on veut planifier de façon systématique sa recherche. Mais comment éviter de mener son enquête de manière qu'elle ne fasse que confirmer ce que l'on croit déjà ?

Comment évaluer les progrès durant une psychothérapie ? Ce qui constitue un progrès pour un patient peut ne pas l'être pour un autre. Par exemple, une manifestation de colère de la part d'un client jusqu'alors incapable de se fâcher peut être un signe important de progrès. Mais, chez un patient constamment en colère, c'est une diminution de la colère qui signalera un progrès. Comment peut-on donc déterminer si un patient fait des progrès, régresse ou demeure stationnaire ?

Comment évaluer les résultats d'une psychothérapie ? Si l'on étudie l'effet de la thérapie sur la dépression, on peut toujours soumettre les clients à certains tests à la fin de leur traitement pour tenter de mesurer la profondeur de leur état dépressif. Mais ces tests ne diront pas *pourquoi* ils sont dépressifs ou *pourquoi* leur moral est meilleur. On notera que l'anxiété de l'un a diminué depuis qu'il est tombé amoureux de sa thérapeute ; celle d'un autre aura augmenté parce que son fils aura été arrêté alors qu'il était en possession de quatre kilos de cocaïne ; un troisième se sentira mieux parce qu'une rétrogradation sera venue apaiser la culpabilité engendrée jusque-là par sa réussite. Ces tests ne révèlent donc pas si le patient a reçu ou non une aide significative en rapport avec le problème qui l'a amené à entreprendre une thérapie[1].

Le Mount Zion Pychotherapy Group a développé des méthodes pour aborder chacune de ces questions. Le résultat est un corpus fascinant d'études qui mettent en lumière le processus de psychothérapie. L'une des contributions les plus importantes du groupe a été le développement d'une technique qui permet aux chercheurs de concevoir pour chaque client une formulation de plan individuelle. Cette technique est fondée sur le concept de « plan inconscient » de Joseph Weiss, dont nous avons discuté aux chapitres 11 et 12. Le fait de pouvoir formuler un plan fiable représente un grand pas en avant car cela a permis de résoudre un des problèmes qui gênaient la plupart des chercheurs : l'absence de moyens propres à fournir une vision objective de chaque individu.

Une fois le plan formulé, des « juges » impartiaux peuvent toujours évaluer le comportement du théra-

1. George Silberschatz *et al.*, « Using the Patient Plan to Assess Progress in Psychotherapy ». *Psychotherapy*, vol. 98, 1989. Cet article passe en revue et décrit de façon détaillée l'application réussie du concept de plan pour mesurer les progrès du patient, produisant ainsi une mesure adaptée à chaque cas, qui résout les problèmes que nous avons indiqués.

peute en se référant à ce plan. Si le thérapeute agit en accord avec le plan (c'est-à-dire, s'il fait des interprétations qui sont conformes au plan et réussit les tests du client), il obtient d'excellentes notes. Et inversement. De nombreuses études ont prouvé qu'aux étapes du traitement où le thérapeute obtient de bonnes notes, le client montre généralement des signes évidents de progrès. Si le thérapeute obtient de bonnes notes tout au long de la thérapie, le patient en tirera un net profit. Si ses notes sont moyennes, du fait qu'il réussit certains tests et en rate d'autres, c'est-à-dire que certaines de ses interprétations sont conformes au plan alors que d'autres le contrarient, le client ne fera que des progrès modérés. Si le thérapeute obtient toujours des notes médiocres, le client ne fera aucun progrès, ou alors il finira par être en plus mauvais état qu'au début de sa thérapie.

Le groupe a également testé certaines hypothèses des diverses écoles de psychologie. L'une de ces études porte sur le degré d'anxiété accompagnant l'émergence de vieux souvenirs ou autre matériel nouveau en cours d'analyse[1]. Les psychanalystes classiques pensent que l'émergence de ce nouveau matériel est toujours accompagnée d'une vive angoisse car il est contraint de faire

1. Un grand nombre d'études ont été effectuées, qui comparent les prédictions des théoriciens de la *Control Mastery Theory* à celles des théoriciens de la psychanalyse classique. Chacune de ces études a appuyé le point de vue de cette théorie. La plupart des études comprises dans le livre de Joseph Weiss *et al., The Psychoanalytic Process : Theory, Clinical Observation and Empirical Research* (New York, Guilford Press, 1986), comprennent une comparaison explicite avec certains aspects de la théorie psychanalytique classique. De nouvelles études sont en cours qui compareront la *Control Mastery Theory* avec d'autres théories comme la thérapie cognitive.

Répétons toutefois que cette théorie ne contredit pas toute la pensée de Freud. Elle est en partie fondée sur les idées sur lesquelles Freud a mis l'accent dans ses derniers travaux.

surface. Les thérapeutes de la *Control Mastery Theory* (ainsi que d'autres qui endossent les idées que Freud exprimait dans ses derniers travaux) prétendent au contraire qu'il n'émerge que lorsque le client ne ressent pas trop d'anxiété et qu'il se sent assez en sécurité pour laisser tomber ses défenses, ce que l'étude confirme, en effet.

Grâce aux différentes études de ce type, on a pu rassembler les éléments confirmant certaines idées et interroger d'autres pratiques. Voilà comment, à l'instar des autres champs scientifiques, nous pouvons dorénavant réaliser des progrès dans le domaine de la psychothérapie. (Les membres du Mount Zion Psychotherapy Research Group forment désormais des chercheurs d'autres programmes de recherches dans le même domaine afin d'assurer la reproduction de leurs études[1]. Même si la recherche dans le cadre de la *Control Mastery Theory* vise à lever le voile sur les principes de base qui régissent le processus de psychothérapie, les résultats obtenus peuvent être immédiatement utilisés par les psychothérapeutes[2], du seul fait que nous utilisons comme données les notes prises au cours de véritables séances avec les clients.) Ces idées de base pourraient être formulées ainsi :

1. D'autres centres reproduisent la recherche de la *Control Mastery Theory* : le University of Cincinnati Medical Center et la Rutgers University.

2. Pour une description brève, mais excellente, de la relation entre la recherche menée dans le cadre de la *Control Mastery Theory* et la pratique clinique, voir John Curtis et George Silberschatz, « Clinical Implications of Research on Brief Dynamic Psychotherapy 1. Formulating the Patient's Problems and Goals », *Psychoanalytic Psychology*, vol. 3, n° 1, 1986, p. 13-25, et l'article qui l'accompagne, « Clinical Implications of Research on Brief Dynamic Psychotherapy, II. How the Therapist Helps or Hinders the Patient's Therapeutic Progress », p. 27-37.

- Le client qui entreprend une thérapie a déjà en tête un plan de guérison ; le thérapeute concentrera donc ses efforts sur la découverte de ce plan et sur la façon d'aider son client à le suivre correctement ;
- La mise à l'épreuve du thérapeute par le client peut aider le thérapeute à agir de manière à encourager le client à accomplir son plan et à rendre plus supportable et compréhensible le comportement de ce dernier ;
- Le client fera des progrès lorsqu'il se sentira en sécurité ; le thérapeute devra donc éviter de le harceler inutilement, ce qui est totalement improductif ;
- Le client fera des progrès si le thérapeute respecte le plan de ce dernier ; il peut ainsi aider son client à se rendre compte des actes ou des interprétations qui peuvent lui être nuisibles.

Vous trouverez dans l'Appendice 2, « Lectures recommandées », une bibliographie annotée des articles essentiels sur la *Control Mastery Theory*. Nous *vous* recommandons tout particulièrement *The Psychoanalytic Process*, de Joseph Weiss, de Harold Sampson et des membres du Mount Zion Psychotherapy Research Group[1]. Cet ouvrage important, écrit à l'intention des professionnels, inclut une description détaillée de la *Control Mastery Theory*, ainsi que des techniques de recherche de base et des découvertes du Mount Zion Psychotherapy Research Croup. On trouvera aussi dans les notes, à la fin du livre, quelques brefs commentaires sur les techniques de recherche du groupe.

1. Joseph Weiss *et al.*, *The Psychoanalytic Process : Theory, Clinical Observation and Empirical Research* (New York, Guilford Press, 1986). Ce livre est la meilleure source pour une compréhension générale de la *Control Mastery Theory* et de la recherche menée dans le cadre de cette théorie

Appendice 2

Lectures recommandées

FRIEDMAN Martha, *Overcoming the Fear of Success*, Warner Books, New York, 1980.

Écrit par une psychologue spécialisée dans le traitement de clients qui ont peur du succès, ce livre est particulièrement approprié pour quiconque est affligé de ce syndrome très répandu. Il est fascinant de noter les nettes ressemblances entre sa pensée et la *Control Mastery Theory*, qui se sont pourtant développées tout à fait indépendamment l'une de l'autre.

MILLER Alice, *The Drama of the Gifted Child*, Basic Books, New York, 1981.

Dans ce livre étonnant, Alice Miller souligne que, dès son tout jeune âge, l'enfant s'adapte aux besoins de ses parents. Lorsque ces derniers sont insensibles ou trop préoccupés d'eux-mêmes, il est possible que l'enfant en vienne à perdre complètement le contact avec ses sentiments personnels les plus profonds.

MILLER Alice, *For Your Own Good : Hidden Cruelty in Child-Rearing and the Roots of Violence*, Farrar, Straus and Giroux, New York, 1983.

Alice Miller fait remarquer le caractère inhumain de bon nombre de pratiques très répandues dans l'éducation des enfants et en retrace les origines historiques. En présentant de courtes biographies d'une prostituée, d'un homme ayant assassiné plusieurs jeunes garçons et même d'Adolf Hitler, elle soutient que l'abus d'autorité et la brutalité contribuent à former des adultes brutaux.

MILLER Alice, *Thou Shalt Not Be Aware*, Farrar, Straus and Giroux, New York, 1984.

Dans ce volume, Alice Miller poursuit son exploration des effets ultérieurs des mauvais traitements subis pendant l'enfance. Comme le titre le suggère, elle met l'accent sur les dommages que l'on cause à un enfant lorsqu'on ne lui permet même pas d'être conscient qu'on lui a fait du mal ou qu'on l'a maltraité. Comme la *Control Mastery Theory*, elle met l'accent sur le fait que les problèmes psychologiques de l'adulte ne sont pas tant imputables aux fantasmes sexuels et aux sentiments agressifs qu'il a nourris au cours de l'enfance qu'à ceux que ses parents eux-mêmes ont nourris à son endroit.

BRADSHAW John, *Bradshaw on the Family*, Health Communications, Deerfield Beach, Florida, 1988.

Bradshaw vulgarise plusieurs des idées qui sous-tendent également la *Control Mastery Theory*. Il prétend, comme nous, que l'enfant acquiert dans sa famille son sentiment de culpabilité et sa honte, et que ces émotions, ainsi que les convictions qui le sous-tendent, lui causent ultérieurement des problèmes. Bradshaw incorpore en outre certaines des meilleures idées provenant de la thérapie familiale et des mouvements regroupant les personnes issues de familles dysfonctionnelles. Bien qu'il mette l'accent sur ce qu'il appelle la « honte toxique », il s'agit le plus souvent de ce que nous appelons la « culpabilisation » et la « honte inconsciente ». Le même auteur a enregistré sur bande vidéo une série de conférences qui donnent à penser ; de temps à autre, elles sont télédiffusées et valent la peine d'être regardées.

BRADSHAW John, *Healing the Shame that Binds You*, Health Communications, Deerfield Beach, Florida, 1988.

Dans ce volume, Bradshaw explore plus en profondeur le concept de « honte toxique ».

Sur les relations personnelles et la sexualité

R. BACH George et WYDEN Peter, *The Intimate Enemy*, William Morrow, New York, 1969.

Ce livre circule depuis longtemps déjà. Pour aider à surmonter des problèmes de colère, qu'il s'agisse de sa répression ou de ses manifestations destructrices, l'œuvre de George Bach peut être extrêmement utile. On y trouve également une excellente section sur les techniques de négociation.

B. WILE Daniel, *After the Honeymoon : How Conflict Can Improve Your Relationship*, John Wiley and Sons, New York, 1988.

Ce livre est l'une des publications récentes les plus utiles et les plus originales sur les conflits conjugaux. Comme Bach, Wile suggère que le conflit est une partie inévitable de l'intimité. Dans ce livre plein d'humour, mais profond, il présente en détail des méthodes qui, à partir des conflits, favorisent l'intimité. Fortement recommandé.

BARBACH Lonnie, *For Each Other, Sharing Sexual Intimacy*, New American Library, New York, 1982, 1984.

Ce livre, ainsi que les autres livres du docteur Barbach, compte parmi les meilleurs ouvrages sur les problèmes et l'enrichissement sexuels.

ZILBERGELD Bernie, *Male Sexuality : A Guide to Sexual Fulfillment*, Little Brown, Boston, 1978.

Un excellent guide pour résoudre les problèmes sexuels masculins.

Sur les individus issus de familles dysfonctionnelles

FORWARD Susan et BUCK Craig, *Toxic Parents : Overcoming Their Hurtful Legacy and Reclaiming Your Life*, Bantam, New York, 1989.

Un livre utile sur les problèmes des individus issus de familles dysfonctionnelles. Ouvrage très utile. Idées très semblables à celles des *Crimes imaginaires. Changes : A Magazine For and About Adult Children of Alcoholics [ACA].*

Publié six fois par an par le *U.S. Journal of Drug and Alcohol Dependence*, Inc., 1721 Blount Road, Suite 1, Pompano Beach, Florida 33069.

Ce magazine contient un grand nombre d'articles écrits suivant divers points de vue ainsi que des listes de conférences et d'ateliers à travers le pays. Une source valable pour les gens qui désirent se joindre au mouvement des ACA.

BLACK Claudia, *It Will Never Happen to Me !* Ballantine Books, New York, 1981, 1987.

L'un des premiers et des meilleurs livres sur et pour les adultes nés de parents alcooliques.

CERMAK Tim, *A Time to Heal : The Road to Recovery for Adult Children of Alcoholics*, Avon Books, New York, 1988.

Cermak, psychiatre et pionnier dans son domaine, a écrit un livre solide qui inclut plusieurs histoires de cas, y compris la sienne, car il a lui-même eu un père alcoolique.

BROWN Stephanie, *Treating Adult Children of Alcoholics : A Developmental Perspective*, John Wiley and Sons, New York, 1988.

Dans cet excellent livre, écrit à l'intention des professionnels, le docteur Brown, pionnier de la thérapie de groupes pour les enfants d'alcooliques, développe en profondeur le lien existant entre l'expérience que connaît l'enfant auprès de parents alcooliques et les problèmes qui en résultent dans sa vie adulte.

BASS Ellen et DAVIS Laura, *The Courage to Heal : A Guide for Women Survivors of Sexual Abuse*, Harper and Row, New York, 1988.

Un livre émouvant, et fort bien écrit, à l'intention des femmes qui ont été victimes d'agressions sexuelles au cours de leur enfance.

SEIXAS Judith S. et YOUCHA Geraldine, *Children of Alcoholism : A Survivors Manual*, Harper and Row, New York, 1986.

Un livre très facile à lire sur les individus issus de parents alcooliques et qui cadre particulièrement bien avec la *Control MasteryTheory*.

GILL Eliana, *Outgrowing the Pain : A Book For and About Adults Abused as Children*, Dell, New York, 1983.

Un livre direct et concis, particulièrement utile pour les adultes qui ont été maltraités physiquement ou négligés pendant leur enfance.

Méthodologie de recherche

WEISS Joseph, SAMPSON Harold et le Mount Zion Psychotherapy Research Croup, *The Psychoanalytic Process : Theory, Clinical Observation and Empirical Research*, Guilford Press, New York, 1986.

Destiné aux professionnels, cet ouvrage est la description la plus détaillée du développement de la *Control Mastery Theory* et de ses recherches.

CURTIS John T., « Developing Reliable Psychodynamic Case Formulations : An Illustration of the Plan Diagnosis Method », *Psychotherapy*, vol. 25, 1988.

À l'aide d'un cas détaillé, Curtis décrit comment est appliquée la méthode de diagnostic du plan.

SILBERSCHATZ George *et al.*, sous la direction de BEUTLER L. et CRAGO M., « Research on the Process of Change in Psychotherapy : The Approach of the Mount Zion Psychotherapy Research Group », International Psychotherapy Research Programs, American Psychological Association Press, Washington, D.C. (sous presse).

Compte rendu détaillé du travail accompli jusqu'à ce jour par le Mount Zion Psychotherapy Research Group.

SILBERSCHATZ George, FRETTER P. B. et CURTIS J.T., « How Do Interpretations Influence the Process of Psychotherapy ? » *Journal of Consulting and Clinical Psychology*, vol. 54, n° 5, 1986.

Cette étude compare deux aspects déterminants du progrès du patient en thérapie et démontre que la compatibilité entre le plan du patient et les interprétations du thérapeute a plus d'incidence sur sa guérison que les interprétations avancées (c'est-à-dire le transfert par opposition au contre-transfert), ce qui se trouve confirmé par les progrès observés chez le patient.

SILBERSCHATZ George, CURTIS J.T. et NATHANS S., « Using the Patient's Plan to Assess Progress in Psychotherapy », *Psychotherapy*, vol. 98, 1989.

Cet article, qui décrit le développement d'une forme d'évaluation du résultat de la cure en l'appliquant à un cas spécifique (réalisation du plan), résout bien des problèmes posés par les évaluations traditionnelles et standardisées.

NERGAARD M.O. et SILBERSCHATZ G., « The Effects of Shame, Guilt, and the Negative Reaction in Brief Dynamic Psychotherapy », *Psychotherapy*, vol. 26, 1989.

Cette étude montre que la thérapie aura peu d'effet dans les cas où la culpabilité est très profonde. Sur une échelle plus vaste d'« indicateurs négatifs », la culpabilité est un meilleur déterminant que la honte.

Articles théoriques

FRIEDMAN Michael, « Toward a Reconceptualization of Guilt », *Contemporary Psychoanalysis*, vol. 21, n° 4, 1985.

Nos idées concernant l'importance de l'altruisme chez les êtres humains sont largement tributaires de cette fascinante monographie. Nous recommandons fortement cet ouvrage tout à fait novateur à ceux qu'intéresse une discussion détaillée du rôle crucial que jouent l'altruisme et la culpabilisation dans la psyché humaine.

BUSH Marshall, « The Role of Unconscious Guilt in Psychopathology and Psychotherapy », *Bulletin of the Menninger Clinic*, vol. 53, n° 2, 1989.

Cet excellent article montre le rôle prédominant de la culpabilisation inconsciente dans l'apparition de nos problèmes psychologiques. Le numéro de mars 1989 du *Bulletin of the Menninger Clinic* contient neuf articles sur la *Control Mastery Theory*, y compris deux critiques. Nous en recommandons fortement la lecture.

HOFFMAN M. L., « Is Altruism Part of Human Nature ? », *Journal of Personality and Social Psychology*, vol. 40, n° 1, 1981.

Cet excellent article offre un vaste survol de la documentation sur l'altruisme humain.

Articles de cliniciens

WEATHERFORD Suzanne, « Unconscious Guilt as a Cause of Sexualized Relationships », *Bulletin of the Menninger Clinic*, vol. 53, n° 2, 1989.

Dans cet article, le docteur Weatherford résume quatre années de psychothérapie intensive avec un patient affichant diverses formes de comportement autodestructeur, y compris des caresses intimes à sa belle-fille de quatorze ans.

NICHOLS Nicholas H., « Crisis Intervention Through Early Interpretation of Unconscious Guilt », *Bulletin of the Menninger Clinic*, vol. 53, n° 2, 1989.

Le docteur Nichols décrit l'application de la *Control Mastery Theory* dans la clinique d'aide d'un hôpital.

FRIEDMAN Michael, « Survivor Guilt in the Pathogenesis of Anorexia Nervosa », *Psychictry*, vol. 48, 1985.

Une excellente dissertation sur l'anorexie nerveuse avec de nombreux exemples cliniques qui mettent l'accent sur le rôle de la culpabilité du survivant dans le comportement anorexique.

CURTIS John et SILBERSCHATZ George, « Clinical Implications of Research on Brief Dynamic Psychotherapy, I. Formulating the Patient's Problems and Goals », *Psychoanalytic Psychology*, vol. 3, n° 1, 1986.

CURTIS John et SILBERSCHATZ George, « Clinical Implications of Research on Brief Dynamic Psychotherapy, II. How the Therapist Helps or Hinders the Patient's Therapeutic Progress », *Psychoanalytic Psychology*, vol. 3, n° 1, 1986.

Ces deux articles fournissent des exemples de cas d'application de la *Control Mastery Theory* à des thérapies brèves.

TABLE DES MATIÈRES

Le langage secret du corps

(Pocket n° 12939)

Un premier rendez-vous amoureux ?
Une rencontre impromptue ? Autant de situations où le pouvoir de séduction entre en jeu.
Chacun de vos gestes obéit à des codes précis et traduit votre profil.
Ce livre, s'adressant aux deux sexes, permet de détenir la clé de tous les codes de séduction.
Êtes-vous séducteur passif ou actif ? Offensif ou défensif ?
En répondant vous-même à ces questions, vous pourrez traduire le langage du corps de vos interlocuteurs.
Et décrypter leurs pensées les plus secrètes...

Il y a toujours un Pocket à découvrir

Être bien...

(Pocket n° 13429)

Chacun de nous a, en lui, la possibilité d'être heureux et de retrouver l'envie et la joie de vivre.
C'est une question de volonté. L'auteur nous invite à retrouver l'immense pouvoir de la volonté et à donner une véritable orientation à notre vie.
Contre une existence subie, il est temps de faire de la vie une source de plénitude réelle et durable.

Il y a toujours un Pocket à découvrir

Composé par PCA
à Rezé

Imprimé en France par

MAURY-IMPRIMEUR
à Malesherbes (Loiret)
en juillet 2010

POCKET - 12, avenue d'Italie - 75627 Paris Cedex 13

N° d'impression : 157332
Dépôt légal : août 2010
S19545/01